立木茂雄 著

家族システムの理論的・実証的研究
〔増補改訂版〕

オルソンの円環モデル妥当性の検討

萌書房

増補改訂版への序

　本書は，家族システムを評価・計量するための理論モデルの妥当性と，その測定用具の開発に関する理論的・実証的研究をまとめたものである。家族との臨床場面で，実証的家族調査の現場で，あるいは家族支援の政策・施策の立案や評価の実務で，普遍的に通用する理論と，そして繰り返し使用に耐えうる標準的な尺度を提供すること。これが，本研究の目標である。

　本書は，オルソン（Olson, D. H.）らが提唱した家族システム円環モデル（Circumplex model）の妥当性を検討している。円環モデルは，家族システムの機能（健康）度がきずな（cohesion）と，かじとり（adaptability）によって決定されると考える。その際，きずな・かじとりと家族システムの機能度とは，カーブリニアな関係にあると想定する。つまり，きずな・かじとりとも中庸でバランスの取れた状態にあるときに家族システムの機能は最適となり，一方，そこから外れて極端に高いか，あるいは極端に低い方向に逸脱すると機能不全になる。これが基本的な仮説である。

　円環モデルとの出会いは，1980年にカナダ・トロント大学ソーシャルワーク大学院に留学したときに遡る。当時北米では，家族療法家が発案した数々の臨床モデルを統合的な家族システム理論へとモデル化する試みが盛んに行なわれていた。この年に，修士課程の必修科目である家族システム論のクラスで，*Family Process*誌に前年発表された円環モデルの第1論文を読んだ。60年代・70年代を通じ，すでに膨大な数の臨床理論が家族について語られてきた。それは百家争鳴の状況であり，家族機能に関して一見すると矛盾するような言説が複雑に絡まり共存し合っていた。それを，きずな・かじとりという，たった2つの構成概念だけを用いながら，家族機能度との間にカーブリニア関係を巧妙に想定することで，ほとんどすべての臨床的な知見を矛盾なく説明できるモデルとしてのエレガントさに，私は強く惹かれた。

　本書は，研究上の方法論として構成概念妥当化パラダイムに基づいている。これは，きずな・かじとりという直接は手に触れて測ることのできない抽象的な概念（構成概念）を計量・評価するための尺度の開発の仕方を定めたものであ

i

る。と，同時に，演繹された構成概念や，構成概念間の関係性の全体，すなわち理論モデルの実証的妥当性を検証する方法論でもある(第1章参照)。円環モデルというきわめて大胆な理論モデルに，構成概念妥当化パラダイムというきわめて細心な方法論を適用して，その理論的・実証的妥当性を検証するとともに，実用に耐えうる尺度を開発する。これが本書全体の企図である。

本書の第2章は，もともとトロント大学博士課程における総合資格試験論文(comprehensive paper)として1985年度に提出した家族システム理論のレビュー論文を下敷きにしている。翌1986年に関西学院大学社会学部赴任のために帰国後，ゼミ第1期生である武田丈との共著として日本語に直したものに，今回さらに手を加えてより簡潔に円環モデルの基礎概念を展望した。

第3章から第8章までは，大学院や学部の学生諸君と共同で行なった円環モデルの第1期の実証研究をまとめている。この時期は，もともと個人のパーソナリティ評価尺度の開発のために生まれた構成概念妥当化パラダイムを，家族システム評価尺度の開発に応用するための方法論上の発展や洗練に重きが置かれた。

第3章では，家族療法を受ける臨床家族の相互作用を臨床評価尺度(Clinical Rating Scale)を用いて検討した。これは，帰国早々の1986年度に，大塚(旧姓佐藤)美和子や正木直道らの大学院生と行なった共同研究をまとめたものである。この研究では，オルソンらの円環モデル(大塚が担当)と，スキナーらのプロセスモデル(正木が担当)の2つのモデルに基づいて，同一の家族を評価した。これは，2つの理論モデル同士のある種のマッチ・プレイであった。その結果，実証データとの整合性がより優れた円環モデルに軍配が上がった。

翌1987年度には，前年度の調査結果を基に，円環モデルに基づく日本語版尺度の開発を計画した。これがFACESKG (Family Adaptability and Cohesion Evaluation Scale at Kwansei Gakuin) 開発の第1歩である。当時は，実用に耐えうる尺度の開発の目処が立つまでに10年以上の歳月がかかるとは，まったく予想していなかった。もともとは，オルソンらのFACESを翻訳し，それを日本人家族に実施するつもりでいた。しかしながら，試験的に翻訳して実施したFACES翻訳版の尺度としての特性は，英語版とはまったく異なるものであった(第4章参照)。そこで，その年に修士論文をひかえた大学院生であった石川

久典と学部ゼミ4回生の武田丈との共同研究として，独自の尺度開発が始まったのである（第5章参照）。

　続く1988年度には，大学院に進学した武田丈およびその後輩の学部ゼミ生との共同研究によって初版FACESKGの構成概念妥当性を検証しようと試みた。構成概念妥当性を検討するためには，きずな・かじとりという複数の概念を，それぞれ異なった複数の方法を用いて測定し，その結果を多特性・多方法行列にまとめて比較する必要がある（第1章参照）。そこでFACESKGと併用したのが前々年度に開発した円環モデル臨床評価尺度であった。両尺度を，家族療法を受診した10家族に実施した。しかし，サンプル数の少なさから，その結果は満足できるものではなかった。臨床評価尺度を実施するには，評価者訓練に膨大な時間が必要である。そのために，単年度調査では十分な量の家族を評価することは難しかった。そこで，翌1989年度では，客観的評価が可能な行動計測法であるSIMFAMKG (Simulated Family Activity Measurement at Kwansei Gakuin) を開発し，一般20家族に実施した。そしてFACESKGとの併用から，円環モデルの構成概念妥当性を検討し，一応の成果を得た（第5章参照）。

　とはいえ，初版FACESKGは，家族臨床の実務で使うには難点が多かった。項目が一部の内容に偏り過ぎていたし，きずなと社会的望ましさバイアスとの相関も高過ぎた。また父・母・子それぞれの得点間の相関も低かった。とりわけ家族成員間の一致度の低さは，もともと個人のパーソナリティ特性を測定するために開発された構成概念妥当化パラダイムを，家族システムの評価尺度の開発に流用する上で，改良が必要なことを示唆していた。円環モデルは家族システムを1単位として扱うにも拘わらず，その尺度であるFACESKGは，父・母・子個人の回答を尺度開発の単位にしていた（西出，1993）。この問題に対処するために，1990年度の卒業論文調査では，FACESKG第2版の開発研究を思い立った。その際用いた方法論は，父・母・子にサンプルを三分し，それぞれで項目分析を行ない，最終的に残った中から共通尺度を作るというものであった（第6章参照）。また項目の偏りにも極力配慮した。翌1991年度は，一般25家族を対象として，FACESKG第2版とSIMFAMKGを併用した構成概念妥当性研究を行ない，一応の成果が得られた（第6章参照）。

理論モデルが家族システムを単位とするのに対して，実際の測定は父・母・子という個人単位である問題に対する根本的な解決策を考えたのが翌年の1992年度である。この年は，関西学院大学より特別研究期間を得て，卒論文研究指導以外の授業担当を1年間免除された。その折，関西学院大学商学部山本昭二専任講師（当時）の示唆を受けて，共分散構造分析の基礎（Bollen, 1989; 豊田，1992; 豊田ら，1992）を学んだ。そして，この技法を用いれば，父・母・子の測定値をそのまま用いるのではなく，その上位に家族システム単位の因子を想定して構成概念妥当性を検討できることを知った。この技法を，1990年度に収集したFACESKG第2版開発データおよび，1991年度の中学生の無気力と家族関係に関するデータに応用して，FACESKG第2版の構成概念妥当性を検証したのが第7章である。

　FACESKG第2版の開発によって尺度の構成概念妥当性に一応の回答が得られたと思った私は，すでに1991年度よりいくつかの実証家族研究を院生や学部生諸君と始めていた。第8章ではそのいくつかを紹介している。

　曽田邦子・高瀬さおり・中安裕子の3名のゼミ生と行なった共同研究のテーマは，中学生の無気力傾向を家族システム論の視点から捉えるものであった。この研究の第一報は，曽田らの卒業論文としてまとめられ，第1回の安田三郎賞（関西学院大学社会学部最優秀卒業論文賞）を受賞した。が，彼女らの結果は，円環モデルの根本的な仮説には反するものであった。父・母のかじとり得点と，子どもの無気力傾向との間には，円環モデルが予測するようなカーブリニア関係が明らかだった。が，子どものかじとり得点および父・母・子のきずな得点と無気力傾向とは，予想に反してリニア関係だったのである（第8章1節・2節参照）。

　曽田らの研究を引き継ぎながら，さらにその上に自我同一性因子を組み込んだ因果モデルの検討を行なったのが，翌1992年度の卒業論文研究における栗本かおり・下岡加代子の調査である。この研究は，かじとり因子と無気力傾向とのカーブリニア関係，きずな因子と自我同一性形成や無気力傾向とのリニア関係が，データときわめてよく適合することを実証した（第8章3節参照）。

　同じく1992年度に大学院生であった平尾桂とは，登校ストレスと家族システムの関係を因果モデル分析を通じて解明しようと試みた。この研究では，神

戸市北区内の3中学校の協力を得，そのうち2校では全数調査を実施した。調査データに対して，さまざまな因果モデルを仮説化し，その適合度を検討した。その結果，対人緊張（タイプⅠ）型と課業緊張（タイプⅡ）型という2種類の登校ストレスを想定するモデルが生まれた。このモデルの特徴は，それぞれのストレスタイプに対して家族システムの影響のあり方を違えた点にある。すなわち，対人緊張型ではかじとりを柔軟にすることが，一方課業緊張型ではかじとりの柔軟性を減じることが，ともにストレスを低減させることを示した。結局，柔軟性があり過ぎるかじとりも，また柔軟性がなさ過ぎるかじとりも，ともにタイプによっては問題をはらむというカーブリニアな関係が認められたのである。これに対して，家族のきずな因子は，どちらのタイプのストレスについても，きずなが高まればストレスが低減するという単純なリニア関係がデータに最もよく適合した（第8章4節参照）。

なお，栗本や平尾らとの共同研究から，共分散構造分析による因果モデリングが，研究上の手法として定着した。当時社会学部に備えつけられていたパソコン（CPUが286チップで12メガヘルツ！ の速度のマシンであったと思う）では，SASのCALIS（共分散構造分析）プロシージャを実行すると，1つの因果モデルの解を求めるのに，ほとんどまる1日を要したことが思い出される。

第8章に示した3つの調査研究はどれも，かじとり因子のカーブリニア性と，きずな因子のリニア性を繰り返し示した。きずな尺度のリニア性問題を解決するのが，第9章から第11章までの研究の共通のテーマである。

第9章では，大学院に進学した栗本かおりと1994年度に行なったFACESKG第3版の開発の過程を記している。われわれは，FACESKG Ⅱのきずな項目が測るのは「きずな」ではなく「家族の暖かさ」であり，きずなの超高水準（ベッタリ）状態は尺度の射程に入っていなかったと考えた。そこで，きずな・かじとりの各次元について，超低水準から超高水準までに8分割し，それぞれの水準に対応する項目を作成した。結果として，個々の項目1つひとつが対応する尺度値を持つサーストン尺度へと尺度構成の方法論を変更することになった（第9章参照）。

第10章では，FACESKG Ⅲを用いた2つの実証研究を紹介している。最初は，西川京子の修士論文調査として1994年度に行なったアルコール依存症夫婦の

研究である。この研究には，当時学部4回生であった橋本直子らも協力している。この研究では，妻の共依存の高低や家族グループ参加，夫の断酒継続や自助グループ参加などの項目を総合させて家族機能度得点を求めた。そして家族機能度得点とFACESKG Ⅲによって判定された家族のきずな・かじとり水準との関係を見た。すると，きずな因子との間には明瞭なカーブリニア関係が実証された。しかし，今度は逆に，かじとり因子と家族機能度の間には，有意な関係性が実証されなかった（第10章1節参照）。

　1995年1月17日に，阪神・淡路大震災が起こった。この年の秋口に，私たちは神戸市児童相談所と共同で，幼児を抱える母親の支援事業として，被災程度の激しかった地域の幼稚園を巡回し，震災ストレスへの対処の仕方について出張講座を行なった。その際，母親および幼児の震災ストレスとその対処資源としての家族システムの影響について，質問紙調査を併せて実施した。これは，当時神戸市児童相談所のケースワーカーであり，その後大阪府立大学福祉学部に転じた谷口泰史と，同相談所の大学院実習生であった野口啓示，学部実習生であった坪倉裕子との共同研究である。災害がもたらすストレス刺激は，家族のきずなを高めるとともに，かじとりのバランスを乱す働きをした。しかしながら，きずなが高まることを通じて，かじとりのバランスが元に戻る力も生まれていた。家族には，自らを癒やす内なる力が備わっていたのである。これがFACESKG Ⅲによってもたらされた知見である（第10章2節参照）。

　第11章では，1995年度から1996年度にかけて，橋本直子・横山登志子の両名の大学院生と共同で行なったFACESKG Ⅲの改訂過程を記している。2人の院生の関心は，西川京子との研究を引き継ぎ，アルコール依存症夫婦との臨床に役立てる尺度の開発にあった。主として思春期の子どもを持つ家族にぴったりと当てはまる文言になっていたFACESKG Ⅲ項目は，2人の研究対象とはライフサイクルがずれていた。そこで，子どもが成人した実年夫婦でも当てはまるよう項目を新たに加えるとともに，きずな次元の超高水準（ベッタリ）状態を，より確実に捉えるために文言の練り直しを行なった。そして新版項目と，三重県立高茶屋病院の猪野亜郎医師が開発した妻の共依存傾向尺度（ASTWA, Addiction Screening Test for Wives of Alcoholics）を，一般実年夫婦に実施した。きずな・かじとり得点と妻の共依存傾向とのカーブリニア仮説は，きずな次元で

は明瞭に図示された。一方，かじとり次元では，かじとりの4水準ごとのASTWA得点の中央値の変化を眺めると，そのカーブリニア傾向は認められた。が，かじとりが超高水準にある実年夫婦の数が11組と極端に少なかったことが影響したのか，統計的な検定に耐えうるまでには至っていない。

　本書第Ⅳ部は，増補改訂版を出版するにあたり，新たに追加した部分である。ここに含まれる第12章・第13章ともに，研究の拠点を同志社大学に移した2001年4月以降から本格化した「家族システムと外部社会との関係」に関する実証調査研究の成果をまとめたものである。第12章では，家族システム円環モデルに関するこれまでの研究を概観した上で，1999年3月に実施した第1回兵庫県生活復興調査データ（県内在住者2,500名中623名回答，有効回答率24.9％，県外在住者800名中292名回答，有効回答率36.5％）を用いて，被災直後と半年後の家族システムの状態と，調査時点での生活復興感や心身ストレスとの関係を検討した。その結果，ライフラインや交通が途絶した震災直後の環境では，高水準のきずなと親主導型のかじとりに特徴づけられた家族ほど，調査時点での成員の生活復興感が高く，心身ストレスが低いこと，一方，応急復旧が済んだ震災半年後では，円環モデルが想定するように，きずなとかじとりが中庸な水準にある家族ほど，成員の生活復興感が高く，心身ストレスが低いことを実証した。これを基に，円環モデルが想定するカーブリニア仮説は，アプリオリ（先天的で自明的）に成立するのではなく，外部環境との資源の交換における取引費用や機会費用と，得られる便益との比較検討から選択される，といった議論を展開している。

　第13章では，2004年に実施した関西圏6都市（滋賀県彦根市，京都府京都市，大阪府摂津市，兵庫県尼崎市，兵庫県三田市，兵庫県篠山市）で実施した大規模都市調査データ（7,369票郵送，有効回収数2,976票，有効回収率40.4％）から，家族システムと成員の公共性（自律と連帯）意識の関係を検討している。その結果，きずな・かじとりとも中庸な水準にある場合，成員の公共性意識が最も高くなることを実証した。

　以上に概観したように，自我同一性・無気力傾向，登校ストレス，震災ストレスなど，主として幼児期や思春期の子どもを抱える家族を対象とした調査においては，かじとり次元のカーブリニア性を繰り返し示しえた。きずな次元に

ついては，実年夫婦を対象とした実証研究において，妻の共依存関係とのカーブリニア性を実証した．さらに，第Ⅳ部に示した大規模社会調査結果から，きずな・かじとりの両次元について，カーブリニア関係を同時に実証することにほぼ成功している．以上の結果から，われわれが開発してきた家族システム評価尺度は，臨床や家族調査の実務に耐えうるものだと考えている．

以下，上記の研究の具体的詳細について，各章をお読み頂き，読者諸氏からの批判・指摘・教示を仰ぎたいと切に願っている．

最後に，本書出版の経緯について触れておきたい．本書の初版は，1999年に川島書店より刊行された．その後，第Ⅳ部第12章・第13章に関連する家族システムと外部社会との関係に関する研究が蓄積され，増補改訂版の出版を思い立つに至った．本書の萌書房よりの出版を快くお認め頂いた初版発行元の川島書店に深くお礼を申し上げる．

　　2015年9月

　　　　　　　　　　　　　　　　　　　　　　　　　　立　木　茂　雄

目　次

増補改訂版への序

第Ⅰ部　研究の枠組み

第1章　家族システムの計量的研究における方法論上の前提 …………… 5

1. 家族システムの計量的研究における方法論上の前提 …………… 6
2. 構成概念妥当化パラダイム …………… 9
   1) 理論的考察段階（10）　2) 構造的・内的考察段階（11）　3) 外的考察段階（12）

第2章　家族システム評価のための基礎概念 …………… 15

1. 「きずな」次元に関する研究 …………… 16
2. 「かじとり」次元に関する研究 …………… 18
3. 「きずな」と「かじとり」の両次元に関する実証的研究 …………… 20
   1) 家族ストレスに関する研究（20）　2) 家族概念に関する研究（22）　3) 家族カテゴリー・スキームの研究（23）　4) ビーバーズ・ティンバーローン・グループの家族相互作用研究（24）　5) 家族の社会生態学的研究（25）　6) 家族療法家の研究（26）　7) まとめ（28）
4. 円環モデルの諸仮説 …………… 30
   1) 構成概念間の機能的関係（30）　2) 円環モデルと外部変数との関係（34）

第Ⅱ部　家族システムの円環モデルの理論的・実証的研究(1)
　　　　──構成概念妥当化パラダイムの発展（1986〜1993年）

第3章　臨床評価尺度に基づく円環モデルの検討 …………… 39

ix

1. 方　法 ·· 41

   1）被験者（41）　2）測定用具（41）　3）手続き（42）

2. 結果と考察 ·· 42

   1）内的-構造的考察（42）　2）外的考察（47）

3. 結　論 ·· 49

第4章　オルソンらのオリジナル版自己報告式質問紙FACESの検討 …… 53

1. FACESおよびFACES II ·· 54

2. FACES III ·· 56

3. 日本におけるFACES翻訳版の研究 ·· 59

第5章　FACESKG初版の開発と構成概念妥当性の検討 ···················· 65
——臨床評価尺度から行動計測法SIMFAMKGの併用による多特性・多方法行列実験へ

1. FACESKGの開発——理論的および内的・構造的検討 ················ 65

   1）予備尺度の作成（66）　2）項目・尺度間相関（66）　3）項目・他尺度間相関（66）　4）項目・バイアス間相関（67）　5）項目間相関の因子分析（67）　6）尺度間相関（68）　7）内的一貫性信頼性（69）　8）家族成員間の一致度（70）

2. FACESKGの外的妥当性の検討 ·· 71

   1）FACESKGと図式的投影法による併存的妥当性および構成概念妥当性の検討（71）　2）FACESKGと臨床評価尺度による構成概念妥当性の検討（72）　3）FACESKGとSIMFAMKGによる構成概念妥当性の検討（80）

第6章　FACESKG IIの開発と多特性・多方法行列を用いた構成概念妥当性の検討 ·· 86

1. FACESKG IIの開発——理論的および内的・構造的検討 ············ 87

   1）予備尺度の作成（87）　2）最終尺度の項目特性（88）

2. 多特性・多方法行列を用いたFACESKG IIの構成概念妥当性の検討 …… 92

　　　　1)FACES Ⅲ翻訳版と FACESKG を用いた構成概念妥当性の検討（92）
　　　　2)FACESKG Ⅱと SIMFAMKG を用いた構成概念妥当性の検討（94）

第7章　確認的因子分析モデルを用いたFACESKG Ⅱの
　　　　構成概念妥当性の検討 ……………………………………………… 99
　1. 家族システムの多特性・多方法行列データへの確認的因子分析の応用 …… 100
　2. FACESKG Ⅱ開発データの確認的因子分析 ……………………………… 107
　　　　1) 方　法（107）　2) 結　果（107）
　3. 中学生の無気力傾向調査データの確認的因子分析 ……………………… 114
　　　　1) 方　法（114）　2) 結　果（115）

第8章　FACESKG Ⅱを用いた実証家族研究 ……………………………… 124
　1. 一般中学生の無気力傾向と家族システムの影響 …………………………… 124
　　　　1) 方　法（125）　2) 結　果（126）
　2. 構造方程式モデルを用いた一般中学生の無気力傾向調査の再分析 …… 128
　　　　1) 結果と考察（128）
　3. 一般高校生の自我同一性・無気力傾向に関する研究 …………………… 132
　　　　1) 方　法（133）　2) 結　果（134）　3) 考　察（140）
　4. 一般中学生の登校ストレスと家族システムの影響に関する研究 ……… 142
　　　　1) 調査の方法（145）　2) 調査結果（146）　3) 考　察（149）

第Ⅲ部　家族システム円環モデルの理論的・実証的研究(2)
　　　　──カーブリニア尺度の開発（1994 年以降）

第9章　FACESKG Ⅲの開発と確認的因子分析モデルを用いた
　　　　構成概念妥当性の検討 …………………………………………… 155
　1. FACESKG Ⅲの開発と内的構造的検討 ………………………………… 156
　　　　1) アイテムプールの作成(156)　2) 項目の判定(157)　3) 調査対象(158)

4）反応通過率チェック（158）　5）双対尺度法による項目類似性の分析（159）　6）因子構造の安定性への貢献度に基づく項目の精選（159）

  2. 確認的因子分析モデルを用いた構成概念妥当性の検証 ……………… 160

    1）収束的妥当性の検定（162）　2）弁別的妥当性の検定（162）　3）要素のステップワイズ追加による最適モデルの検討（163）　4）各尺度の信頼性（166）

第10章　実証家族研究によるFACESKG Ⅲの外的妥当性の検討 ……… 167

  1. アルコール依存症者の断酒継続・その妻の共依存傾向と
     家族システムの関係に関する実証家族研究 ………………………………… 168

    1）方　法（168）　2）結　果（169）　3）考　察（172）

  2. 震災ストレスと家族システムの対処に関する実証研究 ……………………… 174

    1）方　法（176）　2）結　果（178）　3）考　察（185）

第11章　FACESKG Ⅳの開発と構成概念妥当性および
　　　　カーブリニア仮説の検討 ……………………………………………………… 190

  1. きずな超高水準（ベッタリ）状態の再検討 ……………………………………… 191

    1）カーブリニア仮説の実証的研究（191）　2）ベッタリ（enmeshment）家族研究の再検討（192）　3）FACESシリーズのきずな・ベッタリ項目の検討（194）　4）FESとFAMのきずな項目の検討（196）

  2. FACESKG Ⅳの開発と内的・構造的検討 ……………………………………… 198

    1）アイテムプールの作成（199）　2）予備尺度の作成（199）　3）予備尺度の実施（200）　4）サンプルの属性（200）　5）反応通過率による項目分析（200）　6）双対尺度法による項目類似性の分析（201）　7）因子構造の安定性への貢献度に基づく項目の精選（201）　8）最終項目のきずな・かじとり得点の分布（202）

  3. 確認的因子分析モデルを用いた構成概念妥当性の検証 ……………………… 204

    1）確認的因子分析（204）　2）尺度の信頼性の推定（205）

4. FACESKG Ⅳの外的妥当性（カーブリニア仮説）の検討 ………… 208

　5. まとめと考察 …………………………………………………………… 210

第Ⅳ部　家族システムと外部社会との関係

第12章　平時と災害時の家族システムの研究 …………………… 217

　1. 家族システム論的アプローチによって家族の何が明らかになるのか … 217

　2. 夫婦・家族システムの円環モデル──基本的概念枠組み ………… 221

　3. 円環モデル仮説と実証研究 …………………………………………… 222

　　　1) 円環モデル仮説（222）　2) 円環モデルの実証研究（224）

　4. 今後の課題 ……………………………………………………………… 238

　　　1) 理論的課題（238）　2) 実践上の課題（239）

第13章　家族と公共性 …………………………………………………… 240

　1. 家連合とオオヤケ ……………………………………………………… 240

　2. 夫婦制家族の定着と地方自治制の確立 ……………………………… 243

　3. 合意制家族と公共性 …………………………………………………… 244

　4. 家族機能と公共性に関する実証研究 ………………………………… 246

　　　1) 方　法（246）　2) 結　果（250）

　5. 合意制家族機能と公共性に関する実証研究に基づく考察 ………… 251

　6. 市民社会としての家族 ………………………………………………… 255

＊

引用・参考文献 ……………………………………………………………… 261

あとがき ……………………………………………………………………… 281

索　引 ………………………………………………………………………… 283

家族システムの理論的・実証的研究〔増補改訂版〕
——オルソンの円環モデル妥当性の検討

第Ⅰ部　研究の枠組み

第1章

家族システムの計量的研究における方法論上の前提

　ミネソタ大学のディビッド・ハーマン・オルソン (David Herman Olson) は，家族機能に関する理論的・実証的研究を40年以上にわたり精力的に進めた。オルソンのグループは，1979年の*Family Process*誌で家族研究・家族療法に関する包括的なレビューを行ない，きずな (cohesion)・かじとり (adaptability) の両次元が家族機能を決定する上で中心的であると主張し，この2つの次元を組み合わせて結婚・家族システムの円環モデル (Circumplex model) を発表した (Olson, Sprenkle & Russell, 1979; Tatsuki, 1985; 武田・立木，1989)。

　円環モデルを実証的に調査するため，オルソンらは自己報告式の質問紙FACES (Family Adaptability and Cohesion Evaluation Scale) を開発した (Olson, Bell & Portner, 1978)。FACESは，その後50項目のFACES II，30項目の改訂版FACES II，20項目のFACES IIIと改訂が重ねられた。また，質問紙尺度に加えて，観察者が家族相互作用を基に，きずな・かじとりを直接評定するための道具である臨床評価尺度CRS (Clinical Rating Scale) も発表した (Olson & Killorin, 1985)。

　本書は，オルソンらの先行研究に触発され，1986年以来，独自の尺度を用いながら円環モデルの妥当性を検討してきた一連の研究をまとめたものである。

　本研究では，円環モデルの構成概念妥当性という研究テーマについて一貫した方法論を採用している。この方法論を明示するのが本章の目的である。以下，計量的家族研究における構成概念や理論モデルの重要性を議論する。これを踏まえて，構成概念妥当化パラダイム (construct validation paradigm, cf., Loevinger,

1957; Jackson, 1970 & 1971; Wiggins, 1973; Tatsuki, 1985; Skinner, 1987) について詳説する。

1. 家族システムの計量的研究における方法論上の前提

　家族システムの計量的研究において，本書は大きく2つのテーマを設定した。第1は，家族機能に関する理論モデルの検証である。現前に繰り広げられる家族の行動が，理論モデルを想定することによってどの程度よく説明されるのかを検討する。第2のテーマは，標準的な家族機能評価尺度の開発である。この尺度を用いることにより，家族機能を決定する上で重要となる家族システムの特性を客観的に評価できるようにしたい。

　これら2つのテーマは相互に関連し合っている。標準化された測定用具を持たない理論モデルはその実証的実在性を主張する手段を持たない。同時に，十分明確な理論枠組みを持たない評価尺度は科学の根本的基盤，すなわち「現前の家族がなぜそのような振る舞いをするのかを説明する力」を持っていない。「説明する力」こそが計量家族研究の基盤となるものである。家族機能に関する科学は，理論と実証という2つのテーマの間の構造的な関係を明確化する試みに他ならない。

　しかし一方で，現前の家族が健康であるか病理的であるかといったことの診断・評価にのみ関心があるのなら，理論などなくてもかまわないという立場もありうる。必要なのは正確で効果的な診断や予測にあるのだから，理論など単なる回り道にしか過ぎない，と考えるのである。

　科学哲学者のヘンペルは，科学における理論の意味について，以下のようなエピソードを語っている (Hempel, 1965)。古代の天文学で，理論不要という急進的な実証主義の急先鋒はバビロニア人であった。彼らは，星の運行を驚くほど正確に予測した。月の満ち欠けや潮の満ち引き，あるいは次回の月食がいつ起こるのかといったことまで，正確に予測することができた。当時，バビロニアの天文学者は非常に精緻な数学的モデルを用いて，地震の出現さえ予測しようとした。しかし，これは徒労に終わった。

　バビロニア人と対極的な立場を取ったのが古代イオニアの哲学者であった。

イオニア人は，世界の普遍的な法則性を理解しようとした。現前の観察しうる現象を説明するための道具として，彼らが用いたものは，しかしながら数学的な方程式ではなく，彼ら自身の探索的な想像力であった。彼らはなぜ，太陽は明るく輝き，一方月は青白いのかについて考えた。イオニア人はそこで創造的であった。つまり，月はそれ自身で輝くのではない。むしろ太陽からの光を反射しているのだ，と。イオニアの哲学者はなぜ日食が起こるのか，そのメカニズムを理解し，あるいは説明することさえできた。このようなイオニアの天文学の伝統こそ累々と引き継がれてやがて現在の物理学へと至るのである。

　これが，科学における理論的構成要素の有効性や有用性に対する実証主義からの批判に対する回答であった (Toulmin, 1961; Hempel, 1965)。科学の第1の目的は予測を行なうことではない。むしろ，（古代イオニア人のように）現前の現象に意味を与え，それを説明する一連の考えや原則を提供することにあるのだ，と答えたのである。

　家族機能の科学は，目の前の家族が問題を持つのか，持たないのかを予測・判定したいという動機から，進められたのではない。なぜ家族は目の前でそのような振る舞いをするのか。この問いに対する臨床家の過去40年にわたる経験則に，合理的な説明を加えたいという試みが蓄積される中から，家族システムの機能に関する理論モデルは生まれたのである。

　ところで，理論モデルを構築する際の，基本的な素材のことを構成概念 (construct) と呼ぶ。構成概念とは，モノや人や出来事や，あるいは考え方が一塊にくくられるとき，その共通性を明示するためにつける名札のようなものである。

　理論モデルを構築するには2種類の素材（構成概念）がいる。1つは，その概念が何らかの実証的な指標によって裏づけられているものである。現実を，何らかの操作を通じて指標化する。これは，その際に用いた操作用具から概念を定義する方法である。たとえば，知能テストという操作用具を用いて指標化される能力のことを「知能」と定義するというのがこのやり方である。

　もう1つの素材は，現実の具体的な操作によっては指標化されえない抽象的な概念である。たとえば「自我」，「超自我」，「イド」などがその例で，具体的（操作的）概念を説明し，意味づける機能を担う。たとえば，「知能」について

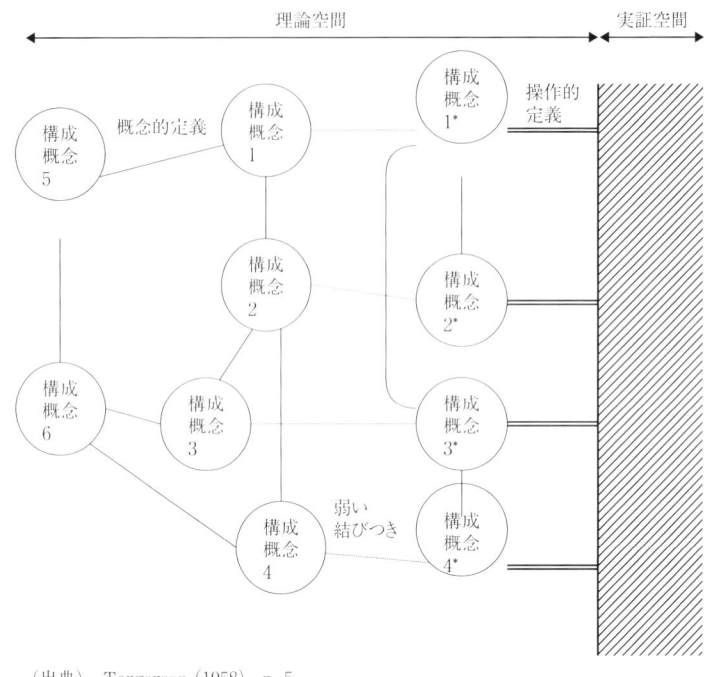

(出典) Torgerson (1958), p. 5。

図1-1 行動・社会科学における理論モデルの概念図

は，より高次な人間の営みを包括するような多元的な定義づけを行なうことができるだろう。

　以上の2種類の構成概念を，体系的に結びつけることによって，現実を説明するとともに，その説明に基づいて関係を予測し，さらに現実を統制することが可能となる。**図1-1**は，計量心理学者トーガソンが示した理論モデルのイメージ図である (Torgerson, 1958)。

　理論モデルが予測する仮説的な関係について，反証が可能か何度も検討を重ねる。やがて，実証的な反証に対して，一番頑健なモデルが理論として受け入れられてゆく (cf., Popper, 1972)。と同時に，その際の操作用具は，標準化された測定尺度として広く利用されるようになるだろう。この尺度は，家族がどのような面で健康であり，あるいはどのような面では問題を持っているのかを明

確に示すことができる。しかも，なぜそのようなことがいえるのか，理論的に説明することもできる。そのようなモデルと，その指標を開発するのが本書全体の目的である。

2. 構成概念妥当化パラダイム

　米国心理学会の心理テストに関する委員会は1954年に，心理テストを評価し解釈する手続きの1つとして，構成概念妥当性 (construct validity) を提唱した。その後，数多くの計量心理学者の手により構成概念を妥当化させていく際の原則が確立された (cf., Cronbach & Meehl, 1955; Loevinger, 1957; Campbell & Fiske, 1959; Jackson, 1971; Wiggins, 1973; Messick, 1981; Skinner et al., 1981; Burisch, 1984)。計量心理学の分野で発展したこのような諸原則は，計量家族研究においても十分に応用可能であり，家族機能に関する理論的なモデルやその操作的な測定尺度の構築あるいは評価のために，きわめて強力な枠組みを提供する (Tatsuki, 1985; Skinner, 1987)。

　本書では，レビンガー (Loevinger, 1957) にならって，3段階に分けた構成概念妥当化のためのパラダイム (construct validation paradigm) を採用した。

　これらの諸段階は，家族システムの機能を測定するための測定用具を3つの主要な観点から検討する。すなわち1)「理論的」，2)「構造的・内的」，そして3)「外的」な妥当性の観点の3点である。1) 測定用具の理論的な考察には，その尺度が測ろうとする構成概念やその構成概念が外的な変数とどのような関連性や仮説的な関係を有するのかについて検討する。2) 構造的・内的な考察では，項目と尺度間の相関や反応のバイアスあるいは測定の信頼性について評価を行なう。3) 外的な考察では，併存的妥当性，予測的妥当性，臨床的妥当性，そして構成概念妥当性など，さまざまな妥当性を検証する。

　構成概念妥当化パラダイムに基づいて開発された尺度には，ダグラス・ジャクソンの Personality Research Form (Jackson, 1967) やハービー・スキナーらの Family Assessment Measure (Skinner et al., 1981)，そして本書が取り上げる FACESKG シリーズ (Family Adaptability and Cohesion Evaluation Scale at Kwansei Gakuin) などがある。

1) 理論的考察段階

　構成概念の定義は，どのような具体的な指標に基づいているのか，あるいは他のどのような概念との関係を通じて定義されているのか，さらに外的な変数との間にどのような関係が仮説化されているか，このようなポイントが明らかにされれば，理論モデルの内容的な側面について合理的な評価が行なえる。これが，理論的考察段階の課題である。

　測定尺度（用具）に用いられる質問項目は，それがいったいどのような構成概念を測定しているのかを第三者に明確に伝達しうるものでなければならない（Burisch, 1984）。そのためには，理論モデルによって明示化された構成概念を忠実に表現する質問項目を，できるだけたくさん作成する必要がある。これをアイテム（項目）プールと呼ぶ。そしてその中から，最も伝達性の高い項目を選択する。この際のコツは，当該の構成概念とは無関係な項目もアイテムプールに混ぜておくことである。そうすることによって，項目がどの程度内容を伝達しているのか（内容の飽和度）を知るだけではなく，無関係な概念は伝達していないという内容の弁別性についてもチェックできる。

　構成概念妥当化パラダイムの要諦は，実は「測りたいものを測っている」と示すことに加えて，「測りたくないものは測っていない」ことも，併せて示せるようにする点にある。それを，理論的段階，構造的・内的段階，外的段階の各段階で繰り返し行なう点が，尺度構成の方法として強力なポイントなのである（Loevinger, 1957）。すなわち，このパラダイムではどのようにして尺度を構成するか，その手引が示されていると同時に，尺度構成の過程それ自体が，同時に理論モデルの妥当性を実証的に検証する過程でもあるという二重構造を備えている。

　理論的な観点からの考察をより具体的に示せば，以下のようになる。

① 構成概念は明確に定義されているか。
② 構成概念間の関係は特定化されているか。
③ 外的な変数との間に仮説化される関係は明確に示されているか。
④ 項目は理論モデルに基づいて系統立って集められているか。
⑤ 項目は十分な量用意されたか。

⑥　最も伝達度の高い項目が予備尺度に選ばれたか。

　以上の点をより多く満たす尺度であるならば，それは構成概念妥当化パラダイムの理論的な観点から考えて，よりよい尺度であるということができるのである。

2) 構造的・内的考察段階

　構成概念妥当化パラダイムの第2段階は，構造的・内的考察である。この段階では，理論モデルと実際の調査によって得られたデータとの間に整合性があるかを検討する。

　実証的データは，理論モデルを表す部分と，バイアス部分，さらにエラーの部分からなっている。これを式で表すと以下のようになる。

$$\boxed{実証的データ} = \boxed{理論モデル} + \boxed{バイアス} + \boxed{エラー}$$

　　　　　　　　　　　　　　↓　　　　　　　↓
　　　　　　　　　　　系統的に変動する部分　ランダムに変動する部分

　したがって，エラーやバイアスの部分を小さくすればするほど理論モデルとデータとの整合性は高まる。構造的・内的考察の目的は，このエラーおよびバイアスの部分をできるだけ小さくすることにある。

　理論モデルとデータとの一致度を確かめるために以下の7つの角度から検証が行なわれる（Tatsuki, 1985; 正木, 1987; 佐藤, 1987; 石川, 1988; 武田, 1990）。

① 項目は高い内容飽和度を示しているか。つまり1つの項目によって得られる内容が，尺度全体が測定しようとしている内容とどれだけ重なり合っているか（集束的妥当性）を調べる。これは項目・尺度間相関によって調べられる。
② その項目と無関係な尺度との間では，相関が低いか。項目・他尺度間相関が低いことで，尺度内でのその項目の固有性・独自性，すなわち弁別的妥当性（無関係な概念は測定していないこと）が確認されるのである。

③ 項目は反応バイアス（社会的望ましさ，防衛性，一見回答しているように見えるが実際にはでたらめな回答など）に左右されず，バイアス尺度とは低い相関関係にあるかどうかを調べる。
④ 尺度間の相関関係を調べる。尺度間の相関は低くなければならない。相関が低いということは，各尺度（次元）が家族機能の独立した側面を測定していることを示す。
⑤ 全項目の因子分析を行なう。理論モデルと実際のデータの適合性（goodness of fit）がこれによって示唆される。
⑥ 内的一貫性信頼性（クロンバックのα）係数などを用いて，被験者がいかに一貫性をもって尺度の項目群に反応しているか（内的一貫性）を調べる。この場合，α係数の値が高いほど尺度の信頼性が高いと見なされる。古典的テスト理論では，内的一貫性信頼性係数はテストの信頼性の最も保守的な推定値を与えるものである（Skinner, 1987）。
⑦ 再テスト法を用いて，同一の集団に同一のテストを時間間隔を置いて2回以上行ない，その一致度を確かめる。これにより，尺度の継時的安定性が推定される（テスト・再テスト信頼性）。
⑧ 最後に家族成員間の一致度を調べる。基本的に同じ家族について評価してもらうので，その相関は高いことが望まれる。

3) 外的考察段階

　外的考察段階では，尺度と外的基準変数との予測的関係を検討する。この段階では，尺度が臨床的に意味のあるものであり，しかも一般性があるかを検討する（Campbell & Stanley, 1966）。これは，基準関連妥当性（criterion-related validity），構成概念妥当性（construct validity），臨床的妥当性（clinical validation）などから確かめられる。
　基準関連妥当性は，尺度によって得られたデータが他の基準変数（外的変数）とどの程度関連しているかを示すものである（藤永ら『心理学辞典〔新版〕』，1981）。基準関連妥当性には，尺度と外的基準変数との間に時間的間隔があり，たとえばインテーク時にテストを行ない，予後を予測する予測的妥当性，尺度と他の確立された尺度との相関から得られる併存的妥当性がある。予測的妥当

表1-1　多特性・多方法行列（カッコ内は例示）

		方法1（臨床評価尺度）		方法2（質問紙）	
		特性1 （きずな）	特性2 （かじとり）	特性1 （きずな）	特性2 （かじとり）
方法1 （臨床評価尺度）	特性1 （きずな）				
	特性2 （かじとり）	低			
方法2 （質問紙）	特性1 （きずな）	高	低		
	特性2 （かじとり）	低	高	低	

性は，尺度がどの程度予後の見通しを可能にするかという臨床的価値と関係する。

　構成概念妥当性は，測定しようとしている構成概念をその尺度が実際にどの程度測定しているのかを示す。そのためには，尺度が「測定したいもの」を測定しているだけでなく，「測定したくないもの」は確実に測定していないということも実証するべきである。そのために，キャンベルとフィスクは，多特性・多方法行列（multitrait-multimethod matrix）による実験を提唱した（Campbell & Fiske, 1959）。これは，2つ以上の異なる構成概念を2つ以上の異なる方法で測定した場合，たとえ方法が違っていても同一の構成概念を測定しているなら，測定値間の相関は高くあるべきだ（収束的妥当性）し，異なる構成概念に対する測定値間の相関は，測定方法が同じであれ違ったものであれ，低くあるべきだ（弁別的妥当性）という2種類の仮説の検討に基づく。具体的には，**表1-1**のような相関行列を作成して，収束的および弁別的妥当性を検討する。この表中で，相関が高くあるべき場所が収束的妥当性の検討個所であり，一方相関が低くあるべき場所が弁別的妥当性の検討個所である。構成概念妥当性が保証されるためには，相関の高低が仮説通りのパターンに従うかどうかを全体として吟味しなければならない。これがキャンベルとフィスクのアイデアであった。

　以上，構成概念妥当化パラダイムの3つの段階を示した。これらのプロセスを図でまとめると，**図1-2**のようになる。ここで注意すべき点は，もしある段

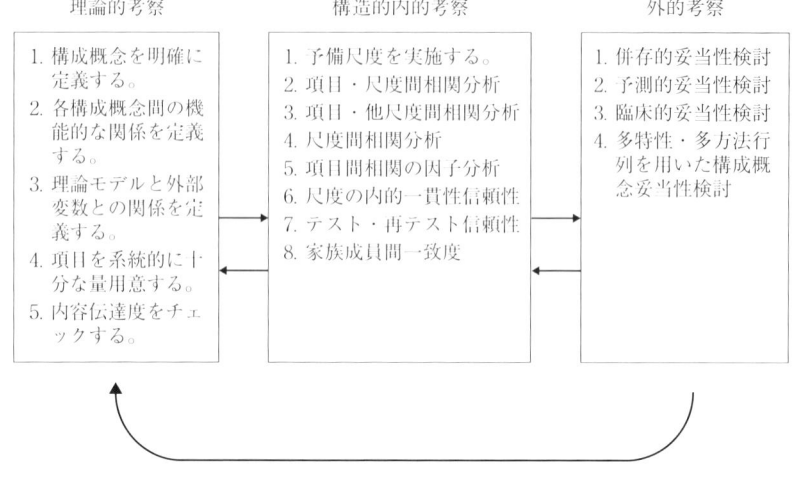

図1-2 構成概念妥当化パラダイム

階で不都合が生じれば,前の段階に戻るループが示されていることである。このフィードバックによって理論モデルと実証データとの間でよりよい対話が確保されるのである。

　図1-2は,本書の基となった過去12年間にわたる研究上の航海を導く海図の役割を果たすものであった。

第2章

家族システム評価のための基礎概念

　本章では，結婚・家族システムの円環モデル (Circumplex model) の構成要素について理論的な検討を行なう。円環モデルは，米国における過去40年間にわたる家族研究の成果から演繹的に構築された理論仮説である。円環モデルの特徴は，きずな (cohesion)・かじとり (adaptability)・コミュニケーション (communication) という3つの次元から家族機能の健康度を評価しようとする点にある。1979年に *Family Process* 誌にオルソンらの第1論文が掲載されるや，現在までのところ，最も幅広く研究者の関心を集め，理論的・実証的な検討が加えられてきた代表的な統合的家族システムモデルが円環モデルである。

　本章では，理論的な演繹の度合いが高く，実証的な検討も豊富になされている「きずな」と「かじとり」の2つの次元について，関連する概念や研究を振り返る。主テキストとしては，オルソンらによる初期の一連の論文 (Olson, Sprenkle & Russell, 1979; Olson, Russell & Sprenkle, 1980; Olson, McCubbin et al., 1983) を用いる。しかし，必要に応じてそれ以外の関連文献 (e.g., Tatsuki, 1985) も付加している。

　なお本書では，特にことわりのない場合を除き，family cohesion は「きずな」，また family adaptability は「かじとり」という訳語を用いた。ただし，cohesion が特に家族以外の小集団に対して用いられるときには，より伝統的な訳語である「凝集性」あるいは「集団凝集性」も用いる。きずなの水準が極度に高い場合を指す enmeshment に対しては「ベッタリ」を，きずなが中庸ではあるが，ある程度高い場合を指す connected に対しては「ピッタリ」という訳

を当てた。同様に，中庸ではあるが，きずながある程度低めのseparatedに対しては「サラリ」を，きずなが極端に低い場合を指すdisengagementに対しては「バラバラ」，という訳語を当てている。かじとりについては，それが極端に高い場合を指すchaoticには「てんやわんや」を，かじとりが中庸ではあるがある程度高いflexibleには「柔軟」という語を当てた。同様にかじとりが中庸であるが，どちらかというとやや固めを指すstructuredには「キッチリ」と，またかじとりが極端に固い場合を指すrigidには「融通なし」という語を用いた。

筆者は，1987年以来神戸市の児童相談所を中心として，家族アセスメントのワークショップや思春期の子を持つ父親・母親講座，不登校児童・生徒の母親教室などのプログラムを展開してきた。これらの語は，その参加者との相互交流を通じて練られ，生まれてきたものである。

1.「きずな」次元に関する研究

システムとしての家族の健康・不健康度を，「家族の成員間の心理的・社会的な距離」に求める考え方は，精神医学，社会学，社会心理学，文化人類学などの広範な分野に存在する。40以上に上る概念がそのために提唱されたが，オルソンらはこれらを統合し，「家族のきずな (family cohesion)」次元と名づけた。

きずな次元に強い関心を示しているのは，この次元が極端に高いか，あるいは極端に低い家族と日常接する機会の多い家族臨床家である。そのため，きずな次元の極端状態に関する概念が家族療法家の手で多く生み出された。しかし研究史を遡ると，きずな次元に最初に注目したのは家族社会学者であった。また小集団研究者にとっても，きずなはなじみの深い概念である。さらに，きずなのバランスに関する研究は，米国社会の文化人類学的な研究の中でも重要な研究テーマとして取り扱われてきた。このように「きずな」の概念はさまざまな分野で関心が持たれ，鍵概念として利用されている。分野を超えて「きずな」の概念が用いられているということは，きずなの次元の妥当性と普遍性を表しているものといえよう。表2-1には，きずなに関係する研究を要約してま

表2-1 家族の「きずな」の次元に関する研究

研究者	年	内容
Glueck & Glueck	1950	非行少年を持つ家族は「きずな」が低い。
Wynne et al.	1958	統合失調症の家族は、「きずな」の次元に相当する疑似相互性(pseudo-mutuality)が高い。
Strodtbeck	1958	家族の価値と達成感の比較研究で、東欧ユダヤ系家族と比較して南部イタリア系家族は家族連帯をより強調する。
Hess & Handel	1959	家族行動の中心的テーマとして、「離別」対「結合」という「きずな」の両極に相当する概念を用いた。
Bowen	1960	「きずな」のベッタリの段階を、「分離されない家族我の塊(un-differential family ego mass)」という用語を用いて表した。
Cartwright & Zander	1962	小集団の中にメンバーを留まらせようとする力として「凝集性(cohesion)」という用語を用いている。
Stephens	1963	人類学的研究の中で、米国の家族には適度の「きずな」が必要であるとした。
Satir	1964	家族の「きずな」には、夫婦間の強い連合が必要であることを明らかにした。
Levinger	1965	夫婦のきずなは、互いに対する心理的な魅力と現在の関係を守ろうとする力に比例し、別の相手との魅力と反比例する。
Hawkins	1968	夫婦の「きずな」尺度を作成し、問題を持った夫婦と健康な夫婦を判別した。
Straus	1968	労働者階級の家族は、「きずな」がバラバラに偏る。
Sandberg et al.	1969	インドと米国の思春期の子どもを比べると、インドでは米国より家族の「きずな」をはるかに大事にする。
Nye & Rushing	1969	「きずな」とよく似た、家族の連帯(family solidarity)について研究した。
Yalom	1970	集団心理療法の重要な治療要素として、「集団の凝集性(groupcohesion)」を考えた。
Bergtson & Black	1973	NyeとRushingによる「家族の連帯」の中の3つの次元について実証的に研究した。
Stierlin	1974	家族内には連帯を求める求心性の力と、分離を求める遠心性の力という対立する2つの力があるとした。
Hoffman	1975	「きずな」が非常に強いベッタリの家族は、非機能的であるとした。
Carisse	1975	余暇についての研究の中で、重要な次元として「きずな」を用いた。
Birchler, Weiss & Vincent	1975	余暇を一緒に過ごすか別々に過ごすかということと、結婚適応度との関係を探った。
Rosenblatt et al.	1975 1976	時間的・空間的に「一緒にいること」と「離れていること」との間に、いかにしてバランスを保っているか、米国の家族について調査した。

Karpel	1976	「きずな」の変数である内的境界に当たる,個人の距離と家族の距離について研究した。
Orford et al.	1976	アルコール依存症の夫を持つ夫婦に対する治療の予後を予測するのに,家族の「きずな」が最も重要だとした。
Williams	1977	問題を持つ夫婦では,一緒にいる時間があまりにも多過ぎるか,あるいはあまりにも少な過ぎると感じている。
Moos et al.	1979	米国におけるアルコール症の予後に関する研究で,夫婦や家族の情緒的きずなが問題の再発防止に重要であると述べた。

とめた(武田・立木, 1989)。

2. 「かじとり」次元に関する研究

円環モデルを構成するもう1つの次元は「家族のかじとり(family adaptability)」である。かじとりとは,状況の変化や成員の変化・成長に応じて夫婦・家族システムを柔軟に変化させる能力である。この概念の根底にあるのは,形態維持(morphostasis)と形態変容(morphogenesis)という対概念であり,これはシステムのフィードバックと密接に関連している。フィードバックとは,システムに逸脱や誤差が生じたとき,その情報に基づいてシステムを再制御するメカニズムを指す。この場合,フィードバックには2種類あり,負のフィードバックは逸脱や誤差を発見すると,それを極力少なくし,逸脱に対抗してシステムを保守するような(逸脱対抗)制御を行なう。一方,正のフィードバックはこれとは逆に,逸脱や誤差を発見すると,むしろそれを奨励し,逸脱をより増幅させるように働く(Maruyama, 1963; Buckly, 1967)。負のフィードバックは,システムの現状を保守・維持(形態維持)する際に重要であり,正のフィードバックはシステムを変化(形態変容)させる際に,必要となる(Steinglass, 1987)。

初期の臨床家族理論は,形態維持(負のフィードバック)の観点を重視した。これに対して,1970年代に入ると状況に応じた形態変容(正のフィードバック)の観点も家族システム論に導入されるようになった。円環モデルでは,状況に応じて家族内のリーダーシップや役割,しつけや問題解決の交渉スタイルを柔軟に変化させうる能力として,かじとりを考える。つまり,家族システムが環境の変化に柔軟に対応できるためには,正負両方のフィードバックが状況に応

表2-2　家族の「かじとり」の次元に関する研究

研究者	年	内　容
Wynne et al.	1958	融通のない現状維持は，家族病理の兆候であると述べた。
Haley Satir	1959 1964	家族システムの主機能は，現状維持と考えた。
Maruyama	1963	かじとり次元の中核概念である，形態維持（morphostasis）と形態変容（morphogenesis）について明らかにした。
Ferreira & Winters	1963 1965 1966	家族システムの主機能は，現状維持と考えた。
Vincent	1966	家族の「かじとり」を「家族のスポンジ」という用語で表し，急速に変化する社会の中では不可欠だとした。
Miller & Westman	1966	「かじとり」の尺度としてリーダーシップの変化を用い，健康な家族と学力に問題のある子どもの家族を区別した。
Buckly	1967	家族のような社会文化的システムを説明する際に，Maruyamaの概念に基づいて正と負のフィードバックの重要性を説いた。
Miller	1969 1970	家族機能の健康度に関する研究の中で，非機能的な極に形態維持の過程を，機能的な極に形態変容の過程を置いた。
Speer	1970	健康な家族の相互作用を説明するには，形態維持モデルだけでは説明しきれないものがあるとした。
Tallman	1970	有能な家族ほど，リーダーシップに融通性があるとした。
Hill	1971	家族システムを形態維持の観点からのみ見る考えを批判した。
Bahr & Rollins	1971	SIMFAM家族相互作用ゲームの中で，より民主的なリーダーシップを持つ夫婦は危機に対する能力が高いとした。
Kieren & Tallman	1971 1972	夫婦の「かじとり」は，相互に関係する融通性，共感，動機づけという3つの概念から成り立っているとした。
Wertheim	1973 1975	家族の健康には，形態維持と形態変容のバランスが必要だと述べた。
Tallman & Miller	1974	SIMFAMゲームを用いた研究の中で，中産階級と労働者階級では機能的なリーダーシップの形態が異なるとした。
Hunt	1974	思春期の子どものマリファナ使用と，「かじとり」の変数である親のしつけを結びつける研究をした。
Rollins & Thomas	1975	「かじとり」の変数であるしつけに関して，極度の放任や権威のないしつけは非生産的だとした。
Balswick & Macrides	1975	親のしつけと子どもの反抗に関する研究で，極端な放任や権威的なしつけは子どもの反抗に結びついているとした。
Epstein & Santa-Barbara	1975	問題を持つ夫婦で意見が衝突した問題解決のパターンを分類した。
Goldstein & Kling	1975	家族の団結という尺度を作り，この中の変数に「かじとり」と共通する問題解決や役割関係などを含んだ。
Sprenkle & Olson	1978	SIMFAMゲームを用いたリーダーシップの研究の中で，治療を受けている夫婦と統制群の夫婦を比較した。

| Hoffman | 1981 | システム理論家たちの著作をレビューし，進化的フィードバックの観点から形態変容を重要視した。 |

じて適切に切り替えられる必要があると考える。これは，トールマンらの家族内リーダーシップ構造の実証的な研究や，ロリンズやトーマスらに代表される親の養育態度が子どもに与える影響に関する研究，あるいは家族療法家を対象とした調査，さらには社会的学習理論派のさまざまな実験的な研究に基づいて演繹されたものである。かじとり次元もさまざまな家族理論家や研究者によって用いられ，その重要性が実証されてきた。表2-2にかじとりに関係する研究を表にしてまとめた(武田・立木, 1989)。

3.「きずな」と「かじとり」の両次元に関する実証的研究

「きずな」か「かじとり」の次元の，どちらか1つだけを用いた研究は多くある。しかし，ここではきずな・かじとりの両方の次元を含む研究に焦点を当てる。この2次元を，同時に考慮することにより，家族機能について，さらに深い理解が得られるのである(武田・立木, 1989)。

1) 家族ストレスに関する研究

エンジェルは『大恐慌下の家族』(*The Family Encounters the Depression*)と題した古典的研究で，大恐慌によって引き起こされた状況的なストレスに，家族がどう対処したかを，いくつかのタイプに分けて考察した(Angell, 1936)。彼の中心的な概念は「家族のかじとり」(family adaptability)と「家族の統合」(family integration)であった。これは，「きずな」と「かじとり」の両次元を用いた最初の研究ともいえる。「家族の統合」は「家族生活全般にわたる一貫性や一体感からなる結合」と定義された。その中では「共通の興味や愛情，経済的相互依存が最も顕著である」(Angell, 1936, p. 15)。したがって，家族の「きずな」と大変似通った概念といえる。一方，家族のかじとりは，1つの社会集団としてどう機能するか，困難に立ち向かうときの柔軟性や変化への適応度，また意思決定の方法などと関係する。

当初，エンジェルはかじとりのみ，あるいは統合のみ，または統合やかじとり以外の他の変数との組み合わせによって，家族を分析しようとした。こうした試みを繰り返した後，家族を「かじとり」と「統合」という2つの次元を用いて分類することに，概念上も，また実証的にも価値があることを見出した。彼はそれぞれの次元で家族を，高水準・中水準・低水準の3つのカテゴリーに分類し，家族を9つのタイプに分けた。そしてそのうちの8つを実証的に明示し，記述した。

　エンジェルに続いてヒルは「統合」と「かじとり」概念を組み合わせて，「動的安定性」尺度を作成した(Hill, 1949)。この尺度を，戦争による離別や再会を体験した135家族に実施し，家族がどのようにストレス事態に対処したかを調べた。その際，「かじとり」と「統合」の2つの次元を組み合わせることにより，家族を分類し，どのようなタイプの家族が，ストレスに最もよく対処したかを調べた。その結果，「家族のかじとり」は，再会よりも離別に対する対処に，より密接に関係していた。しかし，「かじとり」の最も高い家族が，必ずしも離別や再会といった状況に，最適な対処をするとは限らない。「統合」と「かじとり」を組み合わせた類型的分析で，中程度の「統合」と高度の「かじとり」を持つ家族が，総合的に離別と再会の両方に，最もうまく対処することが分かった。またヒルとその同僚は，急速な都会化に対して個人や家族がどう対処するのかを，かじとりと統合の2つの次元を，再度用いて研究している(Hill, Moss & Wirths, 1953)。

　これらの初期の研究の後，きずな・かじとりの両次元を用いた理論的・実証的研究は，一時中断した。この状態は70年代の半ばまで続く。やがて，マッカバンとその同僚が，エンジェルやヒルの研究を基礎とする一連の調査を再開した。マッカバンらは，職業上(ビジネスおよび軍事)の単身赴任によって生ずる家族の別離をテーマに，ストレスに対する家族の対処の行動や，そのパターンを研究した(McCubbin et al., 1975, 1976, 1977, 1979, 1982; Boss, 1980; Boss, McCubbin & Lester, 1979; 石原，1982)。

　マッカバンらも家族の「きずな」と「かじとり」の重要性を強調している。たとえば，因子分析の結果から，単身赴任に対する妻の対処行動が2つの次元に集中していることが示された。その2つの次元とは，①家族の一体化・統合

の維持と，②家族メンバー個人の独立と自立の促進，である。つまり家族ストレスを処理することは，個人の発達・成長と家族の団結・統合との間の微妙なバランスを維持することにあるとされたのである (McCubbin, Boss, Wilson & Lester, 1979)。

2) 家族概念に関する研究

ヴァン・ダ・ヴィーンも，家族の行動を評定する際に，きずなとかじとりに関連する概念が基本的な重要性を持つと考えた (Van der Veen, 1976)。これは「家族概念テスト (Family Concepts Test)」を用いた調査の結果に基づくものである。「家族概念テスト」は，家族の力動について包括的な情報を与えると臨床的に考えられた80の質問項目からできている。ただし，これらの項目は，何らかの理論的枠組みから作られたものではない。むしろ，臨床家が経験的に重要だと感じている項目を精選することによって作られたものである。この尺度は，家族に対して個人がどのような態度や感情，期待 (すなわち，家族概念) を持っているのかに注目する。家族概念テストは，思春期の子どもやその親兄弟を含む，大規模なサンプルに対して実施された。思春期の子どもの中には障害を持った者もいるし，健康な者もいた。このデータから，質問項目間の因子分析が行なわれた。

第1段階として，主成分分析が行なわれ，固有値が1を超える因子が15まで認められた。続いて，さらに斜交解を用いた因子得点に対する因子分析，いわゆる2次因子分析 (Second-order Factor Analysis) が試みられた。その結果，15個の1次因子が「家族の統合 (family integration)」か，「順応的対処 (adaptive coping)」のいずれかに収斂されるという解釈が施された。「家族の統合」はきずな次元と大変似ている。「家族の忠誠」や，「離別」対「団結」，「葛藤」対「思いやり」，「開かれたコミュニケーション」「疎外」対「親密」といった1次因子が含まれた。一方，「順応的対処」はかじとりの次元に似通っている。これは，「実現化」対「不全感」や，「地域社会との交流」，「内的」対「外的」コントロールといった1次因子から成り立っている。家族概念テストの質問項目は，明確な理論的モデルから出発したのではなく，臨床家の直感を基に構成されている。それにも拘わらず，2次因子分析の結果が円環モデルの各次元と大

変似通っていることは注目に値する。

　ヴァン・ダ・ヴィーンらによる調査(Van der Veen, 1976)や初期の研究(Van der Veen, 1965; Novak & Van der Veen, 1970)の結果は，円環モデルの仮説と似通っている。問題を持つ家族では，問題を持たない家族に比べて，成員の家族概念が低い。このことは，順応的対処についてのすべて1次因子，および家族の統合についての最初の3つの1次因子において認められた。

3) 家族カテゴリー・スキームの研究

　どのような社会学的変数が，健康な家族と問題のある家族を区別するのに重要かを調べるため，ウェストリーとエプステインはカナダのモントリオール市内に住む110の一般家族について調査を行なった(Westly & Epstein, 1969)。彼らが注目した変数のうち問題解決・権力・権威・役割は，円環モデルのかじとりの次元と関係している。一方，自律性の発達は，家族のきずなに関係している(磯田・清水・大熊，1987)。彼らの調査より，夫婦関係の調和度は，思春期の子どもの情緒に大きな影響を与えることが実証された。たとえば，両親の夫婦関係が一方的な妻支配，あるいは夫支配である場合，子どもには情緒的問題が起こりやすい。これに対して，父親がリーダーシップを持ちつつも，民主的な家族で育った子どもは問題が少なく，健康であった。自律性とは，どの程度家族の成員が1人で意思決定できるか，すなわち家族システムからどの程度分化しているのかに関係している。自律性が奨励されている家族では，そうでない家族よりも，健康な子どもが多かった。

　家族カテゴリー・スキームは，その開発者であるエプステインのカナダ，ハミルトン市のマクマスター大学への赴任に伴い，より家族システム論的な視点が強化された。その結果生まれたものがマクマスター・モデル(Epstein, Bishop & Levin, 1978)である。さらに，エプステインのマクマスター大学での共同研究者，サンタバーバラがさらにスピンオフし，計量心理学的な洗練度を高めたものはプロセス・モデル(Santa-Barbara, Steinhauer & Skinner, 1981)として発表されている(Byles, 1986; 正木, 1986; 正木・立木, 1991)。家族システムの機能を評価するために，マクマスター・モデルは以下のような次元に注目する。すなわち①問題解決，②コミュニケーション，③役割，④情動の応答性，⑤情動の

関与,そして⑥行動のコントロールである。このうち円環モデルのかじとりに対応するのは,①問題解決,③役割,⑥行動のコントロールである。また,きずなに対応するのは,④情動の応答性⑥情動の関与の程度である。

エプステインらは,マクマスター・モデルに基づいた家族診断質問紙(Family Assessment Device, FAD; Epstein, Baldwin & Bishop, 1983)を作成した。この質問紙は,問題を持つ98の家族と218の健康な家族に実施された。判別分析の結果,67％の問題を持つ家族と,64％の健康な家族が,正確に判別された。また,モデルのそれぞれの下位尺度の得点は,両者の家族で有意な差が見られた(Epstein, Baldwin & Bishop, 1983)。また,他の尺度(Philadelphia Geriatric Morale ScaleおよびLocke-Wallace Marital Satisfaction Scale)との併存的妥当性は中程度の相関を示した。さらに,サンタバーバラらのプロセス・モデルを基に作成された質問紙(Family Assessment Measure, FAM; Skinner, Steinhauer & SantaBarbara, 1983)を用いた調査からも,同様の調査結果が報告されている。

しかしながら,これらの実証的調査は,マクマスター・モデルおよびプロセス・モデルの共通の問題点を報告している。それは,どちらのモデルでも,質問項目や下位尺度間の相関がきわめて高く,因子分析を行なうと,ただ1つの共通因子しか現れないという点である。これは,モデルが指摘する6つの次元が独立したものとしては存在せず,すべてが関連し合っていることを意味する。問題解決から行動のコントロールまでの次元は,たとえば「きずな」や「かじとり」などのような,さらに高次の概念に演繹される必要があることを物語っているといえるだろう(Tatsuki, 1985)。

4) ビーバーズ・ティンバーローン・グループの家族相互作用研究

ルイスやビーバーズらは「家族システム観察評定尺度(FSRS, Family System Rating Scales)」を作成した。この観察評定尺度を用いて,健康な家族と問題を持つ家族では,相互作用がどのように異なるのか,体系的な研究を行なった(Lewis & Beavers et al., 1976; 鈴木, 1983)。この研究には,円環モデルの「きずな」と「かじとり」の次元に関係する変数が多数含まれている。彼らは33の健康な家族と,何らかの問題を持つ70家族について調査した。家族の問題には,行動障害(45家族)・精神病(18家族)・神経症(7家族)などが含まれていた。

調査は，家族員に以下のような課題を行なってもらい，それをビデオに撮影することによって行なわれた。課題は全部で5つあり，①お互いに賛同できないことについて話し合う，②何かについて一緒に計画する，③家族内の関係で最も苦痛に思っていることについて話し合う，④家族内でそれぞれの成員がどのような心理的距離関係にあるのかを版上に布置する，⑤家族の長所について話し合う，などである。

ビーバーズの理論モデルは大きく6つの領域に言及している。これら6つの領域は円環モデルの次元と密接な関連が見られる。きずなに関連する領域としては，①家族員の分化，②別離や喪失への受容，③家族神話(家族が共有している世界観)，そして④情動である。また，かじとりに関連する領域には⑤家族内の権力構造と⑥交渉がある(Tatsuki, 1985)。

ティンバーローン・グループの研究は，評価者間の信頼性・一致度が低いことや，ビーバーズの理論モデルを操作的に定義する上での混乱のために問題があった(Olson, Russell & Sprenkle, 1980; Tatsuki, 1985)。しかしティンバーローン・グループは，家族システム観察評定尺度の合計点を用いて，興味深い報告をしている。観察評定尺度の合計点は，全体的な印象に基づいた家族の健康・病理度尺度ときわめて高い相関 ($r = 0.90$) を示した。ただし，同一の評定者が家族システムと健康・病理度の両方の観察評定を行なっているために，これがすなわち家族システム評定尺度の妥当性を示すものとは断定できない。ちなみに，独立した評定者によって行なわれた，問題症状を持つ本人の観察評定と家族システムの観察評定との相関は0.42と大幅に下がったものになっている(Lewis & Beavers et al., 1976)。

5) 家族の社会生態学的研究

スタンフォード大学のムースらは，家族環境尺度(FES, Family Environment Scale)を開発した(Moos & Moos, 1976)。家族環境尺度は，10の下位尺度からなり，これらは大きく3つの次元に所属する。関係性，人間的成長，システム維持の3次元である。関係性次元は，凝集性，表出性，葛藤性の3つの下位尺度からなり，人間的成長次元は，独立性，達成志向性，知的文化的志向性，道徳宗教性の5つの下位尺度からなり，システム維持次元は組織性，統制性の2

つの次元からなるとする (野口・斉藤・手塚・野村, 1991)。

フォウラー (Fowler, 1981) はFESの予備マニュアル (Moos et al., 1974) に記載されている10の下位尺度間の相関行列に対して因子分析を施した。その結果は, FESの理論モデルが予測するような3因子構造ではなく, 「凝集性」対「葛藤性」という第1因子と, 「組織性」と「統制性」という第2因子のみに集約されるとした。第1因子はほぼ関係性次元に, 第2因子はシステム維持次元に相当するものである。言い換えるなら, 人間的成長次元に対応する独立の因子は見つけられなかったのである。フォウラー (Fowler, 1982a) はその後, 64名の大学生にFESを実施し, この2因子構造がやはり出現することを追試している。また, ボーキィとサルマン (Boakae & Salman, 1983) も同様の2因子構造を報告している。以上のように, 因子分析の結果として解釈された「関係性」と「システム維持」という2因子構造は, 円環モデルの「きずな」, 「かじとり」とそれぞれほぼ対応するものである。

6) 家族療法家の研究

家族のきずな・かじとり・コミュニケーションの各次元の重要性を, 臨床家はどのように評価しているのだろうか。フィッシャーとスプレンクルは310人の結婚・家族療法家を対象に調査を行なった (Fisher & Sprenkle, 1977)。これらの臨床家に, きずなに関して10の変数, かじとりに関して7つの変数, コミュニケーションについて17の変数の重要度を評価してもらった。各概念が, ①健康な家族機能や②夫婦や家族に対する治療的介入の目標にとってどれくらい重要であるかに基づいて評価が行なわれたのである。

①健康な家族機能に関して, 「きずな」と「かじとり」の平均値は3.9, 「コミュニケーション」の平均値は4.0であった。これは3つの次元すべてが大変重要であることを示している (5=極めて重要, 4=大変重要, 3=重要, 2=少し重要, 1=重要でない)。個々の変数について重要性の順位を見ると, その上位3分の1の内訳は, きずなに関連するものが30%, かじとりが29%, コミュニケーションが35%であった。次に, ②治療目標について見ると, きずなの平均値は3.6, かじとりが4.1, コミュニケーションが4.0で, これら3つの次元の改善が治療目標と関連していることが明らかにされた (5=つねに, 4=たいてい, 3

＝しばしば，2＝めったに，1＝けっして）。さらに，健康な家族機能と家族治療の目標との間にかなりの一致が認められた。

　一般の家族と臨床家では，家族システムの健康観に違いが見られるのだろうか。フィッシャーらは，問題を持たない一般家族に対しても，「健康な家族の特徴とは何か」について質問紙調査を行なった (Fisher, Gibbin & Hoopes, 1982)。その結果を家族療法家の調査 (Fisher & Sprenkle, 1978) と比較している。両者の回答には決定的な違いが認められた。一般の家族では，家族の同一化や健康管理，情緒的魅力，満足のいく相互作用，忠誠といった項目に，家族療法家よりも高い順位がつけられた。これに対して，家族療法家は融通性やリーダーシップの分担，フィードバックの利用に，一般よりも高い順位を与えた。つまり一般の家族はきずなの次元により高い価値を置き，家族療法家はかじとりの次元に高い価値を置くことが見出されたのである。

　家族療法家については，その他の研究でも，きずな・かじとり・コミュニケーションの3つの次元が，治療の目標設定に重要であることが示されている。これは，270人の家族療法家を対象にした調査である (GAP, 1970)。ちなみに，これらのうち40％がソーシャルワーカーで，もう40％は精神科医と心理学者，残りの20％は結婚カウンセラーや他の専門職であった。調査では，これらの専門家に家族療法の第1の目標を，リストに載っている8つの中から選んでもらった。85％の専門家が「コミュニケーションの改善」を挙げ，56％が「共感の改善」（コミュニケーションの次元）を，56％が「自主性と個別化」（きずな）を，34％が「より融通性のあるリーダーシップ」（かじとり）を，23％が「葛藤の減少」（コミュニケーション）を，12％が「個人の役割遂行の改善」（かじとり）を挙げた。この研究で興味深いのは，「症状の改善」という項目を除いて，選ばれた項目はすべて，きずな・かじとり・コミュニケーションの各次元に関係しているということである。また回答者の90％が8つすべての目標を，第1次的にあるいは第2次的に重要だと答えた。

　ミニューチンの構造家族療法は家族システムの境界とともに，家族システムの適応性をも強調している (Minuchin, 1974)。境界は，ちょうど円環モデルのきずな次元に相当し，バラバラからベッタリの状態があり，中程度の境界が健康とされる。また家族の適応性は，円環モデルのかじとりの次元に対応してい

る。家族療法家の中でこの2つの次元に直接視点を当てただけでなく、この2つの次元に関する考え方までが一致しているという点で、これは注目に値する。

　ミニューチンは、多くの家族がライフサイクルの過程で、一時的にベッタリやバラバラの状態になる傾向があり、また子どもの成長とともにサブシステム間の境界は明確化され、きずなはしだいにバラバラになっていくべきだと語った。ただし、極端な状態で機能し続けることは問題であるとしている。

　かじとりの次元についてはどうか。ミニューチンは、ストレスがしばしば家族変化の必要性を作り出すと述べている。治療を受けている家族の多くは、ある状況から別の状況への移行の段階にあり、新しい状況に適応するために援助を必要としているのだと考えた。彼は以下のように述べている。「ストレスが発生したときに対処のパターンや境界の融通性がなくなり、他に取るべき措置が取れない場合、この家族は病理的であると見なされるのである」(Minuchin, 1974, p.60)。ストレスは家族の内的あるいは外的圧力によって作られる。家族システム内に新しい成員が加わったり（出産など）、メンバーの欠損（独立、死亡など）、また子どもが思春期を迎えるといった家族員の発達的変化によってストレスは生じるのである。

7) ま と め

　円環モデルの2つの次元（きずな・かじとり）は、夫婦・家族システムを理解する上で鍵となることが、多くの研究によって示された。もう1度簡単に振り返ってみると、エンジェルやヒルによる初期の研究は家族タイプを分類するのに、これら2つの次元の組み合わせが重要であることを示唆した。後にこれらの研究はマッカバンらの研究に引き継がれた。マッカバンらは家族がいかにしてストレスに対処するかを理解する上で、きずな・かじとりの次元の重要性を実証した。

　ヴァン・ダ・ヴィーンは家族概念テストの結果に2次因子分析を施すことにより、きずな・かじとり次元の因子的妥当性を例証した。また円環モデルの次元に関連する変数は、家族カテゴリー・スキームに関する研究、ビーバーズ・ティンバーローン・グループの研究、ムースらの研究によって実証的に認められた。フィッシャーらは家族療法家に対する調査から、きずな・かじとりの2

表2-3 家族の「きずな」と「かじとり」の両次元に関する研究

研究者	年	内　容
Angell Hill	1936 1949	「家族の統合 (family integration)」と「かじとり (adaptability)」を用いて，大恐慌下の家族のストレスについて研究した。家族の統合とかじとりを組み合わせて，動的安定性 (dynamicstability) という尺度を作成した。
Hill, Moss & Wirths	1953	急速な都会化に個人や家族がどう対処するか，家族のかじとりと統合を用いて研究した。
Van der Veen Novak & Van der Veen Van der Veen	1965 1970 1976	家族概念テストを用いた調査で，家族の統合と順応的対処 (adaptive coping) の重要性を強調した。また，これら2つの次元が互いに独立であることを実証的に示した。
Minuchin et al. Minuchin	1967 1974	バラバラ−ベッタリ境界と家族の適応度を強調した。
Westly & Epstein	1969	家族の健康には，自主性の発達（きずな）や，問題解決，権力，役割（かじとり）という変数が重要であるということを強調した。
GAP	1970	家族療法家についての調査で，治療目標の設定に「自主性の個別化」（きずな），「より融通性のあるリーダーシップ」（かじとり），「個人の役割遂行の改善」（かじとり）といった変数やコミュニケーションに関する変数が重要であるということを強調した。
Reiss	1971a 1971b	家族の相互作用を研究し，環境に敏感な家族（健康），対人関係に敏感な家族（非行），一致に敏感な家族（統合失調症）という3つの行動パターンを明らかにした。
McCubbin et al. Boss Boss, McCubbin & Lester	1975 1976 1977 1979 1982 1979 1980	家族ストレスに対する対処や行動についての研究の中で，家族の「きずな」と「かじとり」の重要性を強調した。
Lewis et al.	1976	「親密」・「連合」・「自律性」（きずな）次元や，「力関係」・「話し合い」（かじとり）次元からなる Family System Rating Scales を作成した。
Moos & Moos	1976	Family Environment Scale を作成し，「きずな」・「独立」（きずな）や「コントロール」・「組織」（かじとり）といった尺度を用いて家族を分類した。
Beavers et al.	1976	Stierlin の求心性と遠心性の概念を用いて，独自のシステムモデルを作った。

Druckman	1979	
Fuhr, Moos & Dishotosky	1981	Family Environment Scaleを用いて「コントロール」・「組織」(かじとり)次元と家族機能度との関連性を実証した。
Bell & Bell	1982	
Russell	1980	Family Environment Scaleのきずな尺度には，妥当性が欠如していると指摘した。
Fisher & Sprenkle	1977	健康な家族機能と家族介入の目標に，「きずな」・「かじとり」・「コミュニケーション」の各概念が重要だとした。
Fisher & Sprenkle	1978	健康な家族の特徴についての調査で，家族メンバーは「きずな」の次元を，一方家族療法家は「かじとり」の次元に高く価値を置くことを表した。
Fisher, Gibbin & Hoopes	1982	

つの次元の重要性について検討した。これら2つの次元は健康な家族機能と家族療法の治療目標を説明する上で，ともに有益であるとされた。家族療法家に対する，また別の調査では，これらの次元に関係する変数の重要性を表している。最後に，ミニューチンのような家族療法家はこれら2つの次元を診断上・治療上のプログラムに直接取り入れている。

多くの研究がきずな・かじとりの次元や，これらの次元に関係する変数を用いていることがレビューされた。これは，きずな・かじとりの両次元の普遍性を表すとともに，円環モデルにこれらの次元を取り込むことの理論的な妥当性を示しているといえるだろう。

なお表2-3には，きずな・かじとりの両次元を用いた研究を要約してまとめた。

4. 円環モデルの諸仮説

1) 構成概念間の機能的関係

円環モデルではきずなを「家族の成員が互いに対して持つ情緒的結合」と定義する。きずなは，具体的には，以下のような変数から評価・測定される。つまり，情緒的結合，境界，連合，時間，空間，友人，意思決定への参加，趣味とレクリエーションである（表2-4参照）。円環モデルに使われている家族のきずなの定義は，2つの構成要素からなっている。両者とも，家族の成員相互の

情緒的結合の程度に関係している。1つは家族メンバーを感情的に同一化させる側面で，家族のきずなの極端に強い段階（ベッタリ）として表される。もう1つは反対に家族の成員を家族システムから遠ざけようとする側面で，きずなの極端に弱い段階（バラバラ）として表される。この2つの構成要素のバランスの取れた段階（ピッタリとサラリ）で家族システムは最もうまく機能し，個人の成長も促進される。とはいえ，バランスの取れた家族では，きずなが常に中庸な段階にあるとは限らない。必要とあれば，極端な関係にもなりうると考えるのである。ただし，そのような極端な関係は長く続かない。つまり，きずなのバランスの取れた家族は，状況的ストレスや発達的変化に応じて，どのような関係をも取りうる。その幅が広いと推測されるのである。一方，きずなが極端な家族では，常にその極端な関係で固定している。それ以外の関係のありようは，考えられないのである。たしかに文化的な規範の違いなどによってこれらの極端に位置する家族でも，こうした危機を問題なく乗り越えることがあるかもしれない。しかしバランスの取れていない極端な家族は，長期的に見れば，変化・成長していく過程で，より問題が発生しやすいといえる。

　夫婦・家族システムのかじとりの次元を，円環モデルでは以下のように定義する。「かじとりとは，状況的・発達的ストレスに応じて家族（夫婦）システムの権力構造や役割関係，関係規範を変化させる能力である。この次元に関係する具体的な変数は，家族の権力構造（自己主張と支配）や交渉（話し合いや処理）のスタイル，役割関係，関係規範などである」（**表2-5**参照）。最も健康な家族システムは，かじとりの次元のまん中の段階（キッチリと柔軟）に位置する。そしてこういった家族は形態維持と形態変容の間のバランスが保たれている。そこでは，お互い，コミュニケーションを通じて言いたいことが言え，リーダーシップは民主的であり，交渉をうまく進めることができる。また，正と負のフィードバックが適度に切り替わり，役割を共有したり，必要ならば新しい役割を作ることもできる。そして，隠れたきまりはなく，きまりはすべて明快に示されている。反対に，非機能的な家族システムはこれらの変数がいずれかの形で極端である。

　円環モデルはきずなとかじとりの2つの独立する次元が作る空間上で，家族システムの機能度を診断評価する。家族がこの空間の中央部に布置されればそ

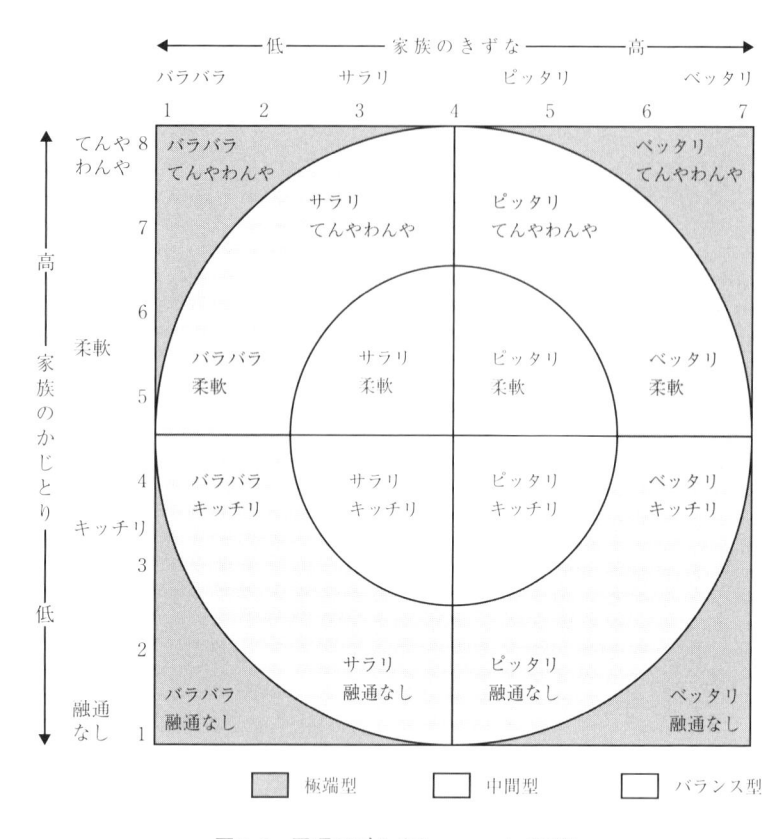

図2-1　円環モデル (Olson et al., 1983)

れだけ健康であると考える。逆に，きずなもかじとりも極端で，空間の辺縁部に布置された場合，問題が生じやすいと考えるのである（**図2-1**参照）。

　なお円環 (Circumplex) とは，計量心理学者ガットマン (Guttman, L.) の造語である。ガットマンは，たとえば「松，竹，梅」のように，カテゴリーをある属性に基づいて，最小から最大まで一直線上に順序づけられる場合をSimplex (Simple Order of Complexity) と呼んだ。一方，「グー，チョキ，パー」のように，カテゴリーの序列が円環状になる場合を指して，Circumplex (Circular Order of Complexity) と名づけた。家族システム円環モデルの場合には，極端型の家族タイプが，図の辺縁部に円環 (Circumplex) 状に布置されることからこの

表2-4 家族のきずな

	1　　2	3　　4	5　　6	7　　8
情緒的結合	バラバラ 帰属意識は皆無。	サラリ たまに帰属意識を示す。	ピッタリ 適度の帰属感あり。	ベッタリ 過度の帰属要求。
家族相互作用への関与の度合い	きわめて低い関与。成員間の感情的交流ほとんどなし。	一歩距離を置いた関与あり。感情的交流は一応見られる。	互いへの関与は強調されるが、ある程度の対人距離は認められる。感情的交流は奨励され、好まれる。	高度に共棲的な関与。感情の相互依存が顕著に見られる。
夫婦関係	情緒的にすっかり冷えきっている。	どちらかといえば情緒的にドライな関係。	情緒的にピッタリとした関係。	情緒的に過度に反応する。
親子間の連合	親子間に親密さがない。あるいは、親子が連合してもう一方の配偶者と対立する。	親子間に明確な境界線が引けており、ある程度の親密さも存在する。	親子間に明確な境界線が引けており、しかも親密さも兼ね備えている。	過度の連合。両親と子どもとの間の世代間の境界が引けていない。
内的境界	成員個々の距離がきわめて大きい。	ある程度の距離感はむしろ好まれる。	時に距離を置くことが必要だとは分かっているが、あまり重視されない。	対人的距離は皆無。
（時間）	ほとんど家族が一緒に時間を過ごすことはない。	1人でいる時間は大切にされる。たまには一緒にもなる。	皆で一緒にいるときが大切にされる。たまには1人もよい。	つねに一緒。1人でいることは許されない。
（空間）	それぞれ別の場所にいることが必要で、好まれる。	それぞれ別の場所にいることが好まれるが、一家団らんの場所もある。	一家の団らんの場が大切にされる。1人になる場所も認められている。	1人になれる場所は存在しない。
（意思決定）	個々独立した意思決定。	1人で決定を下す。しかし家族合同で物を決めることは可能。	合同での意思決定が好まれるが、必ずというわけではない。	決定は家族全員の意思に基づかなければならない。

外的境界	家族外部に全員の眼が向いている。	家族内よりは，家族外との関係の方が重視される。	家族外よりは，家族内の関係の方が重視される。	家族内にしか全員関心がない。
（友人）	別々に1人で会う。	1人の友人が他の者の友人になることはまずない。	1人の友人が他の者の友人にもなる。	家族同士でつき合う友人しか持たない。
（趣味）	まったくかけ離れた趣味。	個々各々にあった趣味を持つ。	共同の趣味を持つ。	共同の趣味しか許されない。
（余暇活動）	個々別々。	一緒よりは1人で。	1人よりは一緒で。	全員一緒。

名が冠されたのだと思われる。

2) 円環モデルと外部変数との関係

　構成概念間の機能的関係の定義がなされたら，次に外部変数との関係が定義されていなければならない。円環モデルでは，①家族機能(family functioning)，②家族コミュニケーション(family communication)，③家族ライフサイクル(family life cycle)という3種類の外部変数について7つの仮説が立てられている。理論モデルを評価し，発達させるためには，この仮説の検証が重要になる(Tatsuki, 1985; 佐藤，1986; 大塚・立木，1991)。

　家族機能を外的変数として立てられた仮説は，以下の4点である。
- きずなとかじとりの両次元でバランスの取れた段階に位置する夫婦・家族システム（バランス型）は，極端の段階に位置するシステム（極端型）よりも，家族ライフサイクルの各段階でよりうまく機能する。
- バランス型の家族は極端型の家族よりも多様な行動様式を持ち，変化に対して柔軟に対応できる。
- 夫婦・家族の持つ規範が，円環モデルの両次元，あるいはどちらかの次元の極端な段階での行動を支持していれば，家族成員がそれを受け入れる限り家族システムはうまく機能する。
- 夫婦・家族システムは，家族成員が報告する現実像と理想像が一致すればするほど機能的になる。

表2-5 家族のかじとり

	融通なし 1　　2	キッチリ 3　　4	柔軟 5　　6	てんやわんや 7　　8
リーダーシップ	権威主義的。高度の親支配。	基本的には権威主義。たまに民主的にもなる。	変化に対して柔軟な民主的リーダーシップ。	限定的で行きあたりばったりのリーダーシップ。
しつけ	専制的。"法と秩序"第一。厳格。例外や寛大さなし。	ある程度民主的。きっちりとしたしつけ。あまり寛大ではない。	たいてい民主的。話し合いに基づいたしつけ。ある程度寛大。	ほったらかしで不適切なしつけ。首尾一貫しない態度。とても寛大。
問題解決の相談	常に親が決定を下す。	きっちりとした話し合い。たいてい親の意見で物事が決まる。	柔軟な話し合い。皆で相談し合い、決定に同意する。	小田原評定。行きあたりばったりで衝動的な意思決定。
役割関係	役割がガッチリと決まっており、レパートリーも少ない。	役割安定。しかし共有もされうる。	役割が共有され、新たな役割作りがされる。役割を臨機応変に変えうる。	明確な役割分担がない。個人の役割がくるくる変わったり、交替したりする。
きまり	きまりは絶対に変わらない。約束は厳格に守られる。	ほとんどきまりは変わらない。約束はかたく守られる。	きまりといえども、ある程度の変更はありうる。約束も柔軟に運用される。	目まぐるしくきまりが変わる。約束の実行が一貫していない。

　次に家族コミュニケーションを外部変数として立てた仮説は，以下の2点である。
* バランス型の夫婦・家族は極端型の夫婦・家族よりも，より好ましいコミュニケーションの技術を持つ傾向がある。
* 好ましいコミュニケーションの技術を用いる場合，バランス型の家族は，極端型よりも簡単にきずな・かじとりの段階を変化させることができる。

　最後に家族ライフサイクルを外部変数として立てた仮説は，以下の1点である。
* 家族ライフサイクルの各発達段階で状況的ストレスや変化に対処する際，バランス型の家族はきずな・かじとりを変化させるが，極端型の家族は変

化に抵抗し現状を維持しようとする。

　以上，円環モデルについて，理論的考察に基づき，構成概念の定義，構成概念の機能的関係，外部変数との仮説的関係について明らかにした。

第Ⅱ部 家族システムの円環モデルの理論的・実証的研究(1)

―構成概念妥当化パラダイムの発展
(1986〜1993年)

第3章

臨床評価尺度に基づく円環モデルの検討

　前章では，きずな・かじとりという円環モデルの理論的構成要素を概念化した。一旦概念化ができれば，実証的な評価や計量に耐えうるように各概念を測定可能な形に操作的に定義することが可能となる。第Ⅱ部では，このような観点から，各種の計量尺度を用いて家族システム円環モデルの構成概念妥当性を検討する。

　家族システムの評価と計量には，「主観的」対「客観的」次元と，「当事者 (insider)」対「第三者 (outsider)」次元という2次元の組み合わせから4種類のアプローチが存在する（**表3-1**）(Cromwell, Olson & Fournier, 1976a, 1976b)。

　たとえば，当事者による主観的報告の代表例が，自己報告式の質問紙である。質問紙は大量のデータを迅速に処理するという利点を有する反面，その開発には多大の時間と労力が必要である。さらに，時間や労力がたとえ確保されたとしても質問紙による評価や計量には，以下のような問題点がある。第1は，回答に対する反応が社会的に望ましい方向に偏る傾向（社会的望ましさ反応バイアス）や防衛的な反応が質問紙の回答に含まれるという問題である (Wiggins, 1973)。第2の問題は「妻たちの家族社会学」問題として知られるものである。フィッシャーは，家族理論がシステム的な水準から構成されているのに対し，その実証調査研究は個人（質問紙調査では主として妻たち）の回答を基にしていることを批判している (Fisher, 1982)。第3の問題点は，家族に対する見方は家族成員の間で必ずしも一致しないという点である。立木は，北米で研究の行なわれている家族評価尺度についてレビューし，家族員間の家族に対する見方の一

表3-1 家族システムの計量・評価の方法

	主観的 (subjective) 報告	客観的 (objective) 報告
当事者 (insider) 評価	自己報告・質問紙 (e.g., FACESKG)	行動チェックリスト (e.g., Spouse Observation Check List)
第三者 (outsider) 評価	臨床評価尺度 (e.g., CRS)	行動計測法 (e.g., SIMFAMKG)

(出典) Cromwell, R. E., Olson, D. H. & Fournier, D. G. (1976a) Tools and techniques for diagnosis and evaluation. *Family Process*, 15, pp. 1-49.

致度はどんな尺度でも,全体の分散の30%を超えることはないと報告している (Tatsuki, 1985, 1989a, 1989b)。この場合,そもそも家族内のどの成員の回答を家族システム全体の評価値として用いるのかが問題となるのである。

以上のような質問紙による方法に対して,外部の第三者が主観的に家族システムを評価する方法に観察者評定法がある。観察者評定法は,大量のデータを取り扱うのには不向きだが,構成概念を操作化すれば家族システム全体を単位として直接評定することができる点や,行動計測のような客観度の高い方法と違って実施がより容易であるという利点を持っている。しかしながら,評定が主観に流されるなら再現性を確保できない。そのための対策として評価者を複数用意して訓練を施し,評価者間の判断について一定の信頼性の基準を設けることは可能である。この場合には,第三者による「間主観的な評価」(intersubjective judgement) と呼べるだろう (Campbell & Stanley, 1966)。

一方,客観的な当事者評価には自己報告式の行動チェックリスト法がある。これは,当該の概念に関連する行動をチェックリストにし,リストの行動が生起したかどうかを1日の終わりに当事者に毎日チェックしてもらう方法である。データの客観性は高いものの,実際の測定を当事者に頼るために,親子や夫婦関係の行動療法の臨床事例など,行動チェックの意味が当事者に十分に了解可能な場合を除いては,あまり利用されていない。さらに,行動チェックリストで得られるデータの水準も個人レベルであり,家族システムの水準ではないという,質問紙法と同じ問題を共有している。

客観性や信頼性という意味で最も質の高いデータを入手できるのが,最後の行動計測であるが,集中的な人員や機材の確保などが不可欠であるために,わ

が国の家族研究調査ではこれまであまり実施されて来なかった。

　円環モデルの実証的研究で，われわれのチームが最初に着手したのは観察者評定法に基づく臨床評価尺度 (Clinical Rating Scale, 以下CRSと略) の利用であった (佐藤, 1987; 大塚・立木, 1991)。モデルの構成要素を概念化すれば比較的容易に操作的な評定尺度を作ることができるという実際上の理由に加えて，反応バイアスから逃れられること，家族システムの水準での計量が可能なこと，成員間の指標の不一致などの問題がありえないことなどが，臨床評価尺度を用いる理由であった。とはいえ，行動生起の有無だけに基づく行動計測法と違って，観察者評定法は順序尺度上の評定に基づく。このために，観察者によって評価にばらつきが生じやすい。これを防ぐためには観察者間の信頼性を高める訓練を地道に繰り返す必要があった。本研究の調査実施期間は1986年8月から11月までであり，立木が指導する大塚 (旧姓佐藤) 美和子の関西学院大学大学院社会学研究科修士論文調査 (佐藤, 1987) の一環として行なわれた。臨床評価に当たっては，当時修士課程1年生であった池埜聡が協力している。

1. 方　法

1) 被験者

　被験者は，淀屋橋心理療法センターにて家族療法の治療継続中あるいは治療後の10家族である。問題を持つと見なされている患者 (identified patient) は，すべて子どもで，その年齢は10歳から17歳までであった。主訴は，不登校 (5ケース)，非行 (2ケース)，拒食症 (2ケース)，強迫神経症 (1ケース) である。各家族につき，治療前と治療後を比較検討するために計20本の家族面接のビデオを観察した。評価者に不要なバイアスを与えないために，評価する面接場面が治療前か治療後かは明らかにせず，第三者がビデオを無作為に選択したものを観察した。評価の際には，家族の年齢と家族構成だけが評価者に与えられた。すべてのビデオテープを観察した後，被験者についての情報が与えられた。

2) 測定用具

　きずな次元は，①emotional bonding (情緒的結合)，②family involvement

（家族関与），③marital relationship（夫婦関係），④parent-child coalition（親子間連合），⑤internal boundaries（内的境界），⑥external boundaries（外的境界），の6変数から測定される。かじとり次元を測定CRSの項目は，①leadership（リーダーシップ），②discipline（しつけ），③negotiation（問題解決の相談），④role（役割），⑤rule（きまり），の5変数である。コミュニケーション次元を具体的に測定する項目としては，①continuity tracking（話題の一貫性），②respect & regard（尊重と注目），③clarity（明確さ），④freedom of expression（表現の自由），⑤empathy（共感）と⑥attentive listening（傾聴），⑦speaking for self（自分について話す），⑧speaking for others（他者について話す），⑨intrusions/interruptions/premature closure（妨害，侵入，決めつけ），の9変数である。

3) 手続き

臨床評価尺度を利用する際には，事前に評価者間の信頼性（interrater reliability）を高める必要がある。そのために本調査とは別に，訓練用の家族面接ビデオを29本観察し，臨床評価尺度の各項目の具体例や採点の基準について，細かいチェックをし，評価の際の留意点を記録していった。このような過程を経て，両者の一致度のレベルは変動しながらもしだいに高まっていった（$r = 0.23$から$r = 0.94$）

以上のような予備評価期間の後に本番の評価へ移行した。本評価の段階では，20本の家族面接のビデオに対して，2人の評価者間の相関は$r = 0.74$から$r = 0.99$（平均 $r = 0.92$）と安定して高い値を示した。

2. 結果と考察

1) 内的－構造的考察

(1)項目・尺度間相関

円環モデルの理論的予測を検証する第1歩として，項目・尺度間相関を調べた。各項目は自分自身が属する尺度のトータル値とは高い相関を示すべきである。なお，検証をより厳密にするために，尺度のトータル値から当該の項目の値は除いてある。

表3-2 臨床評価尺度の項目・尺度間および項目・他尺度間相関

〈尺度〉 項目	項目・尺度間相関 ($N = 20$)	項目・他尺度間相関		
		きずな ($N = 20$)	かじとり	コミュニケーション
〈きずな〉				
情緒的結合	0.83		0.19	0.88*
家族関与	0.65		0.19	0.82*
夫婦関係	0.30		0.21	0.70*
親子間連合	0.14		0.05	0.51*
〈かじとり〉				
リーダーシップ	0.99	0.22		0.75*
しつけ	0.90	0.18		0.56*
問題解決の相談	0.99	0.18		0.67*
役割関係	0.98	0.18		0.75*
きまり	0.98	0.16		0.80*
〈コミュニケーション〉				
話題の一貫性	0.80	0.51*	0.79*	
尊重と注目	0.92	0.69*	0.75*	
明確さ	0.79	0.73*	0.68*	
表現の自由度	0.16	0.35*	0.03	
聞き手の共感度	0.90	0.72*	0.75*	
傾聴度	0.97	0.67*	0.75*	
自分について	−0.04	−0.29*	−0.21*	
他者について	−0.01	−0.24*	0.00	
妨害・侵入	0.64	0.27*	0.53*	

(注) *コミュニケーション変数ときずな・かじとりの相関では，きずな・かじとり両次元ともリニア化変換を行なったバランス度得点を用いている。

表3-2が示すように，かじとり尺度の全5項目（リーダーシップ，しつけ，問題解決の相談，役割関係，きまり）ときずな尺度の4項目中2項目（情緒的結合，家族関与）で高い項目・トータル尺度相関が得られた。一方，残るきずな2変数のうち，夫婦関係ときずなトータルとの相関は軽度（$r = 0.30$）なものであった。さらに，親子間連合との相関は統計的に意味のある大きさではなかった（$r = 0.14$）。コミュニケーション尺度については，9項目中6項目（話題の一貫性，尊重と注目，明確さ，聞き手の共感度，聞き手の傾聴度，妨害や侵入）で高い相関が得ら

れた。残る3項目（表現の自由度，自分について話す，相手について話す）はコミュニケーションのトータル値とは関連性は統計的に有意ではなかった。

以上の結果より，家族のかじとり尺度は，リーダーシップ以下5つの下位項目により，その内容が具体的に把握されていることが認められた。また，家族のきずな尺度は，トータルの家族システムのレベルで評価を行なう情緒的結合と家族関与という2変数については，明確な関連性が確認された。一方，夫婦サブシステム（夫婦関係）や親子サブシステム（親子連合）の観察を基に家族システム全体のきずな特性を予測するのは難しいという事実も併せて得られた。

(2)内的一貫性信頼性

同じ尺度内の項目の等質性，すなわち内的一貫性信頼性をクロンバックの α を利用して求めた。その結果，かじとりで，クロンバックの α は0.99，きずなで0.63，コミュニケーションでは0.87という結果を得た。これにより，かじとりとコミュニケーションについては満足すべき信頼性が確認された。きずなに関しては，他の尺度に比べ α 係数が低くなっている。ここで，仮に親子間連合を除いて再び α 係数を求めると0.85にまで高まった。項目・尺度間相関の分析でも親子間連合がきずな次元で異質な振る舞いをすることが示されたが，親子間連合を加えることにより α 係数が低下することからも，この点は確認された。親子間連合が他のきずな変数とどのように変動の仕方が異なるのかについては，さらに詳しく後述の因子分析の過程で検討する。

(3)項目・他尺度間相関

項目と他尺度との相関は低くあるべきである。これは，きずな・かじとり次元が独立しているという円環モデルの前提から導き出されるものである。**表3-3**によれば，かじとり次元の各項目はきずな尺度とは相関が低く，同様にきずな次元の項目はかじとり尺度とは相関が低いことが分かる。これは円環モデルの第1の仮説である「きずなとかじとりの独立性」を実証的に支持するものである。

これに対して，円環モデルはコミュニケーションをきずな・かじとりの促進次元と考える。したがって，良好なコミュニケーション技術ときずな・かじと

りの健康度との間には明確な相関関係が存在しなければならない。ただこの場合，コミュニケーション項目はリニアな（数値が高ければ高いほど健康である）変数であるが，きずな・かじとり項目はカーブリニアな（数値が極端に高いのも，また低いのも問題である，つまりそのバランスが大事である）変数である。したがってこの関係を操作化すると，きずな・かじとりのバランス度とコミュニケーション尺度との間に適度な相関が存在するべきだということになる。きずな・かじとりのバランス度は，きずな・かじとりの各項目値を以下のような2次関数を用いることでリニア化して求めた。

$$y = \frac{-3}{12.25}(x - 4.5)^2 + 4$$

y：バランス度（1から4までの間に分布，家族機能とはリニアな関係）

x：きずな・かじとりの各項目値（1から8までの間に分布，家族機能とはカーブリニアな関係）

表3-2によれば，きずな・かじとりの各項目のバランス度とコミュニケーション尺度との間の相関は，円環モデルの予測通り高い値を示した。また，コミュニケーションの各項目ときずな・かじとりのトータル値のバランス度との相関も，項目・トータル値の相関が低く項目飽和度の認められなかった「表現の自由度」，「自分について話す」と「相手について話す」を除く，6つのコミュニケーション項目（話題の一貫性，尊重と注目，明確さ，共感度，傾聴度，妨害・侵入）で高い値を示した。これらの6項目については，「コミュニケーションはきずな・かじとりの促進次元である」という円環モデルの仮説を支持するものとなった。

(4)因子分析

前節までで示されたきずな次元とかじとり次元内の各下位項目同士の相互関連性，およびきずな・かじとり次元間の独立性をより直接的に確認するために，全下位項目間の因子構造を検討した。きずなの下位項目としては，情緒的結合，家族関与，夫婦関係，親子間連合の4項目を用い，かじとりの下位項目としてはリーダーシップ，しつけ，問題解決の相談，役割関係，きまりの5項目を用

表3-3 主成分分析による固有値と寄与率の変化

解	1	2	3	4	5
固有値	5.00	2.32	1.08	0.51	0.43
寄与率	56%	26%	12%	6%	0%
累積寄与率	56%	81%	93%	99%	99%

いた。

　以上の9項目からできる9×9の相関行列を作成し、その因子構造を主成分法によって分析した。なお、コミュニケーション次元を分析に含めなかったのは、(3)項目・他尺度間相関の分析より、カーブリニアなきずな・かじとり項目の素得点とリニアなコミュニケーション項目の相関を調べても意味がないことと、サンプル数（$N=20$）に比べてあまりにも多数の変数（コミュニケーション項目やきずな・かじとりのバランス度項目を交えると優に20変数以上になる）を交えると、データ行列のランクが変数ではなくサンプル数によって決定されてしまうためである。

　分析の結果、固有値が1.0を超える解は3つあり、3つの解で、9×9の変数でできる相関行列が含む情報の93％までが説明された（表3-3）。**表3-4**は、これら9変数のバリマックス回転後の因子負荷量を示している。

　第1因子では、リーダーシップからきまりまでのかじとりに関するすべての変数が0.99というきわめて高いウェイトを負荷し、それ以外の変数は無視しうる負荷量であった。したがって第1因子はかじとりの次元と考えることができる。第2因子は、情緒的結合、家族関与、夫婦関係の3つのきずな変数が高い負荷量を受けている。しかし、きずなの最後の変数である親子間連合は0.15とかなり低い負荷量であった。しかしながら、かじとり変数はすべて0.1以下の負荷量しか受けていないため、この因子はきずなに関する次元と解釈することができる。第3因子では、親子間連合には高い正の負荷量、そして夫婦関係は高い負の負荷量を受けた。つまり、親子間連合と夫婦関係は、この次元で両極に位置すると考えられる。言い換えるなら、強い親子間連合が存在するときは夫婦関係は低い。また逆に、夫婦関係が高いときは、親子間連合はさほど強くないという関係が示された。

　以上のような因子構造は、基本的に円環モデルが予測するきずな・かじとり

間の関係と一致するものである。ただ親子間連合だけが，理論的予測と異なった振る舞いをした。すなわち親子間連合はきずな次元で，あまり高い負荷量を得られず，しかも夫婦関係とは負の関係が示唆されたのである。

ミニューチンは，ベッタリの家族では，家族内の特定の2者の間だけでのやりとりがほとんど起こ

表3-4 バリマックス回転後の因子負荷量

項目＼因子	1	2	3
情緒的結合	0.05	0.95	0.25
家族関与	0.02	0.92	0.17
夫婦関係	0.05	0.74	-0.43
親子間連合	0.10	0.15	0.92
リーダーシップ	0.99	0.05	0.07
しつけ	0.99	0.08	0.06
問題解決の相談	0.99	0.02	0.04
役割関係	0.99	0.03	0.03
きまり	0.99	0.02	0.02

らず，他の成員が必ず割り込んでくるとしている。それに対して，バラバラの家族は家族成員間に連帯感がなく，もし連帯が起こるとしてもそれは常に片方の親と子を含む分派的連合だとしている（Minuchin, 1974; 武田・立木, 1989）。

オルソンのモデルでは，過度の親子間連合はベッタリの家族の特徴としているのだが，われわれの調査結果からも，一方の配偶者と敵対する親子間連合の存在は，システム全体から見るならば，ミニューチンが言及しているように，むしろきずなの低さ（バラバラ）の指標と考えるのが妥当と思われる。

2) 外的考察――基準関連妥当性の検証

治療前と治療後の変化をCRSが正しく読み取ることができるかを見るために，治療前・治療後における平均得点の差の検定（t検定）を行なった。

各被験者は，治療前と治療後において，情緒的結合などの4つの項目からなるきずな次元，リーダーシップなどの5つの項目からなるかじとり次元，そして話題の一貫性等の9つの項目からなるコミュニケーション次元で評価された。これら3つの次元の各項目，およびトータル値（各次元における項目の合計得点）が，治療前と治療後で有意に異なるかt検定を行なった。

ところで，きずな・かじとりの評価は8ポイント尺度上で行なうが，それは家族システムの質に関する評価であり，家族システムの健康・病理度との関係はカーブリニアになる。この場合，もし治療前から治療後の変化の有無を測定したければ8ポイントの評価尺度ではなく，むしろきずな・かじとりのバラン

ス度(これが家族の健康・病理度をリニアに推定する)に基づいて評価を行なうべきである。なぜなら，ある家族のきずなは治療前にあまりにもベッタリで，それが治療後にはピッタリからサラリに低下することが予測されるのに対し，別の家族では治療前のきずなは極端にバラバラであり，それが治療後にはサラリかピッタリに上昇することが予測される。この場合，治療前後におけるきずなの低下や上昇を平均すると，両者で変化の方向を打ち消し合うため，結果としてゼロ近くになるだろう。しかし，これはこの2つの家族で変化が生じなかったことを意味するのではない。

以上の考えに基づいて，内的考察の(3)項目・他尺度間相関の分析で行なったのと同様の手法で，家族システムの評価からバランス度(健康・病理度)へと尺度のリニア化を行なった。この変換は，特に健康・病理度との関係がカーブリニアであるきずな・かじとりの2次元についてのみ行なった。コミュニケーションの次元は，健康・病理度の基準変数とリニアな関係になっており，変換は行なっていない。

表3-5にリニア化された尺度(きずな・かじとりのバランス度とコミュニケーション尺度)に基づく結果を示した。これを見ると，きずな・かじとりのバランス度尺度は完全に家族システムの治療前・治療後の変化を読み取っている。また，コミュニケーションの次元に関しては，話題の一貫性，明確さ，共感，傾聴およびコミュニケーションのトータル値で，5％の有意水準で有意差が見られ，また尊重と注目では10％の有意水準で差が見られた。一方，1)内的考察で明らかになったように，項目飽和度の低かった「表現の自由度」「自分について話す」「他者について話す」の3項目および項目飽和度が中度(項目尺度間相関が0.64)であった「妨害・侵入」については，やはり有意な変化は見られなかった。

表3-5は，きずな・かじとり・コミュニケーションの各項目およびトータル値の1つひとつについて治療前・治療後の差に関する単変量のt検定の結果を示しているが，t検定を複数回行なうと全体としては検査の信頼性が低下する。そこで，きずな・かじとりのバランス度およびコミュニケーションの各トータル値について，変数が複数個になっても信頼性が落ちないように工夫されたホテリングのT^2検定を行なった。その結果，多変量による解析でも，治療前・

表3-5 治療前・治療後の有意差の検定*

尺　度	Pre x (SD)	Post x (SD)	t値	p
情緒的結合	3.15 (0.63)	2.10 (0.70)	3.58	***
家族関与	3.20 (0.75)	2.30 (0.79)	3.52	***
夫婦関係	3.35 (0.47)	2.45 (0.69)	5.01	***
親子間連合	3.05 (0.50)	2.20 (0.59)	4.64	***
きずなトータル	2.27 (0.78)	1.46 (0.51)	2.72	**
リーダーシップ	3.80 (0.35)	2.90 (0.66)	4.32	***
しつけ	3.48 (0.84)	2.75 (0.59)	2.37	**
問題解決の相談	3.85 (0.34)	2.60 (0.88)	4.29	***
役割関係	3.40 (0.46)	2.40 (0.46)	9.49	***
きまり	3.30 (0.63)	2.40 (0.52)	6.19	***
かじとりトータル	3.64 (0.37)	2.61 (0.57)	6.44	***
話題の一貫性	2.75 (1.25)	3.95 (0.96)	-3.34	***
尊重と注目	2.15 (1.25)	3.05 (0.98)	-1.96	*
明確さ	2.85 (0.94)	3.95 (0.72)	-3.16	**
表現の自由	3.70 (1.16)	4.20 (0.71)	-1.06	
聞き手　共感	1.75 (0.79)	3.00 (0.91)	-3.93	***
傾聴	2.25 (0.98)	3.40 (0.91)	-2.61	**
話し手　自分	2.45 (0.55)	2.50 (0.53)	-0.52	
他者	2.20 (0.26)	2.20 (0.35)	0.00	
妨害・侵入	3.30 (1.55)	4.35 (0.91)	-1.80	
コミュニケーショントータル	2.59 (0.61)	3.36 (0.60)	-2.75	**

(注)　*きずな・かじとり項目については,リニア化したバランス度得点を用いている。
　　　***　 $p<0.01$
　　　**　 $0.01<p<0.05$
　　　*　 $0.05<p<0.10$

治療後で有意な差が見出された ($T^2{}_{3,\,7} = 58.01$, $p<.01$)。

3. 結　論

本章では臨床評価尺度を用いて円環モデルを実証的に検討した。その結果についてまとめると以下の通りである。

第1に,独立した2人の評定者は円環モデルに基づく臨床評価尺度の各項目

についてきわめて高い観察者間信頼性を記録した。約2カ月半にわたる訓練の後，今回の調査で対象とした10ケースの治療前と治療後の面接場面のビデオテープの評価は，評価者間の相関が平均で$r = 0.94$であった。これは2人の観察者の間で全体の分散の約88％までが共有されたことを示している。これを，たとえばビーバーズのモデルに基づくビーバーズ・ティンバーローン家族評価尺度の場合と比較してみよう。看護師と一般医が観察者の場合，ビーバーズのモデルに基づく家族評価の相関は項目により$r = -0.17$から$r = 0.69$まで変動し，両評価者間の相関の中央値は$r = 0.31$に過ぎなかった。また，経験を積んだ精神科ソーシャルワーカーと精神科医のペアでさえ，観察者間相関の中央値は$r = 0.65$であった。すなわち，このような家族療法のエキスパートでさえ両者が共有できた分散は全体の42％にしか当たらなかったのである (Lewis, Beavers, Gossett & Phillips, 1976)。その倍に当たる観察者間信頼性が円環モデルに基づく臨床評価尺度では確保されたことになる。しかも，評価を行なったのは家族療法の実際の経験はまったくない大学院生であった。これは，円環モデルの各項目がいかに明瞭に操作化され，したがっていかに高度な伝達可能性を有しているかを示すものである。

　第2に，きずな・かじとり・コミュニケーションの各次元を構成する下位変数 (項目) は，その大部分が円環モデルによって予測された内的・構造的特性を示した。特にかじとり次元の全項目については完璧な結果が得られた。一方，他の2次元ではモデルの改変を示唆する結果が得られた。それは具体的には，きずな次元における「親子間連合」と，コミュニケーション次元における「表現の自由度」，「自分について話す」，「他者について話す」の3項目の取り扱いである。このうちコミュニケーション次元の後者3項目については，少なくともわれわれのデータからはコミュニケーション次元との実証的関連性は観察されなかった。一方，きずな次元の「親子間連合」はオルソンらの考えでは，ベッタリの家族の特徴とされているが，今回の調査ではそれはむしろシステム全体としてはバラバラと見なされた状態のときに生ずることを実証した。その臨床的意味合いについては，さらに事例を用いて例示した。また，円環モデル構築に大いに影響を与えたミニューチンの臨床モデルでも「親子間連合」がベッタリの家族の兆候だとは述べていない (武田・立木，1989)。むしろミニューチ

ン自身は，そのような分派的連合がベッタリの家族では不可能であるとしていることを併せて指摘した。

　上記と関連して第3に明らかになったのは，夫婦サブシステムや親子サブシステムに関する特性の総和として，全体としての家族システムを理解することは難しいという点である。今回の調査では，特に家族のきずなについて，夫婦や母子といった各サブシステムの理解の総和を越えて存在する家族システムの理解については，「家族関与」や「情緒的結合」，あるいは今回の調査では観察できなかったが「内的・外的境界」などの家族システムレベルの項目が重要であることが示唆された。

　第4に，円環モデルの提唱するきずな・かじとり次元の独立性は，内的・構造的分析のすべての段階において確認された。ちなみに正木・立木(1991)は，本章と同じ家族相互作用サンプルを，エプステインらの提唱するマクマスター・モデル(Epstein, Bishop & Levin, 1978)にさらに改良を加えたプロセス・モデル(Santa-Barbara, Steinhauer & Skinner, 1981)の各次元から評価したが，全項目間の因子分析ではただ1つの共通性因子しか抽出できなかった。すなわち，プロセス・モデルが想定するような各次元間の構造は実証的には確認されなかったのである。しかもこれらのモデルの因子構造については，北米のサンプルを用いても同様の否定的結果しか報告されていない(Epstein, Baldwin & Bishop, 1983; Skinner, Steinhauer & Santa-Barbara, 1983)。これに対し，たとえ小数例の研究とはいえ，今回の調査では少なくとも円環モデルのきずな・かじとりの直交性は実証的な反証に耐えたのである。

　第5に，円環モデルはコミュニケーションをきずな・かじとりの促進次元として考えるが，今回の調査はこの仮説をきずな・かじとりのバランス度とコミュニケーション技術の好ましさとの相関の有無という形で操作化した。調査の結果，きずな・かじとりの各項目のバランス度はコミュニケーションと中度から高度な相関を示した。これは，促進次元としてのコミュニケーションの機能に関する円環モデルの仮説を大筋において支持するものであった。

　第6に，今回の調査では，円環モデルと家族機能とのカーブリニアな関係について実証的な支持が得られた。われわれはオルソンの円環モデルでadaptabilityと称される概念に，あえて「かじとり」という語を当てているが，それ

はたとえば「適応性」といった用語を用いることで，ビーバーズのモデルに使われているadaptability (Lewis, Beavers, Gossett & Phillips, 1976)との概念的混同を避けたいと考えたからである。ビーバーズのモデルではadaptabilityはnegentropyやcompetenceの同意語で，家族機能とはリニアな関係にある。一方，円環モデルで取り上げるadaptabilityあるいは「かじとり」は，システムの形態変容(morphogenesis)と形態維持(morphostasis)の両極を持ち，家族機能とはカーブリニアな関係が仮設されている。つまり，極端な形態維持すなわち「融通なし」も，また極端な形態変容すなわち「てんやわんや」も，ともにnegentropyあるいはcompetenceが低く，両者のバランスが適度に取れたときに初めて，システムの成長や2次変化(second-order change)が可能であるとするのである(Beavers & Voeller, 1983; Olson, Russell & Sprenkle, 1983; Olson, 1985; Olson, 1986, Lee, 1988; Tatsuki, 1985; 武田・立木, 1989)。円環モデルが想定するきずな・かじとりの各次元と家族の機能度とのカーブリニアな関係は，きずな・かじとりの得点を2次関数を用いてリニア化した場合に上記のコミュニケーションの好ましさとの間で中・高度な相関が確認されたことで，実証的に支持された。さらに，きずな・かじとりの得点をリニア化して求めたバランス度得点は治療前から治療後の変化を有意に読み取った。すなわち，今回調査の対象になった10家族は，治療前には，きずなやかじとりがいずれかの方向でより辺縁にあったものが，治療後にはより円環の中央に近づいたことが実証されたのである。

　本章の結果は，少数例に基づくものであるが，理論モデルと実証的データ間の内的・構造的整合性について，円環モデルはその大部分で実証的な反証に耐えた。すなわち，円環モデルの主要仮説であるきずな・かじとりの独立性やカーブリニア性，さらに促進次元としてのコミュニケーションの機能などが，日米の文化差を越える普遍的なものであると示唆する点で，今後のより大規模なデータに基づく研究の端緒を開くものとなった。

第4章

オルソンらのオリジナル版自己報告式質問紙FACESの検討

　前章で見られたように，臨床評価尺度を用いた1986年度の臨床調査研究は，円環モデルの構成概念や測定尺度開発は科学的な価値が高いという見通しを与えた。そこでわれわれのチームは，翌1987年度に，より大規模なサンプルでの調査を可能にする質問紙の開発を思い立った。この時点で，オルソンらのグループは円環モデルに基づく自己報告式の質問紙であるFACES (Family Adaptability and Cohesion Evaluation Scale) シリーズをすでに開発していた。FACESシリーズは，その後20年弱にわたって多くの家族研究者が利用するポピュラーな尺度となった。

　本章では，オルソンらのFACESシリーズ開発に関する一連の研究を概観する。結論から先にいうと，オリジナルのFACESやFACES II は改訂を重ねるにつれてきずな・かじとりの独立性や，バイアス尺度からの独立性の問題はある程度解決されたものの，成員間での得点の一致度の低さの問題を依然持ち続けていた。さらにオリジナルの英語版FACESを日本語に翻訳したわが国での研究は，きずな・かじとり次元の2因子構造や，きずな・かじとり概念の独立性という円環モデルの根本的な仮定を満たすことができていなかった。これが直接のきっかけとなって，円環モデルには基づくが，項目は独自に作成するFACESKG (Family Adaptability and Cohesion Evaluation Scale at Kwansei Gakuin) シリーズの開発に着手することになるのである。

1. FACESおよびFACES II

　オリジナルのFACESは，ディビッド・オルソンの指導のもと，Portner (1981) とBell (1982) の博士論文のための調査で開発された。オルソンらはまず，204のアイテムプールから出発した。このうち103の項目が，きずなの各変数を，100項目がかじとりの各変数を測定するものであった（残り1項目については不明）。これらの項目の臨床的妥当性は，35人の結婚・家族カウンセラーによって評価された。続いて，その選定でよい評価を受けた項目をまとめて予備尺度を作り，410人の大学生に施行した。項目分析の結果，FACESの第1版が完成した。第1版は，きずなを54項目から，またかじとりを42項目から測定した。さらに，15項目からなる社会的望ましさバイアス尺度も含められた。結局，FACESの第1版は，111項目の「はい・いいえ」からなる質問からでき上がっていた。

　FACESの第2版（FACES II）はもともとの理論モデルに変更が加えられたことに応じて，作成されたものである。第1にBeaversとVoeller (1983) の批判に応えて，自律性（autonomy）がきずな次元から削除された。第2に，システムのフィードバックが，かじとり次元から削除された。回答欄について，「はい・いいえ」という二者択一の形を改め，「とても良く当てはまる」から「まったく当てはまらない」までの5段階に変更された。

　FACES IIを作成するために，FACES第1版より90項目が選択された。これは，きずな，かじとりの各次元に6項目をあてがった計算になる。これらの90項目は，464人の成人に施行された。因子分析と内的一貫性信頼性の分析を経て，最終的には50項目の尺度にたどりついた。これがFACES IIである。50項目版のFACES IIは，全米規模の調査により2,412名に実施された。このデータに基づいて，項目間相関の因子分析が行なわれ，その結果FACES IIは最終的に30項目に絞られた。これら30項目の項目間相関の因子分析の結果によると，因子数を2つに限定した場合，きずなの各項目は第1因子で高い負荷量が与えられた。因子負荷量は0.34から0.61の間で，中央値は0.46であった。一方かじとり次元の各項目は，第2因子で高い負荷量が与えられた。それらは0.10から0.55の間で，因子負荷量の中央値は0.43であった。

表4-1 改訂版FACES Ⅱの内的一貫性信頼性（α係数）(Olson et al., 1985)

	全体サンプル	サンプル1	サンプル2
きずな	.87	.88	.86
かじとり	.78	.78	.79
全体	.90	.90	.90

表4-2 両極端な家族のタイプの頻度（％）

		きずな	
		バラバラ	ベッタリ
かじとり	てんやわんや	0	7
	融通なし	8	0

　改訂30項目版FACES Ⅱの内的一貫性信頼性は，対象者の2,412名を1,206名ずつのサブグループに分けて行なわれ，結果は表4-1のようになっている。

　この結果，きずな・かじとりともに，被験者は一貫して項目に回答していることが示された。

　尺度間相関を見ると，きずな・かじとり間で相関は0.65，きずな・バイアス間で0.39，かじとり・バイアス間で0.38と，いずれも高い相関が見られた。これは各次元がお互いに独立しえていないことを示している。同様に，Skinner（1987）は，家族がきずなとかじとりの両方ともに極端な場合，2つの因子は独立していないことを，極端型家族のタイプごとの頻度の分布から指摘している（表4-2参照）。

　これでは，もしかじとりが融通なしであれば，きずなはバラバラであることが予測され，同様にきずながベッタリであれば，かじとりはてんやわんやであることが予測されるのである（Skinner, 1987）。

　再テスト信頼性は，FACES Ⅱ改訂版（30項目）については，検証されていない。しかし，50項目版のFACES Ⅱについては，大学，高校で家族研究に関わっていない学生・生徒124名（平均年齢19.2歳）を対象に4～5週間の間隔で実施された。テスト・再テストの相関は，きずなで0.83，かじとりで0.84であった。これらはいずれもかなり高い数値である。

　最後に家族成員間の一致度について，改訂版の30項目のFACES Ⅱでは検証

表4-3 改訂版FACES Ⅱの家族の一致度（相関係数）(Olson et al., 1985)

	きずな	かじとり	サンプル数
父－母	.46	.32	1,240組
母－子	.39	.21	372組
父－子	.46	.32	370組

を行なっている。結果は**表4-3**にまとめられている。

2者間の認識の一致度は相関が0.21から0.46という結果になり、さらに一致度の検証が必要であると考えられる。

2. FACES Ⅲ

FACES Ⅲは信頼性、妥当性、そして治療上の有効性を改善させることを目的として、FACES Ⅱから発展させたものである。Olsonら（1985）は、改訂の目的を以下のように述べている。

(1)文章を分かりやすくし、かつ項目数を減らす。(2)きずな、かじとりの2つの次元の独立性を高める。(3)信頼性の低い項目を取り除く。(4)家族成員に、よりよく理解してもらうために、質問項目の形式を改める。(5)家族と夫婦のさまざまな形態（片親、同棲など）に適応させるために、項目を変更する。(6)ライフサイクルごとの規範を新たに取り入れる。

FACES Ⅲは、初期のFACES Ⅱの調査結果を母体にしているが、全米調査の対象者2,412名の中には、一般の子どものいない若夫婦から、老夫婦までさまざまなライフステージに属する一般の家族が対象となっている。この対象者群は、1,206名ずつのサブグループ（サンプル1, 2）に分けられた。改訂版FACES Ⅱの各項目の因子分析はサンプル1を用いて行なわれたが、きずな・かじとりそれぞれの次元でのみはっきりと負荷量の高い項目を選抜している。その結果、さらに20項目に絞られた。この20項目からなる新しい質問紙がFACES Ⅲである。

ところで、項目を絞り込む過程で、下位変数が尺度からもれ落ちている。たとえば、FACES Ⅱでは、きずな次元の下位概念として取り上げられていた

表4-4 FACES ⅡとFACES Ⅲのきずな・バイアス,
かじとり・バイアス間の相関 (Olson et al., 1985)

	FACES Ⅱ	FACES Ⅲ
きずな−反応バイアス	.39	.35
かじとり−反応バイアス	.38	.00

「親子間連合」を測定する項目は4項目あった。一方,FACES Ⅲでは「親子間連合」は抜け落ちている。

このような過程を経たFACES Ⅲについて,Olsonら (1985) は内的・構造的な検討として以下のようなことを行なっている。

第1に,項目・尺度間相関に関連して,きずな次元と解釈された第1因子での項目は,0.51から0.74という高い因子負荷量を得た。またかじとり次元として解釈された第2因子での項目も,0.42から0.56という高い因子負荷量を得た。きずな・かじとりの各項目は,それぞれの属する尺度を測定していることが示されたのである。

第2に項目・他尺度間相関については,きずな次元と解釈された第1因子で,かじとり項目の因子負荷量は,−0.22から0.28で,中央値は0.01であった。一方かじとりを表す第2因子でのきずなの項目の因子負荷量は−0.16から0.16で,中央値は0.00であった。これらの結果は,両次元の項目がお互いに関係しておらず,それぞれが家族システムの異なった側面を測定していることを示している。

第3に,尺度間相関はFACES Ⅱではきずな・かじとり両次元の相関は0.65と高かったが,FACES Ⅲでは,$r = 0.03$とほぼゼロに近い数値になった。これは,それぞれの次元がはっきりと独立していることを示している。また,きずな,かじとり次元とバイアス次元との相関についてFACES ⅡとFACES Ⅲで比較すると,**表4-4**のようにまとめられる。

このように,FACES Ⅲでは,きずなとバイアスとの相関が若干認められるものの,かじとりと反応バイアスの相関は.00となっており,FACES ⅡよりもFACES Ⅲの方が反応バイアスと両次元との相関は低く抑えられている。

第4として,内的一貫性信頼性 (a 係数) 分析は,全米調査対象者のサブグループ (サンプル1, 2) と対象者全体それぞれについて算出された。結果は**表4-5**

表4-5 FACES Ⅲ の内的一貫性信頼性（α係数）(Olson et al., 1985)

	サンプル1	サンプル2	対象者全体
きずな	.76	.75	.77
かじとり	.58	.63	.62
尺度全体	.67	.67	.68

の通りである。かじとり次元については、きずなに比べて信頼性が低くなっている。これは、FACES Ⅱ 改訂版に比べて項目数が減ったためであると考えられる。

第5として家族成員間の家族機能についての認識の一致度が検証されている。過去のFACESの調査分析においては、一致度は $r = 0.30$ から $r = 0.40$ の範囲であった。FACES Ⅲ では、対象者を家族のライフステージごとに分け、成員間の認識の一致度について検証を深めている。具体的には、きずな、かじとりの一致度は、それぞれ $r = 0.46$, $r = 0.33$ であり、青年期の子どものいる家庭であれば、成員間の一致度は低くなっている。同時に家族成員の組み合わせ（父－母、父－子、母－子）の間での一致度は、きずなで $r = 0.38$ から $r = 0.46$ であるが、かじとりでは、$r = 0.13$ から $r = 0.33$ となっている。一番低い相関は、かじとりについての母子間で、相関が0.13しか認められなかった。以上を表にまとめると表4-6のようになる。これから、FACES Ⅱ での分析結果と同様に家族機能についての成員間の認識の一致度の相関は、きわめて低いことが分かる。

以上、FACESの変遷に沿って内的・構造的妥当性について述べてきた。

FACES Ⅲ は、FACES Ⅱ の改訂版より10項目削りながらも、項目・尺度間相関や内的一貫性信頼性を一定水準に保ち、項目・他尺度間相関も低く抑えている。さらに反応バイアスとの相関については、かじとり次元ではゼロに抑えられている。しかしきずな次元ではバイアス尺度との相関は依然として高い。反応バイアスについてFACESのマニュアルでは、「高いきずなは、われわれの文化の中で理想的な家族像として心に深く潜むものであり、きずなと反応バイアスとの相関をゼロにまで落とすことには無理がある」と述べられている。しかし、家族機能を評価する尺度、とりわけ自己報告法の場合、臨床への適応を考えると反応バイアスを極力抑えることは重要である。したがって、きずな尺度と反応バイアスとの相関については今後さらなる検証が必要であると考え

表4-6 FACESⅢの家族の一致度（相関係数）(Olson et al., 1985)

	きずな	かじとり	夫婦・家族数	個人数
夫－妻	.46	.33	1,240組	2,480人
父－母	.44	.25	369組	738人
父－子	.44	.21	370組	740人
母－子	.38	.13	372組	744人

る。一方，かじとり尺度はきずな尺度と比べて，α 係数がやや低い。家族成員間の相関についても，きずな尺度より低くなっている。家族機能についての家族成員間の認識の一致度は，ライフサイクルを通じ，きずな，かじとりの両尺度ともかなり低い。しかしこれはFACESⅢにだけ特有のものではなく，質問紙による調査法全般において観察されることである。むしろ家族内で家族成員が異なった見方をしていることを質問紙を通じて知ることは，臨床的には，きわめて有意義なことである。

　オルソン・グループのFACESシリーズについて最後に若干の問題点を指摘したい。それは，これらの尺度を生む基になったアイテムプールのサイズである。FACESのアイテムプールは初版作成時の204項目のままで，現在の第3版に至るまで新しい項目はその後付け加えられてはいない。その結果，たとえ「親子間連合」に関する項目は現在のFACESⅢではまったく抜け落ちている。204項目のアイテムプールというのは，計量心理学的な常識では，きわめて少ない数である。ちなみに，Skinnerら(1981)が開発したFamily Assessment Measure (FAM) の場合，5名のアイテムライターが毎週1回集まり，都合18カ月をかけて800項目のアイテムプールを準備した。FACESの場合でも，項目をもっと多量に付加して再度項目分析を繰り返すことが望まれるのである。またFACESⅢのマニュアルでは，再テスト法による信頼性についての検証が行なわれていない。初期のFACESⅡ以後なされていないことを考慮すれば，今後の検証が必要となるだろう。

3. 日本におけるFACES翻訳版の研究

　円環モデルが紹介された後，日本でもその質問紙尺度であるFACESについ

表4-7 両極端な家族のタイプの頻度(カッコ内は%)

		きずな	
		バラバラ	ベッタリ
かじとり	てんやわんや	1 (.1%)	82 (9.0%)
	融通なし	71 (7.8%)	0 (0%)

(注) $N = 908$

て，内的・構造的な見地からの実証的研究が報告されるようになった。以下，筆者が知りえた範囲内でこれまでの研究内容と問題点を素描したい。

きずなとかじとりの独立性をFACES翻訳版を利用して検討した最初期のものとして，大熊・大塚・藤田(1984)の研究がある。これは，集落法により抽出した東京都内の中学・高校生1,500名を対象に，青少年の問題行動と円環モデルとの関係を調査したものである(うち有効回答1,224名)。**表4-7**は，きずな・かじとりとも極端型であったもののタイプごとの頻度をまとめたものである。

また，大熊(1985)はきずな54項目とかじとり42項目について，高・中・低水準項目別に主成分分析を行なった。その結果きずなとかじとり項目が明瞭に分離されるのは，きずな・かじとりとも高水準(きずなが「ベッタリ」，かじとりが「てんやわんや」)を表現する項目だけであり，中・低水準項目は負荷量が第1主成分に集中し，きずなとかじとりの独立した2次元構造は得られなかった。

岩橋(1988)はFACES Ⅱの翻訳尺度版を用いて高校生の家族凝集性認知と家族成員認知との関係について検討を行なったが，きずな・かじとり尺度間には無視できない相関が出現している。また各尺度の内的一貫性信頼性も低いものであった。

黒川・中原(1989)および黒川(1990)は，円環モデルに基づく家族の満足度(family satisfaction)の14項目，親子間コミュニケーション(parent-adolescent communication)20項目，そしてFACES Ⅲの現実認知に関する20項目および家族理想に関する20項目を和訳し，計74項目の尺度を作成し，普通高校1年生322名，中学1年生185名および小学生165名に調査を行なった。このうち家族の現実認知に関するFACES Ⅲ 20項目の因子分析では，きずな10項目およびかじとり1項目(「物事を解決するとき，子どもの意見も取り上げる」)が第1因子に

負荷した(固有値5.92,寄与率29.6％,内的一貫性α信頼性0.87)。残るかじとり9項目は第2因子(固有値1.68,寄与率8.4％,内的一貫性α信頼性0.61)と第3因子(固有値1.39,寄与率6.9％,内的一貫性α信頼性0.63)に分かれて負荷する結果となった。ちなみに各因子ごとの内的一貫性(α)信頼性は,第1因子0.87,第2因子0.61,第3因子0.63であった。このように実用に耐えうる信頼性が第1因子だけであったこと,また固有値についても第1因子で大きく,残る2因子では急激に値が下がるという結果と併せると,安定しているのは第1因子のみであったと考えてよい。結局のところ,FACES Ⅲの翻訳版尺度は円環モデル通りの因子構造を示すことはできなかった。この点について,黒川(1990)はFACES Ⅲのかじとり翻訳項目が日本の生活習慣にそぐわず,表現が「西洋的」であるためではないかと考察している。

　FACES Ⅲの翻訳版については,大熊(1985),岩橋(1988),黒川(1990)に類似する研究が,その後いくつか報告されている(たとえば貞木・梶野・岡田,1991)。しかし,どの研究もわが国における先行研究のレビューを怠っており,項目の翻訳に当たって先行研究の問題点を踏まえた蓄積の跡が見られない。なお結果については,判で押したように,円環モデルが予測する因子構造が得られなかったと報告している。

　以上に概観した翻訳尺度研究には,共通する方法論上の問題点がある。それはバック・トランスレーションの手続きを欠いている点である。このために尺度がどの程度原文に忠実に反訳されているかが保証されていない。この点で田村(1994)は,FACES Ⅲの20項目を翻訳の専門家を用いて和訳し,それを田村自身が日本語版と原版の意味の整合性を検討して部分的な修正を施した後,別の翻訳の専門家に依頼して英訳し直している。これがバック・トランスレーションの手続きで,国際比較研究では定石とされる手法である(林・鈴木,1986)。こうして作成した翻訳版FACES Ⅲの20項目を,東京近郊および地方中核都市の大学生・専門学校生1,021人に実施した。主成分分析を行なうと最初の2つの主成分で全体の分散の42.4％が説明された。そこで2因子に限定してバリマックス回転を行なって因子構造を検討した。その結果,第1因子の因子負荷量の大きい上位10項目の中にきずな9項目が含まれた。また第2因子の因子負荷量の大きい上記10項目には,かじとり項目がすべて含まれた。このように,

**表4-8 翻訳版FACES Ⅲのきずな・かじとり・社会的望ましさ
バイアス尺度間の相関**（田村，1993）

	尺度間相関
きずな・かじとり	.45
きずな・バイアス	.70
かじとり・バイアス	.32

英語版FACES Ⅲとほぼ同様の因子構造を見出すことに成功したのである。

　田村（1993）の研究は，方法論を厳密にするなら翻訳版FACES Ⅲによって円環モデルが予測する因子構造を得られたという点で画期的なものである。尺度の信頼性についても，翻訳版FACES Ⅲの内的一貫性信頼性（α 係数）はきずなが.89，かじとりが.68であり，FACES Ⅲとほぼ同様の結果となっている（**表4-5参照**）。しかしながら，田村の翻訳版でさえ，他の翻訳尺度と共通するもう1つの問題点が依然としてクリアできていない。それは尺度間の独立性の問題である。**表4-8**は，田村（1993）が報告した翻訳版FACES Ⅲのきずな，かじとり，および社会的バイアス尺度相互間の相関をまとめたものである。これを見ると，翻訳版ではきずな・かじとり概念が明瞭に分離できていない（きずな・かじとり間の相関が.45）。円環モデルの基本的な仮説が翻訳尺度では実現できなかったのである。きずなと社会的望ましさバイアスとの相関は $r = .70$ というさらに高い数値であった。また，かじとりと社会的望ましさバイアスも.32と無視できない相関が見られた。これは，翻訳版項目が「このように回答した方が社会的に望ましいだろう」というバイアスの影響を高度に受けていることを意味する。田村のFACES Ⅲ翻訳版は，意味内容についてはある程度忠実な移し替えが行なわれたかもしれない。しかし，理論モデル上の制約であるきずな・かじとりの独立性への配慮や，日本語の環境の中で翻訳尺度が引き起こす反応バイアスまでは考慮されたことばづかいになっていなかったことがうかがわれるのである。

　以上のように，われわれ関西学院大学のチームが臨床評価尺度を用いてオルソンらの円環モデルに取り組み始めた1980年代後半の時点で，オルソンらのオリジナルのFACESシリーズを翻訳して日本の家族に適用する研究はすでに

数多く行なわれていた。しかしながら，その結果はどれも実りあるものではなかった。その結果，1990年代半ばまでにはオルソンらの尺度も含めて統合的な家族システムに準拠する評価尺度の翻訳版に関する研究は下火になっていく。

その原因としては，大きく2つの問題が考えられる。第1にFACES翻訳尺度を用いた研究では，田村 (1993) を唯一の例外として，その他はどれもオリジナルの英文の質問項目を日本語に訳すだけで，訳された日本語を第三者が再度英語に翻訳し，最初の英文との一致度を検証するバック・トランスレーション (林・鈴木, 1986) が施されていない。そのために，①日本語訳が原文の英語のニュアンスを正確に伝えているか，②概念間の弁別性が翻訳後も保証されているか，③社会的望ましさバイアスが日本語の文脈でも抑制されうるか，といった点について，内的・構造的な関係が不確かなままなのである。

第2に，翻訳というフィルターを経ることによってもともとの項目に備わっていた計量心理学的な特性 (項目・尺度相関，項目他尺度相関，信頼性や妥当性など) が失われる危険性がある (池埜ら, 1990)。オルソンらの作成した項目は，米国の日常生活・文化に基づき，数ある項目群からいくたびかにわたる実証的な項目分析を経て精選されてきたものである。質問紙の文言を単に日本語に訳してそのまま用いたとしても，その尺度には実証的な信頼性や妥当性について何の保証も存在しない。むしろ重要なのは，円環モデルそのものを日本社会のコンテクストに移植し，その中で構成概念をわれわれの文化に即して操作化し，ことばづかいの上でも概念間の独立性や反応バイアスの抑制などをきめ細かく配慮しながら，実証的な項目分析の手続きに基づいて調査を進めて行くことではないか。

興味深いことは，FACESと並んでポピュラーな家族システム評価尺度であるFES (家族環境尺度) の日本語版作成に取り組んだ野口らのグループも，尺度の構成概念妥当性を保証する上で翻訳尺度の限界に言及している (野口・斉藤・手塚・野村, 1991)。野口らは，社会学，精神医学，心理学，文化人類学など複数の分野の専門家チームを組織して第1次翻訳作業を行ない，都内在住の188名の主婦にプリテストを実施し，その結果を踏まえて第2版を作成した。この第2版は，外部の翻訳専門家の手によってバック・トランスレーションが行なわれた。そこで得られた英語版とオリジナルの英語版の判定作業は，別のネイ

ティブ・スピーカーに依頼するなど，国際比較研究の方法論上はまったく申し分のない手続きを踏んでいる。にも拘わらず，凝集性，独立性，表出性という3つの下位尺度において，日米のサンプルでは大きな差異を確認した。結果的に，「この尺度の日本文化に対する構成概念妥当性という面においては，ひとつの問題が生じ」(野口ら，1991, p. 156)，その結果，結論として「この尺度の全体構造が，米国の社会および文化に特異的な性質を持っており，日本社会にはそのまま適合しない可能性が示唆された」(野口ら，同)と結論づけさせている。

　以上のような結果から，われわれのグループは，円環モデルには基づくが，日本の家族を念頭に尺度は独自に作成するFACESKGシリーズの開発に，1987年度から着手することになるのである。

第5章

FACESKG初版の開発と構成概念妥当性の検討
―― 臨床評価尺度から行動計測法SIMFAMKGの
　　併用による多特性・多方法行列実験へ

　前章では，FACESシリーズに関する研究を概観した。その中で，わが国におけるFACES翻訳版の研究では，きずな・かじとりの2因子構造や両概念間の独立性という円環モデルの根本的な仮定を実証できていないことを示した。これが直接のきっかけとなり，円環モデルには基づくが，項目は独自に作成するFACESKG (Family Adaptability and Cohesion Evaluation Scale at Kwansei Gakuin) シリーズを開発することになった。

　以下本章ではFACESKG初版開発の過程と尺度の内的・構造的妥当性に関する研究（石川，1988; 池埜・武田・倉石・大塚・石川・立木，1990）について述べる。続いて，FACESKGの構成概念妥当性に関する調査研究（大平・水島・草田・岡本，1990; 岡本・水島・草田・大平，1990; 武田・立木，1991; 板倉・井上・今津・岸・沢野・平・前田・森田，1992; 平尾・福永・松岡・立木，1992; 立木・平尾，1994）を展望する。

1．FACESKGの開発――理論的および内的・構造的検討

　FACESKGの開発は1987年度から始まった。本節で紹介するFACESKG初版の開発は，立木が指導する石川久展の関西学院大学大学院社会学研究科修士論文調査（石川，1988）の一環として行なったものである。石川のほか，当時学部ゼミ生であった武田丈の協力を得ながら，きずな・かじとり両次元について独自に項目を用意し，予備尺度を作成し，関西学院高等部の生徒とその家族に

実施した。その結果を基に，構成概念妥当化パラダイムに従って項目の精選を行なった。そして最終的に52項目からなる質問紙を開発し，FACESKGと名づけたのである。以下にその過程を述べよう。

1) 予備尺度の作成

　FACESKGの予備尺度を作成するために，きずな次元の12の下位概念と，かじとり次元の6つの下位概念について，合計348項目の予備項目を作成した。続いて，各項目について円環モデルの構成概念の定義に忠実であるか，ねらいとする構成概念を明快に表現しているか，他の構成概念と弁別は可能か，明確な日本語で表現されているか，といった基準に基づいて評価，検討した。その結果，当初の348項目は123項目に絞り込まれた。これに，オルソンらのFACES Ⅱ項目を日本語訳したもの47項目と，社会的望ましさバイアスを測定するためにEdmonds (1967) の夫婦版社会的望ましさバイアス尺度 (Marital Conventionalization Scale) の尺度を日本家族に翻案した反応バイアス尺度7項目を加え，最終的に177項目からなる予備尺度を作成した。

　予備尺度177項目は，310人 (117家族，うち父親103人，母親115人，中学・高校生の子ども92人) に実施した。そこから得られたデータを内的・構造的考察の手続きに従って分析した。

2) 項目・尺度間相関

　きずなとかじとり両次元について項目・尺度間の相関を調べた。その結果，きずな次元の各項目ときずなトータル値との相関は，$r = -0.21$から$r = 0.67$の間で，中央値は0.49，かじとり次元の各項目とかじとりのトータル値との相関は-0.17から0.52の間で，中央値は0.27だった。このうち相関の低い項目は構成概念の内容飽和度が低いと考えられたので削除した。この中には概念上は重要である「親子間連合」の項目が含まれていた。この点については後に詳細に検討する。

3) 項目・他尺度間相関

　第2に項目と他尺度との相関を調べた。きずな次元の各項目とかじとりのト

表5-1 主成分分析による解の寄与率（石川，1988；池埜ら，1990）

	1	2	3	4	5	6	7	8
固有値	11.29	5.75	2.86	2.01	1.78	1.58	1.49	1.39
寄与率	21%	10%	5%	4%	3%	3%	3%	3%
累積寄与率	21%	31%	36%	40%	43%	46%	49%	52%

ータル値との相関は$r = -0.29$から0.26で中央値は0.10であった。またかじとり次元の各項目ときずなのトータル値との相関は$r = -0.31$から0.61の間で、中央値は0.27だった。この結果、きずな次元と特に相関の高かったかじとり項目が削除された。

4) 項目・バイアス間相関

第3に項目とバイアス尺度との相関を調べた。きずな次元の各項目とバイアス尺度との相関は$r = -0.23$から$r = 0.54$の間で、中央値は0.28であった。一方かじとり次元の各項目とバイアス尺度との相関は$r = -0.39$から$r = 0.45$の間で、中央値は0.18だった。きずな次元の項目とバイアス尺度との相関がやや高い結果となり、特に高い項目は削除された。このように、項目尺度間の相関、項目と他の尺度との相関、および項目とバイアス尺度との相関を調べ、削除していった結果、最終的にきずな25項目、かじとり20項目、反応バイアス7項目の52項目に絞られた。

この最終52項目に関して、項目間の因子分析、尺度間相関、内的一貫性信頼性分析、家族成員間の一致度について検討した。

5) 項目間相関の因子分析

FACESKGの52項目に対して、主成分分析をまず行なった。各解の寄与率の変化は表5-1の通りである。

表5-1から明らかなように、解の2から3の間で寄与率が大きく落ち込み、その後寄与率の変化はなだらかなものになっている。芝（1978）は、解の数を決定する際には、寄与率が大幅に落ち込むところ（すなわち寄与率を縦軸に取り、横軸に解を取ったときに、「ヒジ」となる部分）を1つの目安としている。これにならって解を2つに限定したところ、全体の分散の31%が2つの解によって説明

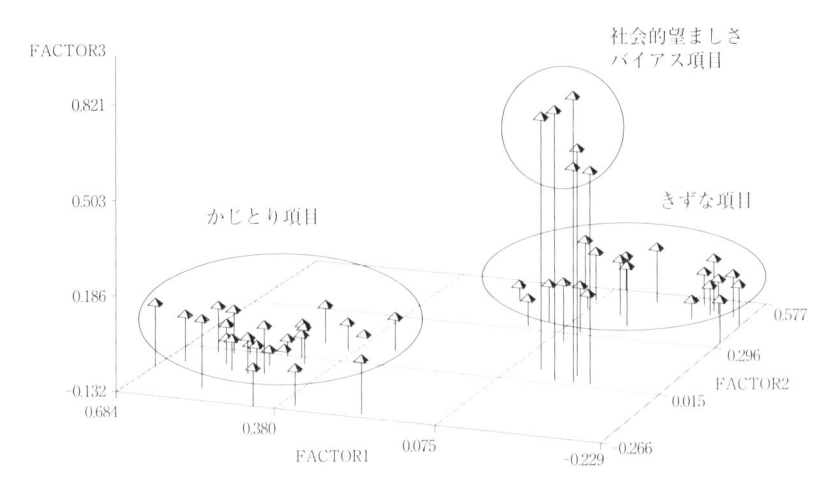

図5-1 FACESKG52項目の因子構造(石川,1987;池埜ら,1990)

された。続いて因子の解釈を進めたところ,第3因子まで含めた方がより明快な解釈が可能となった。そこで,解を3つに限定して項目間相関の因子分析を行ない,バリマックス回転後の因子負荷量を求めた。**図5-1**はその結果である。横軸に因子1を,縦軸に因子2を上下軸に因子3を取って各項目を散布図上に布置した。この3因子でできる3次元空間上で,きずな,かじとり,社会的望ましさバイアス項目が明瞭に分離した。

6) 尺度間相関

次に,きずな,かじとり,社会的望ましさバイアスという3つの尺度間の相関を調べた。これらは,それぞれ異なった概念を測ろうとするものであるから,相互の相関は低くあるべきである。結果は,きずな・かじとり尺度間の相関は,$r = -0.15$,きずなバイアス尺度間は$r = 0.57$,かじとり・バイアス尺度間は-0.13であった。きずな・かじとり間とかじとり・バイアス間については,まずまずの結果が得られた。が,きずな・バイアス尺度間については,大きなオーバーラップが存在することが明らかになった。

FACESKGの尺度間相関をFACES ⅡおよびFACES Ⅲ,およびわれわれの

表5-2 FACES Ⅱ, FACES Ⅲ とFACESKGのきずな, かじとり, バイアス尺度間の相関
(Olson et al., 1985; 石川, 1988; 池埜ら, 1990; 岡本・水島・草田・大平, 1990)

	FACES Ⅱ	FACES Ⅲ	FACESKG (石川, 1988; 池埜ら, 1990)	FACESKG (岡本・水島・草田・大平, 1990)
きずな・かじとり	.65	.03	-.15	.03
きずな・バイアス	.39	.35	.57	.70
かじとり・バイアス	.38	.00	-.13	.06

表5-3 FACES Ⅱ, FACES Ⅲ と FACESKGの内的一貫性信頼性
(α係数) (Olson et al., 1985; 石川, 1988; 池埜ら, 1990)

	FACES Ⅱ	FACES Ⅲ	FACESKG
きずな	.87	.77	.82
かじとり	.78	.63	.90
バイアス	不明	不明	.85

グループとは独立にFACESKGを205名の中学生に実施した岡本・水島・草田・大平 (1990) の結果と比べたのが**表5-2**である。これによると,きずな・かじとり間の相関については,われわれの結果(石川,1988; 池埜ら,1990)では$r = -.15$であり弱い相関傾向が認められたが,岡本ら (1990) の研究では$r = .03$できわめて高い独立性が示された。トータルに見れば,FACESKGはオルソンらのFACES ⅡよりはよくFACES Ⅲとはほぼ互角に近い独立性を示した。同様の点は,かじとり・バイアス間の相関にも当てはまる。FACESKGはFACES Ⅱほどかじとり・バイアス間の相関は高くないが,やはりFACES Ⅲよりは高い相関を示している。最後にきずな・バイアス間の相関について見ると,FACESKGはFACES ⅡやFACES Ⅲの場合(それぞれ, $r = .39$ と $r = .35$)と比べると,高い相関関係 ($r = .57$) が見られた。一方それ以上に高い相関結果が,われわれとは独立にFACESKGを実施した岡本ら (1990) の研究でも報告されている ($r = .70$)。

7) 内的一貫性信頼性

内的一貫性信頼性とは,各被験者がきずな・かじとり・バイアスの各尺度について,どの程度一貫性をもって回答しているのかを調べるものである。ここ

表5-4 FACES Ⅱ, FACES Ⅲ と FACESKG の家族の一致度（相関係数）
(Olson et al., 1985; 石川, 1988; 池埜ら, 1990)

		FACES Ⅱ	FACES Ⅲ	FACESKG
きずな	父母間	0.46	0.44	0.62
	父子間	0.46	0.44	0.53
	母子間	0.39	0.38	0.48
	平均	0.44	0.42	0.54
かじとり	父母間	0.32	0.25	0.39
	父子間	0.32	0.21	0.3
	母子間	0.21	0.13	0.39
	平均	0.28	0.2	0.36
バイアス	父母間	不明	不明	0.48
	父子間			0.48
	母子間			0.42
	平均			0.46

ではクロンバックの α 係数を用いた。きずな次元でクロンバックの α は0.82, かじとり次元で0.90, バイアス次元で0.85と, FACES Ⅱ や FACES Ⅲ と比べても非常に高い信頼性を示した。

8) 家族成員間の一致度

父・母・子の間の2者間の得点の相関についてまとめたのが**表5-4**である。FACESKGでは, きずな次元の相関の平均は0.54（父母間＝0.62, 母子間＝0.48, 父子間＝0.53）, かじとり次元の平均は0.36（父母間＝0.39, 母子間＝0.39, 父子間＝0.30）, バイアス次元の平均は0.46（父母間＝0.48, 母子間＝0.42, 父子間＝0.48）であった。結果として, FACESKGはFACES ⅡやFACES Ⅲと比べて, どの2者間の組み合わせの場合でも成員間の一致度が優っていた。

以上, 理論的考察段階での予備尺度作成の過程, および予備尺度の実施結果を基に, 構造的・内的考察によってFACESKG最終版52項目を精選した過程について述べた。理論的考察段階では, 英文のFACES項目を単純に翻訳するのではなく, 日本の社会・文化に照らし合わせながら円環モデルの構成概念を代表していると思われる項目群を独自に作成し, その結果内容妥当性の高い予備尺度を用意することができた。また内的・構造的考察段階では, 項目・尺度

間相関，項目他尺度間，項目・バイアス相関，尺度間相関，内的一貫性信頼性について非常によい結果を得た。さらに，家族成員間の一致度の検証では，FACES IIやFACES IIIと比べれば高い成員間の相関を示すことができた。

しかし，FACESKG作成に関するわれわれの研究においても，FACES IIIと同じく，きずな次元の下位概念である「親子間連合」に関する項目は，最終的な52項目に含むことができなかった。これは本書第3章の臨床評価尺度を用いた研究とも一致する結果である。この研究でも「親子間連合」に関する評価が他のきずな項目の評価と異質であり，円環モデルの概念定義と一致しないという問題を投げかけていた。にも拘わらず，本研究ではオルソンらのオリジナルの定義に従って，「親子間連合」は「きずながベッタリ状態の現象」とあえて想定した。案の定，項目・尺度間相関の分析の段階で，「親子間連合」項目はきずなトータル値と負の相関を示し，削除することになった。このように，自己報告式尺度（FACESKG）でも，臨床評価尺度（第三者による間主観的評定）でも同様の結果が得られたことから，親子間連合は家族システム全体の水準で見れば低きずな状態の現象として再定義化するのが妥当である。この点はFACESKGシリーズ第2版以降の開発に活かされることになる。

2. FACESKGの外的妥当性の検討

外的妥当性の検討では，当初の尺度開発の研究から得られた知見が，どの程度の一般性を有しているかを考察する。本節では，FACESKGと，さらにもう1種別の尺度を併用して収束的・弁別的妥当性を検討した後続研究を4件報告する。これらを基に，FACESKGの構成概念妥当性を評価・検討したい。

1) FACESKGと図式的投影法による併存的妥当性および構成概念妥当性の検討

水島恵一をリーダーとする文教大学のグループは，図式的投影法を用いて家族内の成員間の心理的距離を測定する一連の研究を行なった（水島・草田・大平・岡本，1990）。その一環として，図式的投影法と併せてFACESKGを実施している。74名の大学生に図式的投影法とFACESKGを実施した研究（大平・水島・草田・岡本，1990）では，図式的投影法から算出される「父母の距離」およ

表5-5　図式的投影法とFACESKG得点間の相関

	父母の距離	親子の距離
FACESKGきずな	−0.315 ($p = .0$)	−0.449 ($p = .0$)
FACESKGかじとり	−0.103 ($p = .078$)	−0.099 ($p = .086$)

（出典）　岡本かおり・水島恵一・草田寿子・大平英樹（1990）「図式的投影法による家族関係の研究(4)」『日本家族心理学会第7回大会発表論文集』18。

び「親子の距離」は，FACESKGのきずな得点と非常によく対応することが示された。これは，FACESKGのきずな得点の併存的妥当性を支持するものであった。

　続いて水島グループは，205名の中学生に図式的投影法とFACESKGを実施し，図式的投影法による「父母の距離」および「親子の距離」と，FACESKGのきずな・かじとり得点の相関を求めた（岡本・水島・草田・大平，1990）。**表5-5**がその結果である。図式的投影法によって評価される距離概念は，円環モデルに基づくなら家族のきずなと関連し（収束的妥当性），一方家族のかじとりとは関連がない（弁別的妥当性）はずである。準多特性・多方法行列にまとめた研究結果は，この両妥当性を同時に満たし，円環モデルに基づく理論的予測を支持するものであった。

2）FACESKGと臨床評価尺度による構成概念妥当性の検討

　構成概念妥当性をより完全な形で検討するためには，多特性・多方法行列を用いた実験が必要である。文教大学水島グループ（大平ら，1990；岡本ら，1990）の研究は，きずな・かじとりという2つの特性に対して，FACESKG・図式的投影法という2つの方法を採用した点では多特性・多方法の条件を形式的には満たしている。しかし，FACESKGがきずな・かじとりの両次元とも測定できるのに対して，図式的投影法の尺度としての射程はきずな次元だけであり，かじとり次元には対応していない。そのためFACESKGの構成概念妥当性という観点からは，完全な多特性・多方法行列による実験計画ではなかった。

　われわれのチームはFACESKG初版開発の翌年である1988年度に，きず

な・かじとりの両概念に対応した複数の尺度を用いて，構成概念妥当性を検討するプロジェクトを行なった。その際に利用したのは，前々年の1986年度に開発した臨床評価尺度（佐藤，1987；大塚・立木，1991）であった。このプロジェクトのチームリーダーは，学部生としてFACESKGの開発に参加し，さらに大学院に進学した武田丈であった（武田，1990；武田・立木，1991）。また臨床評価に当たっては，当時淀屋橋心理療法クリニックの専任セラピストであった倉石哲也と，さらに神谷有美子・小松みどり・重本美枝という学部ゼミ生3名が参加している（神谷・小松・重本，1990）。

(1) 方　　法

　調査の対象は，淀屋橋心理療法センターで家族療法受診中の10家族である。主訴は，登校拒否4例，食行動異常3例，無気力対人緊張・チック・強迫神経症が各1例である。これらのケースは，子どもがFACESKGに回答できる小学校高学年以上である，ビデオテープによる臨床評価とFACESKGを家族全員が回答可能である，という条件から選んだものである。家族全員のFACESKG得点の平均を求め，これを家族の得点として扱った。臨床評価では，家族だけで問題について話し合うビデオテープ場面を2度続けて観察し，その後5名の評価者がそれぞれ独自に評価を行なった。その際に，1986年度の大塚（旧姓佐藤）の臨床評価尺度研究（本書第3章参照）での経験が活用されている。たとえば，以下のような点を留意した。

1. 家族の会話内容よりは，会話の流れ・文脈を重視する。
2. 家族成員の座る順番や相互の距離も重要なデータである。
3. 話し手の非言語的メッセージ（口調，声の調子，表情，姿勢，視線，動作）に注意する。
4. 聞き手の非言語的メッセージ（表情，姿勢，視線，動作）にも注意する。
5. 1つひとつの行動を分けて見るのではなく，「話し手→聞き手の反応→それに対する話し手の反応」という具合に3つの行動の連鎖を単位として観察する。

5名の評価者は，評価者間の信頼性を高める訓練のために，調査対象以外の家族のビデオテープを23本評価している。1988年度の調査では，評価者間の信頼性の指標として級内相関係数(intra-class correlation)を用いた。1986年度は，評価者が2名であり通常のピアソン偏差積率相関係数(product moment correlation)を利用していた。ところが，1988年度の研究では評価者が5名に増えた。このため分散分析表を利用して評価者5名全員の評価結果から一気に信頼性の推定値が求められる級内相関係数を利用することにしたのである。その後，評価者間信頼性の指標としては級内相関係数の方がピアソンの偏差積率相関係数よりはるかに優れた性質を持つことが判明した。これはピアソンの相関係数が文字通り「偏差積率」を利用するために生ずる問題を回避できるからである。たとえば1人の評価者が1点から4点の範囲（平均は2.5と仮定）で，もう1人の評価者が5点から8点の範囲（平均は6.5と仮定）で評価を行なったとする。このとき，平均からの偏差を利用して相関を求めるピアソンの相関係数では，評価者が用いる評定範囲の絶対差の情報が消失する。そのために，実際より以上に高い信頼性の推定値を与えてしまう。分散分析表を利用する級内相関係数では，級内および級間の偏差平方の情報が保存されるために信頼性の水増しが行なわれないのである。なお，級内相関係数Rは以下の数式によって求まる（岩原，1965）。

$$R = \frac{MS_p - MS_e}{ME_p + MS_e(K-1)}$$

MS_pは評価対象の不偏分散，MS_eは評価者の不偏分散，Kは評価者の数である。これらは評価対象を1要因，評価者をもう1要因とした2元配置の分散分析表から容易に求めることができる。

　評価者の訓練を振り返ると（図5-2参照），当初の7回のセッションでは，途中の2セッションの例外はあるものの基本的には上昇のトレンドにあった。それが，8回目以降になるとスランプに陥る。評価者が臨床評価尺度マニュアルにより精通するにつれて逆に評価者の間で評価にばらつきが生じるようになったためである。評価者間個々の見方の違いについて洗い出しができるまでに9回のセッションが必要であった。そして最終的に17回目から23回目までは比

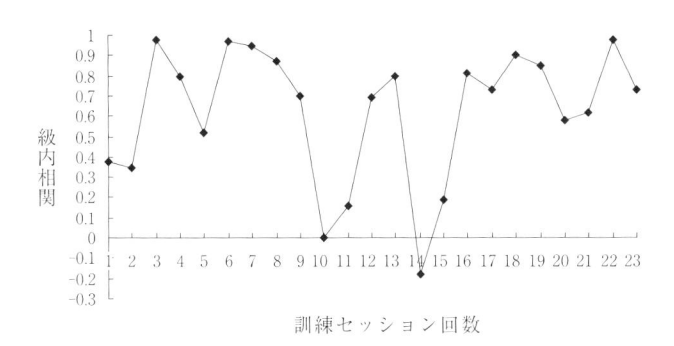

図5-2　評価者訓練の推移（武田・立木，1991）

較的に安定した級内相関係数を維持できるようになった。

　評価者間の信頼性が安定したことを見極めて本番の10ケースの評定を行なった。本番10ケースの評価者間信頼性は，きずな次元が$R = .76$，かじとり次元が$R = .34$であった。評価者訓練の実績や過去の評定尺度研究の結果から（Jacob, 1987）見て，かじとり次元は水準以下の結果であった。そこで，これら10ケースの担当セラピストであった倉石とチームリーダーである武田の評価結果だけを利用することにした。両名の評価結果は，きずなで$R = .89$，かじとりで$R = .75$であった。なお，臨床評価尺度の得点としては最終的に武田の評価結果を採用した。

⑵結　果

　表5-6は，臨床評価尺度とFACESKGの評価結果間の相関を多特性・多方法行列にまとめたものである。収束的妥当性と弁別的妥当性の両立のためには，収束的妥当性に関する同特性間の相関係数の方が弁別的妥当性に関する異特性間の相関よりも大きな値になっている必要がある。この仮説は，きずな・かじとり次元を異方法間で単独に比較した場合には実証された。FACESKGきずな得点について見ると，収束性を示す臨床評価尺度きずなとの相関（$r = .56$）が，弁別性を示す臨床評価尺度かじとりとの相関（$r = .26$）よりも大きな値になっていた。FACESKGかじとり得点についても，同特性である臨床評価尺度かじと

表5-6 多特性・多方法行列実験の結果 (武田・立木, 1991)

		方法1(臨床評価尺度)		方法2(FACESKG)	
		特性1 (きずな)	特性2 (かじとり)	特性1 (きずな)	特性2 (かじとり)
方法1 (臨床評価尺度)	特性1 (きずな)				
	特性2 (かじとり)	.67 (低)			
方法2 (FACESKG)	特性1 (きずな)	.56 (高)	.26 (低)		
	特性2 (かじとり)	-.01 (低)	.19 (高)	.45 (低)	

(注) 1. 相関係数の後のカッコ内は実験の仮説。
2. FACESKGの得点は家族成員全員の平均点を用いた。

りとの相関 ($r = .19$) が，異特性である臨床評価尺度きずなとの相関 ($r = -.01$) より大きな値であった。これに対して，同一方法内でのきずな・かじとり間の低相関の仮説は，FACESKG・臨床評価尺度ともに実証することができなかった (FACESKGでは$r = .45$，臨床評価尺度では$r = .67$)。

FACESKGのきずな・かじとり得点とも，異方法と単独で比較した場合には，同特性との相関が異特性との相関より高くなることは示せた。しかしながら，きずな・かじとり次元を，異方法間で同時に比較した場合に，仮説にそぐわない結果が生じた。これは異方法 (FACESKGと臨床評価尺度) 間をまたいでの同特性 (かじとり次元) 同士の相関 (収束的妥当性) 係数 ($r = .19$) よりも，異特性 (FACESKGきずなと臨床評価尺度かじとり) 間の相関 (弁別的妥当性) 係数 ($r = .26$) の方が大きな値になったためである。

(3) 考　察

同一方法内での異特性間の相関が高くなった原因は，尺度そのものの問題というより，被験者家族について周到な配置を行なわなかったことにあるものと思われる。**表5-7**は臨床評価尺度に基づいて，**表5-8**はFACESKGの家族得点 (成員全員の平均値) に基づいて被験者家族の家族タイプの分布を見たものである。臨床評価尺度でも，FACESKGによるタイプ分けでも，被験者家族タイプ

表5-7 臨床評価尺度に基づく家族タイプの分布（武田・立木，1991）

	バラバラ	サラリ	ピッタリ	ベッタリ
てんやわんや			2	3
柔軟		1		1
キッチリ				
融通なし	3			

表5-8 FACESKGに基づく家族タイプの分布（武田・立木，1991）

	バラバラ	サラリ	ピッタリ	ベッタリ
てんやわんや		2	1	1
柔軟	2	2		1
キッチリ	1			
融通なし				

（注）家族成員全員の平均値を家族得点として用いた。

に明らかな偏りが見られる。実験に参加した家族タイプは右肩上がりの分布をしている。そのために，左上（きずな低，かじとり高）や右下（きずな高，かじとり低）といったタイプの家族が被験者家族に含まれていない。これが，同一方法内でのきずな・かじとり間の相関を生み出した原因であると考えられる。10家族というサンプル数は，家族タイプが一様に分布するという仮定を満たすには少な過ぎたのである。

表5-9は，多特性・多方法行列を用いた過去の構成概念妥当性研究で，どれくらいのサンプル数が確保されていたのかをまとめたものである（池埜ら，1990；武田・立木，1991）。このうち，家族全員を対象とし，行動計測や行動評定など第三者評価を含んだ研究は，全9例のうちの6例であった。この6例の研究のサンプル規模は，20家族から240家族の範囲であり，中央値は42家族であった。したがって，過去に報告された構成概念妥当性研究と比較すれば，武田・立木（1991）の10家族というサンプル数は，4分の1から2分の1の規模であったことが分かる。

多特性を多方法で同時に比較した場合に，かじとり次元の異方法・同特性間の相関（理論的には高くあるべき）が，きずな次元の異方法・異特性間の相関（理論的には低くあるべき）よりも下回る結果が生じた。評価者5名での級内相関の

表5-9 家族システムの評価・測定尺度に関する構成概念妥当性研究の要約

研究者（発表年）	内　容	サンプル家族数
Cromwell, Klein & Wieting (1975)	assertiveness, control, sociabilityを、行動計測法（SIMFAM）と行動評定法から測定	非臨床240家族
Russell (1980)	家族のきずな・かじとりを、行動計測法（SIM-FAM）、家族造形（図式的投影）法、および2種類の質問紙（Identification Scale, Family Environment Scale）から測定	非臨床20家族
Green, Kolevzon & Vosler (1985)	きずな・かじとりを2種類の質問紙（FACESとFamily Environment Scale）から測定	非行・養護問題を持つ157家族
Sigafoos, Reiss, Rich & Douglass (1985)	family coordination, family configuration, family closureを質問紙（FACES II）と行動計測法（Card Sort Procedure）から測定	非臨床28家族
Kog, Vertommen & Vandereycken (1987)	intra-familial boundaries, family's adaptability, avoidance/recognition of intra-familial tension, family's way of handling conflictsを、それぞれ独自の質問紙法、行動評定法、行動計測法から測定	食行動異常女児を持つ55家族
Dickerson & Coyne (1987)	きずな関連変数とかじとり関連変数を、3種類の質問紙（FACES II, Family Environment Scale, Family Assessment Device）と行動計測法（Card Sort Procedure）、および行動評定法から測定	家族療法受診中の42家族
Hampson, Beavers & Hulgus (1988)	きずな関連変数とかじとり関連変数を、3種類の質問紙（FACES II, FACES III, Self Report Family Inventory）から測定	279名の大学生および非臨床71家族
Schmid, Rosenthal & Brown (1988)	きずな関連変数とかじとり関連変数を、2種類の質問紙（FACES II, Family Environment Scale）および家族造形（図式的投影）法から測定	183名の大学生
Fridtad (1989)	きずな関連変数とかじとり関連変数を、2種類の質問紙（FACES II, Family Assessment Device）、と2種類の行動評定法（臨床評価尺度、McMaster Clinician's Rating Scale）から測定	精神科・家族療法受診中の41家族

成績についても、きずな次元では$R = .76$まであったのに対し、かじとり次元では$R = .34$と相当低くなった。これは、「問題について家族で相談する」という課題では、成員間の距離に関する情報は出現しやすいが、逆に具体的な問題解決の相互作用は生じにくく、そのためにかじとりの評定には類推に頼る部分が多く含まれたためではないか、と考えられる。

FACESKGの項目自体にも偏りがある（表5-10参照）。すでにその開発過程で示したように、きずな次元では「親子間連合」に関する項目が抜け落ちている。

表5-10 FACESKGのきずな・かじとり次元の項目数の内訳（石川，1988）

きずな次元	項目数	かじとり次元	項目数
情緒的関与	1	リーダーシップ	3
家族相互作用への関与	3	しつけ	2
夫婦関係	1	問題解決の相談	1
親子間連合	0	役割関係	5
内的境界	8	きまり	8
外的境界	12	意見の主張	1
きずな次元合計	25	かじとり次元合計	20

その一方で，内的・外的境界に関する項目はきずな25項目中の20項目を占める。逆に，「家族相互作用への関与」は3項目，「情緒的結合」と「夫婦関係」に至っては1項目ずつに過ぎない。同様に，かじとり次元も全20項目中「きまり」の8項目と「役割関係」の5項目で全体の6割以上を占める。残りは，リーダーシップ（3項目），しつけ（2項目），問題解決の相談（1項目），意見の主張（1項目）という内訳であった。きずな・かじとり次元とも，特定項目に偏った尺度になっていたのである。これは，項目分析の過程で，下位概念を1つにまとめ，項目・尺度間や項目・他尺度間相関だけを基準にして精選を行なったために生じたものである。FACESKGの尺度としての偏りが調査結果に影響を与えていたことも十分に考えられる。

最後の問題は，家族成員個々のFACESKG得点の平均点をもって家族得点としたことである。家族成員間に得点のばらつきがある場合には，平均得点をもって家族得点とすることの根拠は薄弱である。今回の実験では，全10ケース中2ケースで，得点に大きなばらつきが見られている。測定の対象が家族システムの水準でありながら，実際の測定は成員個々の水準で行なわれることの矛盾の解決には，得点の平均点を求める以上の方策が必要である。なぜなら「システムとは個々の要素の総和以上のものとして」想定されているからである。

武田・立木（1991）は，目的としたFACESKGの構成概念妥当性の検証を果たすことはできなかった。しかし，それまで用いてきた臨床評価尺度およびFACESKGの測定尺度としての問題点と，その改善の方向性を明らかにしたという点で重要な研究となった。それらをもう1度まとめると，①サンプル数の

拡大，②臨床評価の際の評価方法や評価場面の見直し，③FACESKGの項目改訂，そして④FACESKG家族得点算出方法の改善である。武田・立木(1991)の指摘に従う形で，行動計測法SIMFAMKGの開発とFACESKGの改訂が行なわれることとなった。

3) FACESKGとSIMFAMKGによる構成概念妥当性の検討

武田・立木(1991)の指摘のうちで，臨床評価の方法の改善は特に困難な課題であった。評定基準を明確にするには，測定項目を行動レベルで記述することが必要である。そのためには，実際の問題解決のプロセスが観察・測定できなければならない。「家族で問題について話し合う」以上の実験的操作と実験条件の統制が求められるのである。そこで，われわれのチームは，第三者の主観的ないし間主観的評価に頼る評定観察法を放棄し，第三者による客観的な測定を可能とする行動計測法の採用を思い立った。そこで注目したのが模擬的家族活動測定法SIMFAM (Simulated Family Activity Measurement) (Straus & Tallman, 1971) である。SIMFAMが測定するsupportとpowerは，家族のきずな・かじとり概念に対応しており，円環モデルの初期の実証研究 (Sprenkle & Olson, 1978; Russell, 1979, 1980) でも，きずな・かじとりの尺度として用いられたという実績がある。さらにいえば，円環モデルの出自そのものが，1960年代後半から70年代中葉に行なわれたSIMFAM研究 (Straus, 1967; Straus & Straus, 1968; Straus & Tallman, 1971; Bahr & Rollins, 1971; Cromwell, Klein & Wieting, 1975) に求められるのである。SIMFAMの中心概念であるpowerとsupportの2次元直交モデルに対して，「円環(Circumplex)」という表現を用いたのも，実はStraus & Tallman (1971) に由来する（大塚・立木, 1991）。ただ，念のために付け加えれば，各次元と家族機能度との間にカーブリニアな関係を想定したのはオルソンらの独創である。

武田・立木(1991)による行動計測法導入の必要性の指摘に従って，1991年度の関西学院大学社会学部卒業論文研究プロジェクトとして，板倉真紀・井上朋子・今津幸枝・岸伸江・沢野知子・平明子・前田圭子・森田尚和の8名は，立木の指導のもと，行動計測法測定用具SIMFAMKG (Simulated Family Activity Measurement at Kwansei Gakuin) の開発を行なった（板倉・井上・今津・岸・沢

野・平・前田・森田, 1992)。その成果は，平尾・福永・松岡・立木 (1992) によって公開された。

(1) SIMFAMKGの開発

　ここでオリジナルのSIMFAMとSIMFAMKGについて簡単に紹介しよう。ミネソタ大学シュトラウスのチームは，ストレスや危機が家族のリーダーシップや社会的結束に与える影響の社会階層間比較 (Straus, 1967) や文化間比較 (Straus & Straus, 1968) の道具として，SIMFAM (Straus & Tallman, 1971) を開発した。実験的に危機状況を演出し，その際の家族相互作用を測定するのがSIMFAMの目的である。危機状況の演出の仕方から，「玉突きゲーム」(the ball and pusher task) と「お手玉ゲーム」(the bean bag task) の2種類が提案されている。このうちの「玉突きゲーム」は，実験室で行なわれるのが前提であり，道具，設備も大がかりである。一方，実験者が家族の居間に出張し実験を行なえるように改良したのが「お手玉ゲーム」である。

　「お手玉ゲーム」では，床に置かれた的をねらってお手玉を投げる。用具は，白，赤，黄の3色のお手玉にリストバンドおよび的と，正誤表示用のサイン板である。父・母・子の3名が基本的な単位となってゲームに参加する。

　家族に与えられる課題は「このゲームのルールを見つけること」である。家族はゲーム中に試行錯誤を重ねルール通りにお手玉が投じられると，正解サインが，また誤っていればその旨サインで知らされる。家族はこれを頼りに，リストバンドの色，使用するお手玉の色，ねらうべき標的，投げ方，投げる順序などのルールを見つけだしてゆく。

　この「お手玉ゲーム」を下敷きに，危機状況の演出方法，実施に当たっての簡便性，家族得点の算出方法という3つの観点から改良を施したのがSIMFAMKG（**図5-3**参照）である。SIMFAMKGがオリジナルのSIMFAMと異なる最大の点は，きずな次元の変数 (support) の求め方にある。円環モデルの検討にSIMFAMを初めて用いたRussell (1979) の研究では，「3回続けて正解を行なう」がきずな変数として用いられている。しかし，「3回続けての正解」を「成員間の情緒的つながり」と見なすには難点があった。一方，Sprenkle & Olson (1978) はsupport値として，「肯定的サポート発言数／総サポート発言

父・母・子の座布団

ライン

お手玉
黄 青 白

power観察者

白	青	黄
青	黄	白

正誤表示者

support観察者

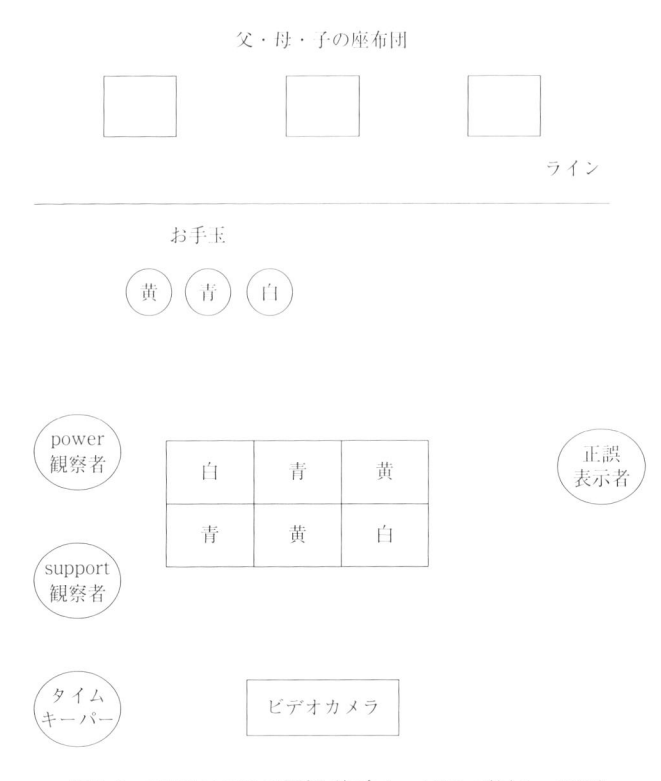

タイムキーパー

ビデオカメラ

図5-3　SIMFAMKGの図解（板倉ら，1992；平尾ら，1992）

数」を用いている。しかしこの測定値を用いると，極端な場合，サポート発言がほとんど観察されない場合，たとえば，総サポート発言数2回のうち，肯定的サポート発言が1回であれば，support値は0.5となる。この値をもって当該の家族が「支持的」であると考えるのは妥当性を欠く。そこできずな次元の指標として，「肯定的なサポート発言」の絶対量を用いることにした。

　SIMFAMKGの設定では，1イニングは表2分，休憩1分，裏2分の5分で，計6イニング行なう。このうち，前半3イニングでは，「リストバンドと同じ色のお手玉で，奥側の同色の的に投げる」（1イニングのルール）など簡単に見つけられるルールを設定し，ゲーム参加の動機づけを高めておく。後半の3イニングは，危機のイニングであり，どのようなことを試しても，「誤りサイン」し

か出ない。ただ，ゲーム参加の動機づけを維持するために，ランダムに「正解サイン」が提示されるだけである（立木・平尾，1994）。

　危機状況下での家族成員のpowerとsupport行動の頻度を測定するのが，行動計測法SIMFAMKGの真の目的である。ここでpowerは「他者の行動をコントロールする社会的相互作用」と定義される。この次元では，リーダーシップ構造，あるいは権力構造が測定される。リーダーシップ構造は，かじとり次元の中心的特性である。かじとりの下位次元のうち，「リーダーシップ」はもちろんのこと，他の下位次元もすべてリーダーシップ構造の変化によって説明が可能である。SIMFAMKGでは，危機時（後半3イニング表・休憩・裏の計15分間）における両親対子どもの「仕切り発言」（指示・命令発言のうち，聞き手がそれに従った場合）の比（両親の仕切り発言／子どもの仕切り発言）をpowerの指標として用いる。この比が大きくなれば，親のpowerが高まり「かじとり融通なし」に近づく。一方，この比が小さくなれば，子のpowerが相対的に大きくなり，「かじとりてんやわんや」に近づく。

　SIMFAMKGにおいて，supportは「家族メンバー間に肯定的で，愛情ある関係を築き，維持してゆくような社会的相互作用」と定義される。円環モデルでは，きずな次元が「家族メンバーが互いに感じる情緒的つながり」と定義されており，supportはその中心的な特性である。事実，オルソンらの質問紙 FACES Ⅱ (Olson, Bell & Portner, 1982) の中には，きずな項目として「私たちの家族は困難な状況ではお互いに支持的 (supportive) に振る舞う」が存在している (Tatsuki, 1985)。support行動は，「肯定的support」と「否定的support」に分かれる。肯定的support行動は，賞賛，援助・協力，親愛や好意を表すことば，愛情の身体的表現（肩をたたく，握手をする，等），勇気づけや親切な指導，微笑みや笑い，などを含む。これに対して否定的supportとは，叱責・批判，邪魔・助けや協力の拒否，悪口，嫌悪の身体的表現（突き放す，殴る，押すなど），阻止・拒絶，にらみ・舌打ち・嘲笑，などである。SIMFAMKGでは，危機イニング中の「父・母・子の肯定的なsupport発言量の総和」がsupportの指標である（立木・平尾，1994）。

表5-11 FACESKGの構成概念妥当性――FACESKGおよびSIMFAMKGを用いた
多特性・多方法行列実験の結果――(板倉ら，1992; 平尾ら，1992)

		父FACESKG		母FACESKG		SIMFAMKG	
		きずな	かじとり	きずな	かじとり	support	power
父FACESKG	きずな						
	かじとり	0.147					
母FACESKG	きずな	0.474	0.474	0.027			
	かじとり	0.395	0.41	0.149			
SIMFAMKG	support	0.473	0.139	0.336	0.105		
	power	0.182	-0.467	0.315	-0.456		

(2) 結　果

　板倉ら(1992)は13歳から23歳(平均17歳)の子どもを持つ非臨床20家族にSIMFAMKGとFACESKGを実施し，FACESKGの構成概念妥当性の検証を行なった。なお，子どもによるFACESKGの回答には欠損値，並びに信頼性に欠ける回答が多く見られた。そのため，父親と母親のFACESKGの回答のみを利用している。

　多特性・多方法行列の形に実験結果をまとめたのが**表5-11**である。収束的妥当性が示されるべき同特性間の相関値が，弁別的妥当性が示されるべき異特性間の相関値よりもすべて高いことがパターンとして示されている。これは，FACESKGの構成概念妥当性について，一応の支持を与える結果である。ただ，測定値間の相関をより詳しく見ると，同特性間の相関に比べて異特性間の相関との差がきわめて些少な場合もあった。たとえばsupportと母親きずなとの相関($r = .336$)は，powerと母きずなとの相関($r = .315$)をかろうじて超える程度であった。

　同様のことは，父母間のFACESKGかじとり得点間の相関($r = .410$)と，父きずな・母かじとり間の相関($r = .395$)にも見られた。

(3) 考　察

　板倉ら(1992)の研究は，武田・立木(1991)が示した後続研究の改善の方向性のうち，①サンプル数の拡大，および②臨床評価の際の評価方法や評価場面の見直しの2点に対応したものである。①サンプル数については，武田・立木

(1991) の10家族から20家族に増やした。これでも先行研究のサンプル数（中央値は42家族）と比べると，まだ半分ではあるが，それでも Russell（1980）や大塚・立木（1991）とは肩を並べる数となった。また行動評価の方法では，評価基準が行動レベルで具体的に示されているために，学部生でも比較的簡単に高い観察者間の一致度を得ることができた。さらに，SIMFAM 特有の「危機状況の演出」と「実験場面の統制」によって，ストレス状況下での家族相互作用を観察し，相互に比較することが可能になった。Bahr と Rollins（1971）は，多くの家族理論が危機状況での家族特性を問題としているにも拘わらず，調査は危機以前と以後の測定に留まっていると批判した。危機状況直下での家族相互作用プロセスを直接測定できる SIMFAMKG は，この点で FACESKG の構成概念妥当性を検討するための基準尺度として有用であることが判明した。

　結論として，上記①・②の点を改善することにより，非臨床20家族のデータでは FACESKG の構成概念妥当性を支持する結果が得られた。なお板倉ら（1992）の研究を基に，立木・平尾（1994）は，SIMFAMKG 実施マニュアル（印刷版）を開発した。また印刷版のマニュアルと並行して，SIMFAMKG の実施の仕方を映像で解説した映像版 SIMFAMKG 実施マニュアルおよび power および support 行動の具体例を豊富に含んだ映像版 SIMFAMKG コーディング・マニュアルも開発している。これらの資料は，立木研究室（http://www.tatsuki.org）を通じて入手可能である。

第6章

FACESKG II の開発と多特性・多方法行列を用いた構成概念妥当性の検討

　前章で見たように，SIMFAMKGを併用した板倉ら(1992)による多特性・多方法行列実験によって，初版FACESKGの構成概念妥当性は一応実証された。しかしながら，いくつかの問題点は依然として残された。たとえば，「FACESKGの項目が一部の変数に偏っている」，「親子間連合の下位尺度項目が欠落している」，「きずな次元についてはバイアス次元との相関が高過ぎる」，「成員間の一致度が低い」，「家族成員個人の得点から家族得点をどのように導くか」，といった問題である。これらの課題のいくつかを克服するため，岩田知子・中村史子・中村三保・中山英美・長谷川千絵・原陽子・久山清子・福井操代・本佳織・安田瞳・山本寛子の11名は，板倉らのプロジェクトと同時期の1990年度の関西学院大学社会学部卒業論文研究プロジェクトとして，初版FACESKGの全面的な改訂作業を，立木の指導のもとに進めた。改訂は，構成概念妥当化パラダイムに基づき，アイテムプールの作成からやり直すもので，まったく新たな質問紙を開発するのに等しい作業であった。この結果生まれたのがFACESKG第2版(以下FACESKG IIと記す)である。

　尺度の構成概念妥当性の検討についても課題は残されていた。1990年度の板倉ら(1992)による多特性・多方法行列実験では，先行研究と比べて，サンプル数が半分程度(20家族)にしか過ぎなかった。したがって，「サンプル家族数をそれ以上に増やすこと」，「SIMFAMKGおよびバージョンアップしたFACESKG IIを尺度として用いること」が課題になった。これは翌1991年度の関西学院大学社会学部卒業論文研究プロジェクトとして，大礼陽子・川西雅

子・吉澤朱生の3名のゼミ生が担当した。

以下，本章ではFACESKG II の開発過程と，尺度の内的・構造的妥当性に関する研究（岩田・中村・中村・中山・長谷川・原・久山・福井・本・安田・山本，1991；平尾ら，1992；田村，1994；渡辺，1994），続いてFACESKG II の構成概念妥当性に関連する後続研究（大礼・川西・吉澤，1993；田村，1994）を展望する。

1. FACESKG II の開発――理論的および内的・構造的検討

1) 予備尺度の作成

初版FACESKGで欠落していたきずな次元の「親子間連合」については，定義の変更を行なった。臨床的知見（cf. Minuchin, 1974）や，これまでの実証研究の結果（佐藤，1987；武田，1990；池垣ら，1990；大塚・立木，1991；武田・立木，1991；本書第4章・第5章）に基づき，強い親子間連合現象は「バラバラ」の指標としたのである。

岩田ら11名のゼミ生は，2,310項目からなるアイテムプールを新たに作成した。項目は，あいまいさを少なくするため，日常の行動レベルで記述され，項目数も各下位次元に十分な量が行き渡るように配慮した。続いて，この2,310項目と初版FACESKGの項目を加えた2,362項目について，内容妥当性についてチェックを行ない，141項目を精選して予備尺度とした。調査の実施に当たっては，関西学院大学の同窓会名簿を基に，中学・高校の現役教諭に依頼の手紙を送り，協力の得られた阪神間の16校の中学と36校の高校のクラスで父・母・子版の調査用紙3,850家族分を配布し，後日学校を通じて回収した。調査期間は，1990年10月から12月である。その結果，2,318家族，5,027名から予備尺度の回答が得られた。回収率は43.5％であった。このうち，欠損値や一見して不真面目な回答（同じ選択肢が1ページ以上におよぶものなど）の多い828名分を除いた4,127名（父938名，母1,299名，子1,890名）分のデータを基に項目分析を行なった。

項目分析に当たっては，父親，母親，子どもの回答別に分けて行なった。これは，質問紙一般の特性である「成員間一致度の低さ」を考慮したためである。家族を捉える視点は，報告者の立場によってさまざまであり，きずな，かじと

りの捉え方にも，各々の立場から来る偏り（バイアス）が生じると考えた。岩田ら (1992) は，父，母，子ども，各々にまず項目分析を行ない，各員共通に安定した成績を示す項目だけを採用するという方針を立てた。

(1)項目・尺度間および項目他尺度間相関

　内容飽和度の高い項目を残し，かつ他の概念と重複のある項目を削除することが項目・尺度間および項目・他尺度間相関の分析の目的である。この段階で，きずな，かじとり両次元にわたって，いくつかの項目を削除した。分析後に残った項目は，父親と母親には共通する項目が多かったものの，子どもの回答から精選された項目は父母のものとは異なるものが多く，親子間に共通する項目は少なかった。そこで，父母共通の「親版」と子ども用の「子版」の2種類の尺度を作成することにした。

　この時点で，親版には，きずな23項目，かじとり22項目の合計45項目が残った。しかし，親版のきずな次元「夫婦関係」に関する項目はすべて削除された。子版には，きずな18項目，かじとり23項目の合計41項目が残った。

(2)項目間相関の因子分析

　この段階では，複数の因子にまたがって高い負荷量を得る項目や，単独で因子を構成するなど不安定な因子構造を示す項目を削除した。その結果，最終項目として，親版にはきずな17，かじとり16，バイアス7の計35項目，子版には，きずな12，かじとり18，バイアス7の計37項目が残った。

2) 最終尺度の項目特性

(1)項目・尺度間相関

　最終項目の項目特性を確認するために，内的・構造的な検討を再度行なった。最終尺度の項目・尺度間相関の中央値は，きずな次元で父母版が $r = 0.53$，子版が $r = 0.48$ であった。一方，かじとり次元では，父母版が $r = 0.54$，子版が $r = 0.62$ であった。双方の尺度とも，きずな・かじとりの各次元で高い値を示し，項目の内容飽和度の高さを示した。

(2)項目・他尺度間相関

　FACESKGⅡ最終版各項目の他尺度との相関の中央値は，きずな項目・かじとり尺度間では，父母版で$r = 0.03$，子版で-0.04，かじとり項目・きずな尺度間は，父母版の中央値が$r = 0.04$，子版が-0.06と双方で低い値を示した。これによって，項目に概念の重複が少ないことが示された。一方，バイアス尺度との相関の中央値は，かじとり項目とが，父母版で$r = -0.02$，子版で0.03ときわめて低かったものの，きずな項目とは，父母版で$r = 0.21$，子版で0.23の相関を示した。過去の研究例（Olson et al., 1985; 石川, 1988）でも，きずなとバイアス次元の関連性が示されており，本研究もそれらを追認する形となった。

(3)項目間相関の因子分析

　最終尺度項目間の因子分析では，斜交解によって得られた1次因子得点に対して，さらに直交解による因子分析を施すsecond order factor analysisを行なった。この結果，父母版では2つの2次因子で全体の73％の分散が説明され，これらは，それぞれ，きずな2次因子とかじとり2次因子であることが示された。子版についても同様の結果が得られ，きずな2次因子とかじとり2次因子という2因子構造が理論モデル通りに出現した。

(4)尺度の信頼性

　最終版尺度の信頼性については，内的一貫性信頼性係数（クロンバックのα）を用いて調べた。α係数は，親版，子版ともにきずな・かじとり・バイアスの3次元すべてで高い値（$\alpha = 0.75 \sim 0.89$）を示した。なおFACESKGⅡの信頼性については，関西学院大学グループとは独立に，複数の追試研究が行なわれている。渡辺真弓は，1993年度の横浜国立大学教育学研究科の修士論文調査で，横須賀市内の中学生とその両親587名にFACESKGⅡ親版・子版を実施し，きずな・かじとり次元の信頼性を報告している（渡辺，1994）。また，東京学芸大学の田村毅は，東京近郊および地方中核都市における5つの大学および専門学校生1,021名を対象にFACESKGⅡとFACESⅢ翻訳版を実施し，それぞれの信頼性を比較している（田村，1994）。表6-1は，われわれのチーム（岩田ら，1992），渡辺（1994）および田村（1994）が報告するFACESKGⅡの信頼性係数を，

表6-1 FACESKG II（岩田ら，1991；渡辺，1994；田村，1994），FACESKG（石川，1988；池埜ら，1990），FACES III 翻訳版（田村，1994），FACES III（Olson et al. 1985）の信頼性の比較

	FACESKG II 親版				FACESKG II 子版				FACESKG			FACES III（翻訳版）			FACES III	
	岩田ら (1992) (N=2,237)		渡辺 (1994) (N=342)		岩田ら (1992) (N=1,890)		渡辺 (1994) (N=193)	田村 (1994) (N=1,021)		石川 (1988) (N=310)			田村 (1994) (N=1,021)		(Olson et al. 1985) (N=2,453)	
	項目数	信頼性	項目数	信頼性	項目数	信頼性	信頼性	信頼性	項目数	信頼性		項目数	信頼性		項目数	信頼性
きずな	12	.77	12	.76	12	.72	.75	.51	25	.82		10	.89		10	.77
かじとり	16	.83	18	.87	18	.89	.88	.91	20	.9		10	.68		10	.63
バイアス	7	.82	7	—	7	.85	—	.32	7	.85		—	—		—	—

表6-2 FACESKG 得点の家族成員間での一致度（岩田ら，1991；渡辺，1994；石川，1988；Olson et al. 1985）

	FACESKG II（岩田ら，1991）			FACESKG II（渡辺，1994）			FACESKG（石川，1988）			FACES III（Olson, et al. 1985）		
	きずな	かじとり	バイアス	きずな	かじとり	バイアス	きずな	かじとり	バイアス	きずな	かじとり	バイアス
父・母	.39 (N=602)	.39 (N=602)	.50 (N=602)	.32 (N=145)	.43 (N=136)	.39 (N=148)	.62 (N=103)	.39 (N=103)	.48 (N=103)	.44 (N=369)	.25 (N=369)	—
父・子	.37 (N=602)	.29 (N=602)	.30 (N=602)	.24 (N=163)	.21 (N=148)	.18 (N=162)	.53 (N=92)	.30 (N=92)	.48 (N=92)	.44 (N=370)	.21 (N=370)	—
母・子	.32 (N=602)	.35 (N=602)	.39 (N=602)	.36 (N=181)	.28 (N=176)	.26 (N=185)	.48 (N=92)	.39 (N=92)	.42 (N=92)	.38 (N=372)	.13 (N=372)	—

FACESKG初版（石川，1988；池埜ら，1990），FACES Ⅲ翻訳版（田村，1994），およびオルソンらのFACES Ⅲオリジナル版と比較したものである。

FACESKG Ⅱの信頼性係数は，きずな次元における田村（1994）の追試研究（$a = .51$）を除けば，オルソンらのFACES Ⅲオリジナル版と同等か，もしくはそれ以上の信頼性を示した。田村（1994）の報告において，きずな次元の信頼性が低かった原因は，サンプルの属性の違いにあると考える。FACESKG Ⅱ子ども版がそもそも対象としたのは，両親と同居している中学・高校生であるのに対して，田村（1994）のサンプルが18歳から23歳までの大学生・専門学校生で，しかもそのうちの半数は下宿生であるという事情があったためと思われる。思春期の中学・高校生に当てはまる項目は，すでに半数が巣立ち期を迎えている大学生・専門学校生にはそぐわなかったと思われる。同様の考察は田村（1994）自身も行なっている。これに対して，中学生とその家族を対象とした渡辺（1994）の研究では，岩田ら（1992）の報告とほぼ等しい信頼性が得られている。したがって，田村（1994）の報告するきずな次元の信頼性の低さは，FACESKG Ⅱが，対象とする子どもの発達段階にきわめて敏感に作用し，親と同居する中学・高校生向けの尺度として用いるべきであることを示唆していると考える。

⑸家族成員間の一致度

最後に，家族成員間の一致度を検証した。一致度は，全体的に低く，初版FACESKGと同レベル，あるいは，それ以下に留まっている。しかし成員間の相関はすべて統計的には有意（$p < .001$）であった。なお前述の渡辺（1994）は，成員間の相関についても報告している。表6-2は，家族成員間の一致度について，関西学院大学グループおよび渡辺（1994）のFACESKG Ⅱの結果を，初版FACESKG，およびオルソンらのFACES Ⅲオリジナル版の結果と比較したものである。

以上の結果が示すように，FACESKG Ⅱによって，円環モデルの内的・構造的仮説の大半が実証された。初版から第2版への改訂では，特に，信頼性を低下させずに項目数を減らすことに成功し，かつ項目の偏りも少なくすることにより尺度としての有用性を高めたと考える。質問紙を親版と子ども版に分けた

意義も大きい。各員の質問紙の回答と行動計測法による結果を比較，検討することによって，親，子ども，各々の立場から報告される情報の特性や偏りを知ることが可能となったからである。

さらに残された課題には，きずな次元の「夫婦関係」項目が抜け落ちた点がある。第2版作成の目的の1つは，各下位次元を網羅することであっただけに，この結果の持つ意味は重い。初版FACESKGでも「親子間連合」項目が欠落したことを考え合わせると，2,310項目のアイテムプールを作成したにも拘わらず，質的には似たような項目が多く，依然として下位概念に項目数のばらつきがあったと考えられる。このように，課題は残しながらも，FACESKG Ⅱの内的・構造的検討は一応終え，外的検討を待つことにした。

2. 多特性・多方法行列を用いたFACESKG Ⅱの構成概念妥当性の検討

1) FACES Ⅲ翻訳版とFACESKGを用いた構成概念妥当性の検討

前述の東京学芸大学の田村毅は，FACESKG Ⅱと田村の手により翻訳されたFACES Ⅲの尺度としての特性を比較するために，両方の尺度を東京近郊および地方中核都市における5つの大学および専門学校生1,021名を対象に実施した。この結果は，大規模サンプルを用いて，きずな・かじとりという2つの特性を，FACES Ⅲ翻訳版およびFACESKG Ⅱという2つの尺度によって測定する多特性・多方法行列の実験と見なせる。表6-3は，田村（1994）が報告する各尺度間の相関である。

FACESKG ⅡとFACES Ⅲ翻訳版の同特性間相関は，きずな次元が$r = .72$，かじとり次元は$r = .32$であった。これらは，異特性間相関のうちFACES Ⅲ翻訳版凝集性とFACESKG Ⅱかじとり（$r = .04$）よりは，はるかに大きな値であった。ところが，FACES Ⅲ翻訳版適応力とFACESKG Ⅱきずなの相関は$r = .28$であり，かじとり次元の同特性間相関（$r = .32$）は，これをかろうじて上回る程度であった。

同一方法内での尺度間の相関に注目すると，FACESKG Ⅱのきずな・かじとり間の相関は$r = .12$と低かったが，FACES Ⅲ翻訳版の両次元の相関は$r = .45$と無視できない大きさであった。さらにFACES Ⅲ翻訳版凝集性尺度は，社会

表6-3　FACES Ⅲ（翻訳版）とFACESKG Ⅱの尺度間の相関（田村，1994）

		FACES Ⅲ（翻訳版）		FACESKG Ⅱ		
		凝集性	適応力	きずな	かじとり	バイアス
FACES Ⅲ（翻訳版）						
	凝集性	(.89)				
	適応力	.45	(.68)			
FACESKG Ⅱ						
	きずな	.72	.28	(.51)		
	かじとり	.04	.32	.12	(.91)	
	バイアス	.70	.32	.51	.14	(.32)

（注）　行列対角のカッコ内の数値は，各尺度の内的一貫性信頼性係数を示している。

的望ましさバイアスとの相関が $r = .70$ ときわめて高いことも示された。FACESKG Ⅱのきずな尺度とも $r = .51$ あり，やはりきずな次元が社会的望ましさバイアスと関連していることが実証されている。かじとり次元について見ると，FACES Ⅲ翻訳版は，やはりバイアス尺度と無視できない相関（$r = .32$）があった。一方，FACESKG Ⅱでは $r = .14$ と比較的低く抑えられていた。

　以上を総合的に判断すると，少なくともFACESKG Ⅱのきずな・かじとり尺度に関する限り，収束的妥当性を示す同特性間相関が，弁別的妥当性を示す異特性間相関を上回ることが実証された。一方，FACES Ⅲ翻訳版では，同一方法内のきずな・かじとり尺度間の相関が，異方法・同特性間の相関を上回っており，さらにバイアス次元とは，凝集性・適応性の両次元とも無視できない相関を示すなどの問題が示された。ただ，バイアス尺度については，FACESKG Ⅱのきずな次元も，その規模はFACES Ⅲ翻訳版ほどではないにしても，やはり無視できない相関があり，これは同様に問題であるといえるだろう。

　上記の結果について，田村（1994）自身はFACESKG ⅡもFACES Ⅲも「信頼性と妥当性の面ではいくつかの問題が含まれていることが明らかになった」（142-143ページ）と総括している。その中でも，FACESKG Ⅱ項目の内容妥当性の検討は，まことに正鵠を射たものである。たとえばFACESKG Ⅱかじとり項目について田村（1994）は，以下のように指摘する（141ページ）。

……関学版適応力尺度は因子としての強いまとまりと，高い内的信頼性を示している。しかし，尺度を構成する質問項目は，「……親の意見が絶対である」，「……必ず親の意見が通る」，「……いつも親の一言で物事が決まる」，「……親の言うとおり家族の者が動く」など「親の意見の絶対性」を尋ねる似たような項目が18項目中10項目を占める。適応力は「家族システムが変化する能力」であり，その指標として家族の権力(assertiveness, control, discipline)，交渉スタイル(negotiation style)，役割関係(role relationships)と関係性の規則(relationship rules)をあげている。関学版適応力尺度では，このうちの親の子どもに対するコントロール能力が強調され，本来の適応力の概念である「変化する能力」との間にずれが生じている。つまり限定された概念のみを扱っているので因子としての強いまとまりが得られたわけであるが，それより広い適応力という概念を表すには必ずしも十分とはいえない。

　さらに田村(1994)は，FACESKGⅡ項目に見られるワーディング上の問題についても苦言を呈している(141ページ)。

　……つまり，1つの質問に2つ以上の論点を含んだ質問(double barreled question)が少なからず見られる。例えば，「わが家では家族の問題をみんなで相談するが，親子で意見がぶつかると最終的には親の意見が通る」，「わが家ではみんなそれぞれ忙しくしていて，家族みんなが揃うことはほとんどない」などである。これは回答者が1つの論点にだけ反応しているのか，両方の論点に反応しているのか明らかでなくなるから避けるべきである。

　上記の2つの指摘は，まさにその通りである。以後の改訂に当たっては，項目の偏りのさらなる是正と，ワーディング上の改善を肝に銘じることにした。

2) FACESKGⅡとSIMFAMKGを用いた構成概念妥当性の検討

　FACESKGⅡの完成を受けて，翌1991年度に大礼陽子・川西雅子・吉澤朱生のゼミ生は，FACESKGⅡとSIMFAMKGを用いて多特性・多方法行列による構成概念妥当性の検証を試みた。実験の対象は，阪神間在住の非臨床の25

家族である。被験者の平均年齢は、父親48.6歳、母親45.0歳、子ども16.2歳であった。第1子が高校生以下は11家族、第1子が18歳以上（大学生）は14家族であった。実験に参加した家族は、各ゼミ生が友人・知人・出身校を通じて募ったものである。家族測定は、各被験者の家庭の居間において行なわれた。

大礼ら（1992）は、FACESKG Ⅱの収束的・弁別的妥当性の検証に当たって、父、母、子どものFACESKG Ⅱの得点をそれぞれ別個の変数として扱った。これは、SIMFAMKGによって把握されるシステムレベルの家族特性と各々の成員から報告される家族特性との相関を検討することによって、最もシステムレベルの情報を反映している変数を知ることができると考えたためである。

表6-4が、多特性・多方法実験の結果である。異方法・同特性間の相関について見ると、子どものFACESKG Ⅱ得点とSIMFAMKGとの間でのみ、収束的および弁別的妥当性が認められた。すなわち、子どものきずな得点とsupportは$r = .63$、子どものかじとり得点とpowerは$r = -.48$であり、これらは両者の異特性間相関（きずな・powerが$r = .17$、かじとり・supportが$r = .28$）を凌ぐものであった。しかしながら、父および母のFACESKG Ⅱ得点については、powerとsupportとの間に、同特性間相関が異特性間相関を上回るという仮説通りの相関パターンを得ることはできなかった。

多特性・多方法行列の目視による分析を補助するために、SIMFAMKGのいくつかの補助変数も含めて項目間相関の因子分析を行なった。その結果、固有値1以上の解が5つ抽出され、そのうち3つの解によって全体の情報量の55.7％が説明された。バリマックス回転を行ない因子負荷量を求めたところ、第1因子はSIMFAMKGのpowerとFACESKG Ⅱ父親および子どものかじとり得点、第2因子はSIMFAMKGのsupportとFACESKG Ⅱの子どものきずな得点、そして第3因子はFACESKG Ⅱの父・母・子どものバイアス得点、母親のきずな・かじとり得点、および父親のきずな得点が負荷した。第1因子はかじとり次元、第2因子はきずな次元、第3因子は社会的望ましさバイアスと解釈された。この結果からも、子どものFACESKG各得点は、関連するSIMFAMKGの各変数との間に明快な収束的・弁別的妥当性の因子パターンを示すことが認められた。一方、母親のきずな・かじとり得点および父親のきずな得点がpowerやsupportと何の収束性も弁別性も示さなかった原因は、これらの変数

表6-4 FACESKG II と SIMFAMKG の各尺度間の相関（大礼ら，1992）

			父親（親版）回答			母親（親版）の回答			子ども（子版）の回答			power	support
			きずな	かじとり	バイアス	きずな	かじとり	バイアス	きずな	かじとり	バイアス		
FACESKG II	父（親版）	きずな	-										
		かじとり	.09	-									
		バイアス	.68	.13	-								
	母（親版）	きずな	.17	.08	-.16	-							
		かじとり	.32	.22	.13	.05	-						
		バイアス	.11	.36	.3	.34	.25	-					
	子ども（子版）	きずな	-.06	-.09	.02	.05	.10	.02	-				
		かじとり	-.10	.36	.16	.04	.26	-.02	.41	-			
		バイアス	.14	.03	.25	.34	-.15	.48	-.14	-.08	-		
SIMFAMKG		power	.33	-.16	-.13	.17	.11	.08	.17	-.48	-.09	-	
		support	.24	-.37	.20	.25	.26	-.07	.63	.28	-.00	.28	-

表6-5 FACESKG II と SIMFAMKG の各尺度間相関行列の探索的因子分析（大礼ら，1992）

FACESKG II および SIMFAMKG の各尺度	第1因子	第2因子	第3因子	h^2
全power発言中に片める両親の仕切り発言 (P+) の割合	.8493	.2102	-.0563	0.7687
両親対子の仕切り発言 (P+) 比（平常時）	.7894	.2792	.1329	0.7188
両親対子の仕切り発言 (P+) 比（危機時）(power値)	.7590	-.0136	-.0662	0.5806
父かじとり	-.4300	-.0964	.4145	0.3660
子かじとり	-.7002	.4945	-.0003	0.7348
全家族成員の肯定的サポート発言量（平常時）	.1505	.8425	.0522	0.7352
全家族成員の肯定的サポート発言量（危機時）(support値)	.2374	.7864	.1833	0.7084
子きずな	.0201	.7632	-.1522	0.6060
母バイアス	-.1496	-.1342	.7261	0.5676
父バイアス	-.1739	.2250	.6859	0.5513
父きずな	.3710	.2674	.6752	0.6650
チバイアス	.0190	-.3233	.5626	0.4214
母かじとり	-.1654	.4308	.4773	0.4408
母きずな	.2432	.0715	.3870	0.2140
固有値	3.3141	2.6975	2.0667	
各因子の寄与率（累積寄与率）	23.67％ (23.67％)	19.27％ (42.94％)	14.76％ (57.70％)	

が社会的望ましさバイアスに強く影響されていたためであると解釈することができた。

大礼ら(1992)の実験は，武田・立木(1991)の多特性・多方法行列実験のサンプル数(20家族)を上回りはしたものの，やはり先行研究の平均的なサンプル数(中央値は40家族程度)を下回るものであった。事実，FACESKGⅡ子ども版のきずな・かじとり得点の相関は $r = .414$ と無視できない値であった。これは実験に参加した家族タイプに偏りがあったことを如実に物語るものである。さらに，子どもの年齢が18歳を超える家族がサンプルの半数強であった。これは，中学・高校生にワーディングが最適化されているFACESKGⅡ子版では，信頼性の上で問題だったかもしれない。

以上のようなサンプルの偏りや低信頼性が予想される年齢層の子どもを含む家族を対象としたに拘わらず，FACESKGⅡ子版については，SIMFAMKGとの間で構成概念妥当性が示唆された。この点で1991年度の大礼・川西・吉澤の実験は意義が高い。家族システムのきずな・かじとりの指標として家族成員のうち，誰か1人の回答を選ぶとするならば，そのときは迷うことなく子どものFACESKGⅡ得点を用いるべきだ，というのがこの実験の結論だからである(大礼ら，1992)。

同時に大礼・川西・吉澤の実験は，父親・母親の回答では社会的望ましさバイアスの影響を強く受けることを再認識させた。社会的望ましさバイアスとは，たとえば「家族生活で満たされないものがある」，「私はこれまで1度たりとも結婚を後悔したことはない」，「自分たちの結婚は必ずしも大成功だったとは思わない」などの質問に対して，表面上の回答を強いる傾向である。このバイアスの影響が高まると，真に求めている情報の成分が相対的に低下する。そのため，父・母のFACESKGⅡ回答からきずな・かじとり因子成分を抽出するには，大規模サンプルが必要となる。結果として，SIMFAMKGのように労働集約性が高く少数例研究にならざるをえない研究では，解決の難しい問題であることも明らかになった。

第7章

確認的因子分析モデルを用いたFACESKG Ⅱ の構成概念妥当性の検討

　大礼ら (1992) の研究は，方法論の上でその後の研究に大きな貢献をした。その貢献とは，家族システムの測定に当たって，父・母・子の回答を多変量の測定値として，そのまま用いるということであった (第6章**表6-4**参照)。大礼ら (1992) の研究までは，多特性・多方法行列の作成に当たって父・母・子の回答の平均値を求めて，それを家族システムの測定値とする方法を採ってきた (武田・立木，1991; 板倉ら，1992)。しかし，これは便宜的なやり方で，各成員の得点の平均値をもって家族システムの得点とすることにはあまり強い根拠はなかった。大礼ら (1992) が実験結果を多特性・多方法行列の形式で表示する際に，成員個々の回答と他の尺度との相関をそのまま保存して示したことによって，まったく新たな方法論の地平が拓けたのである。それは以下のようなことである。

　きずなやかじとりは家族システムレベルの概念である。それは，直接観察できるのではなく，父・母・子といった成員の回答を基に推定される。この場合，父・母・子の回答は，それぞれ異なった測定の方法と見なすことができる。しかも，測定の方法によって回答に偏り (バイアス) が生じる (第6章**表6-5**参照)。つまり，多特性・多方法行列データには，きずな・かじとりといった家族システムレベルの特性因子に加えて，「親の回答のバイアス」などの方法因子の影響も含まれる。そのことを大礼ら (1992) の研究は再認識させた。

　必要なことは，「父・母・子という個人レベルの情報をそのまま保存しながら，同時に家族システムレベルの特性について計量を行なう」ことであった。

この課題を満足させる方法として登場したのが,多特性・多方法行列データへの確認的因子分析 (Confirmatory Factor Analysis) (Bollen, 1989; 豊田, 1992) の応用であった。Tatsuki (1993) は,岩田ら (1991) のFACESKG II開発のデータに対して確認的因子分析を用いてFACESKG IIの構成概念妥当性を統計的に検定することを試みた。その概要について触れる前に,家族システムの計量における確認的因子分析法について簡単に説明し,それから分析の結果を示すことにする。

1. 家族システムの多特性・多方法行列データへの確認的因子分析の応用

　Campbell & Fiske (1959) による多特性・多方法行列を用いた構成概念妥当性の検証は,目視に頼る方法であった。収束的妥当性を示す異方法・同特性間の相関が,弁別的妥当性を示す異方法および同方法による異特性間相関を上回ることがパターンとして認められるかを検討するのがそのポイントであった。確認的因子分析を利用すると,この判断を統計的に検定することができる (Werts & Linn, 1970; Schwarzer, 1983; Marsh & Hocevar, 1983)。一般に確認的因子分析では,相関行列データがどのような因子構造から生み出されたかを推定する。したがって通常の探索的な因子分析と違って,確認的因子分析では因子構造についてあらかじめ検証すべき仮説(モデル)が存在し,その仮説が実測データ(相関行列)とどの程度適合するかを検討するところに手法としての醍醐味がある。さらに,モデル全体の適合度が確認されたら,因子構造の構成要素である因子負荷量や測定誤差などの母数も推定することができる。確認的因子分析の手法は,計算機上では,因子負荷量や測定誤差の値を未知数とし,それらを含む複数の方程式を立て,繰り返し計算を通じて実測データ行列を最も再現しやすい未知数を導き出すという手法を取る。これらの未知数のことをモデルの母数 (parameter) と呼んでいる。

　Widaman (1985) は,収束的・弁別的妥当性を統計的に検定するための分析枠組みを提案した。この方法では,因子構造に対して入れ子状に洗練度を高めた複数のモデルを用意する。ここで洗練度の高いモデルとは,推定する母数の数が多いモデル(因子構造)のことである。一方,洗練度の低いモデルでは,方

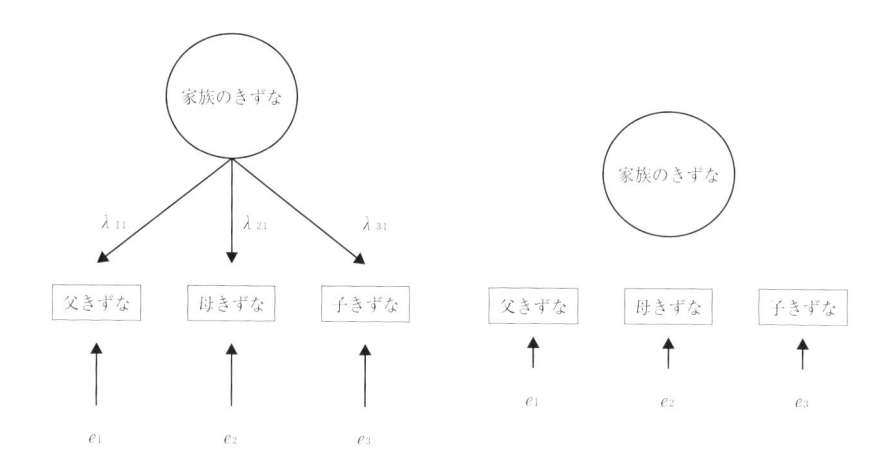

図7-1　収束的妥当性を想定するモデル　　図7-2　収束的妥当性を想定しない対抗モデル

程式の未知数（母数）の数が少ない。そして，洗練度の高いモデルの方が，低いモデルよりも適合度が有意に高いということを，段階的に実証してゆくのがWidaman (1985) の方法の特徴である。

　たとえば，収束的妥当性では，「たとえ方法が異なっても，同じ特性の測定値間の相関は高くあるべきである」という仮説を検討する。これは「同特性間の相関に共通因子を想定し，その因子ゆえに測定値間に高い相関が生じている」と考えること（仮説＝モデル）と同じである。これをパス図によって表現すると**図7-1**のようになる。パス図では，実際に測定される変数（父・母・子の得点）は四角で囲み，一方その存在を研究者が想定する潜在的な変数（家族システムのきずな因子）は楕円で囲むという約束がある。つまり，モデル**図7-1**では，「家族のきずな」という潜在的な共通因子が，父・母・子の実際のきずな得点に影響を与えていることをモデル化している。個々の得点は，さらに測定誤差（$e_1 \sim e_3$）からの影響も受ける。したがって**図7-1**のモデルでは，「家族のきずな」因子が父・母・子のきずな得点に与える影響（$\lambda_{11} \sim \lambda_{31}$）に加えて，測定誤差が個々の得点に与える影響（$e_1 \sim e_3$）も未知数（母数）としてモデル化されている。一方，**図7-2**は成員個々の得点が特性因子の影響を受けないとする対抗モデルである。この場合，父・母・子の得点は測定誤差の影響（$e_1 \sim e_3$）のみ

を受ける。

　上記2つのモデルのうち，収束的妥当性を支持するモデル（図7-1）では，λ_{11}，λ_{21}，λ_{31}，e_1，e_2，e_3という6つの母数（実際にはλ_{11}，λ_{21}，λ_{31}の総自乗和を1に置くといった制約を設けて方程式を解くために推定する母数は5つになる）を推定する。これに対して，対抗モデルが推定するのはe_1，e_2，e_3という3つの母数だけである。その意味で，対抗モデルは洗練度の低いモデルといえる。なお，この対抗モデル（図7-2）は，収束的妥当性モデル（図7-1）のうち，母数であるλ_{11}，λ_{21}，λ_{31}をすべてゼロとして，未知数の数を減じた特殊形であり，両者が入れ子状関係にあることが理解されよう。

　確認的因子分析では，上記2つのモデルのどちらが，相関行列データとより適合するかについてモデル全体の適合度を直接比較することができる。具体的には，適合度χ^2値やGFI (goodness of fit index)，$AGFI$（自由度調整GFI），AIC (Akaike's information criterion) などの各種の適合度指標を参考に比較するのである。とりわけ，比較するモデルの構造が，入れ子状の関係にある場合には，両モデルの適合度χ^2値の差もχ^2分布する（自由度は両モデルの自由度の差）という性質を利用して，モデル間の適合度の差を統計的に検定することができる (Kenny, 1976)。したがって，上記2つのモデルの例も，両者の適合度χ^2値の差に注目することで，収束的妥当性の有無を統計的に検定することができるのである。

　弁別的妥当性では「測定の方法が同じでも，異なっていても，測りたくない概念は測っていない」，したがって「異なった特性の測定値間の相関は，方法はどうあれ低くあるべきである」という仮説を検定する。これは，それぞれの特性について独立した因子を想定し，各測定値が対応する因子からのみ影響を受けるようにモデル化することと同じである（図7-3参照）。これと対抗するモデルは，すべての測定値が単一の特性因子によって影響を受けると想定する（図7-4参照）。弁別的妥当性の検定とは，2つの特性因子構造を想定するモデル（図7-3）と，1つの共通因子を想定する対抗モデル（図7-4）の適合度を比較することに他ならない。なお，この場合に弁別的妥当性モデルの中で，「家族のきずな」因子と「家族のかじとり」因子間の相関（ρ_{11}）を1と置いた場合が，対抗モデルになるという関係になっている。したがって，この場合も対抗モデル

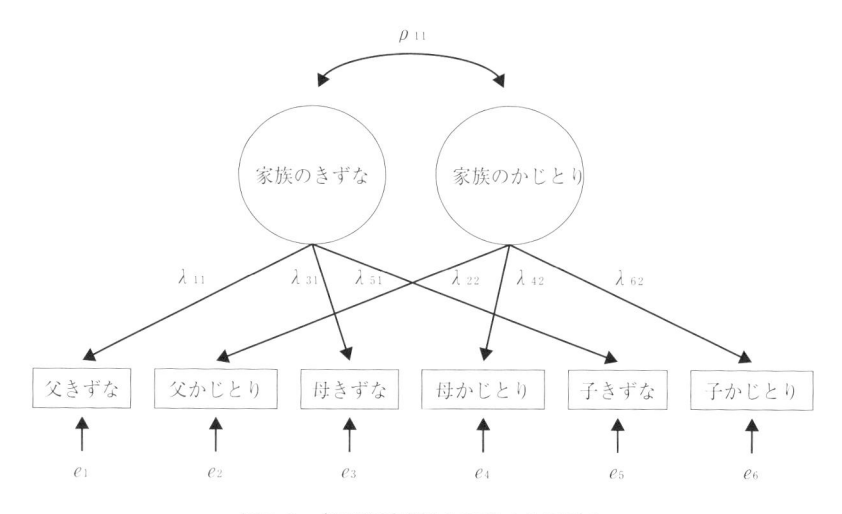

図7-3 弁別的妥当性を想定するモデル

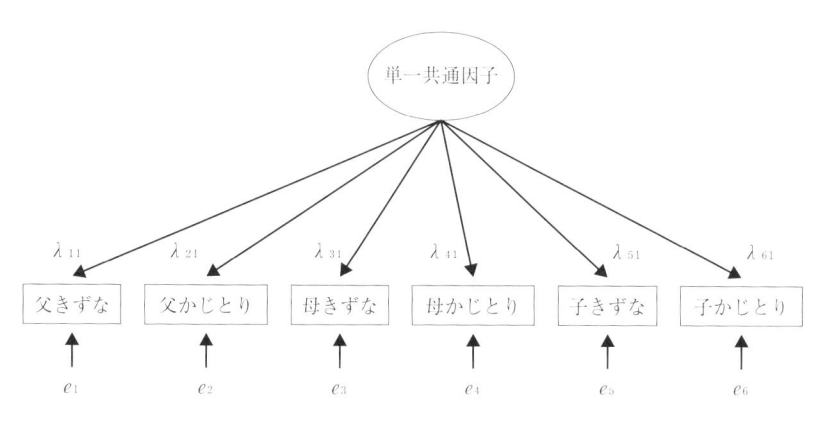

図7-4 弁別的妥当性を想定しない対抗モデル

は弁別的妥当性モデルの特殊形という関係にある。モデル全体の適合度 χ^2 値の差も χ^2 分布する性質を利用して，適合度の差を統計的に検定し，弁別的妥当性の有無を検証することができるのである。

上記までの説明は，特性因子の構造のみを取り扱ったが，同様の議論は方法因子についても成り立つ。**図7-5**は，方法因子の影響を想定しない対抗モデル

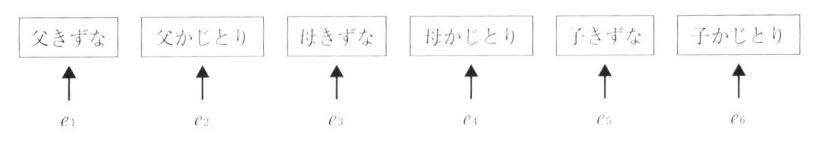

図7-5　方法因子の影響を想定しない対抗モデル

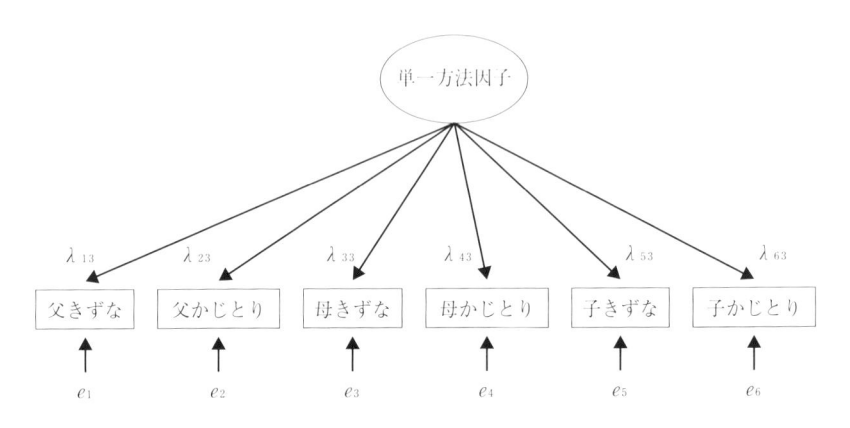

図7-6　方法因子の存在は想定するが，その弁別性は想定しない対抗モデル

である。一方，図7-6では，単一の方法因子の存在を想定する。両モデルは，入れ子状の関係になっており，モデル全体の適合度 χ^2 値を直接比較し，その差の検定を行なうことができる。さらに，図7-6と図7-7のモデル間では，単一の方法因子を想定するか，それとも父・母・子それぞれの方法因子を想定するかの比較になっている。この場合にも，図7-7のモデルで，方法因子間の相関（ρ_{34}, ρ_{35}, ρ_{45}）をすべて1とした特殊形が図7-6の対抗モデルになるといった入れ子状の階層関係があり，方法因子の弁別性について，直接検定を行なうことができる。

　以上をまとめて，多特性・多方法行列データの確認的因子分析モデルの完全（最も洗練度の高い）形をパス図によって表現すると図7-8のようになる。この場合，父・母・子のきずな・かじとり得点は，対応する家族システムのきずな・かじとりのいずれかの特性因子，父回答・母回答・子回答のいずれかの方法因子，および測定誤差からの影響を受けると想定している。

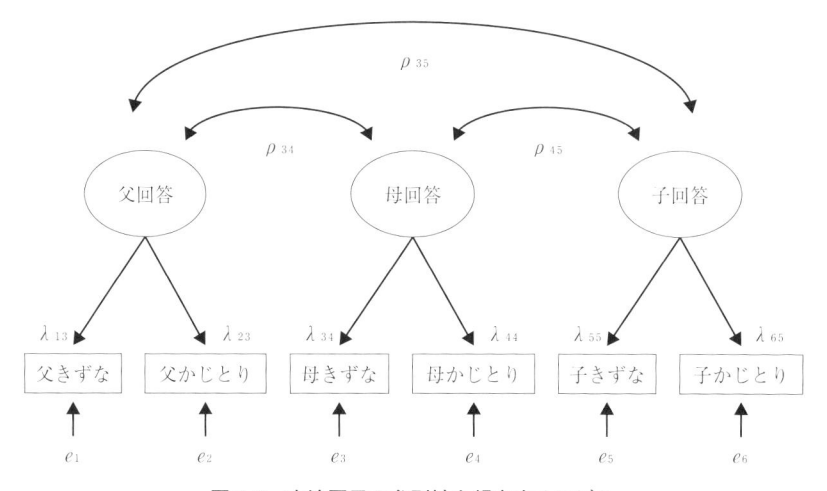

図7-7　方法因子の弁別性を想定するモデル

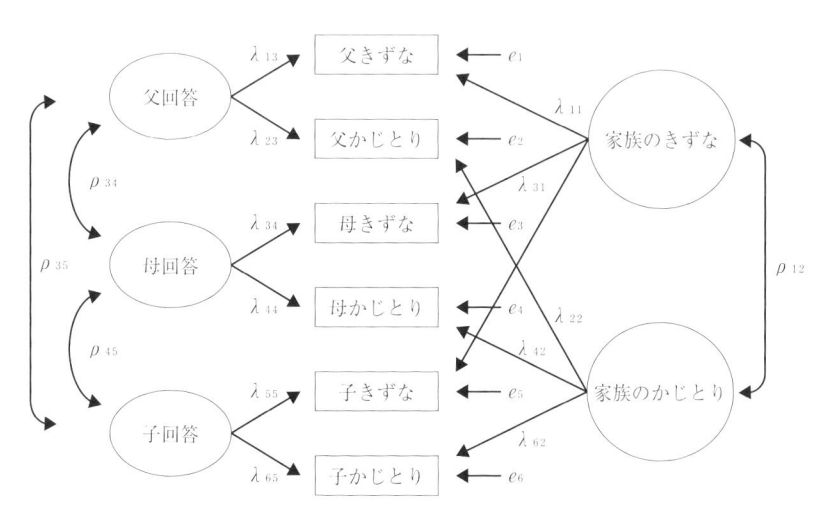

図7-8　多特性・多方法行列完全モデルのパス図による表現

　Widaman (1985) の方法の核心は，方法因子の洗練度を入れ子状に階層化させ，それぞれの段階で，特性因子の収束的妥当性と弁別的妥当性の検定を行なうという点にある。そのために，研究者は特性および方法因子の構造を段階的

表7-1 多特性・多方法行列データに対する収束的・弁別的妥当性検定のための階層状確認的因子分析モデルの分類(Widaman, 1985)

	特性の構造	方法の構造			
	A	B	B'	Cn	C
1	null model	方法因子が1つのみ	m個の方法因子のみ(因子間相関なし)	m個の方法因子[*]のみ	m個の方法因子のみ(因子間相関あり)
2	特性因子が1つ, 方法因子なし	特性と方法の2因子	特性因子が1つ, m個の方法因子(因子間相関なし)	特性因子が1つ, m個の方法因子[*]	特性因子が1つ, m個の方法因子(因子間相関あり)
2'	t個の特性因子(因子間相関なし), 方法因子なし	方法因子が1つ, t個の特性因子(因子間相関なし)	t個の特性因子, m個の方法因子(因子間相関なし)	t個の特性因子(相関なし), m個の方法因子[*]	t個の特性因子(相関なし), m個の方法因子(因子間相関あり)
3	t個の特性因子(因子間相関あり), 方法因子なし	方法因子が1つ, t個の特性因子(因子間相関あり)	t個の特性因子(相関あり), m個の方法因子(因子間相関なし)	t個の特性因子(相関あり), m個の方法因子[*]	t個の特性因子(相関あり), m個の方法因子(因子間相関あり)

(注) *方法のうちn個は相関し, $m-n$は直交する($n<m$)。なお, Cnモデルは, Tatsuki(1993)がWidaman(1985)の枠組みに新たに付け加えたものである。

に複雑化させた複数の対抗モデルを準備する。**表7-1**は, そのために用意する対抗モデルを網羅してまとめたものである。**表7-1**の縦軸は, 特性因子を想定しないモデル(モデル1)から始まり, 下に行けば行くほど特性因子の構造が洗練される。

一方横軸は, 方法因子を想定しないモデル(モデルA)から始まり, 右に行けば行くほど方法因子の構造が洗練されている。ちなみに, 多特性・多方法行列の完全モデル(**図7-8**)は, 特性因子の構造が3(複数の特性因子, 因子間に相関あり), 方法因子の構造がC(複数の方法因子, 因子間に相関あり)というモデル3Cに相当している。

以上で, 家族システムの特性を成員個々の得点から算出し, 確定的因子分析の手法を用いて構成概念妥当性を検討する枠組みについて説明した。続いて, この枠組みを用いて, 岩田ら(1991)のFACESKG開発データの構成概念妥当性を検討したTatsuki(1993)の研究の概要を示すことにする。

2. FACESKG II 開発データの確認的因子分析

1) 方　法

　被験者は岩田ら (1991) の集めた阪神間の家族データのうち，父・母・子の3者の回答が完全にそろっている602家族である。父親の平均年齢は45.8歳 (SD = 4.4歳)，母親は42.8歳 (SD = 3.8歳)，子どもは15.9歳 (SD = 1.9歳) である。対象となった子どもは中学・高校生年齢で，全員が家族と同居していた。

　FACESKG II 親版項目の回答 (4件法) を用いて，個々の家族システムのきずな・かじとりの得点を，父・母のそれぞれから求めた。同様にFACESKG II 子版の項目の回答を用いて，当該家族システムに関する子どもからの測定値を求めた。

2) 結　果

　602家族は，自らの家族システムのきずな・かじとりについて，父・母・子の3者からの測定値を与えた。そこで，きずな・かじとりを特性因子に，父・母・子の回答を方法因子として扱う多特性・多方法行列 (**表7-2**) を作成した。この相関行列に対してWidaman (1985) の方法に基づき，SAS CALIS (共分散構造分析) プロシージャ (豊田，1992) を用いて確認的因子分析を行ない，収束的・弁別的妥当性を統計的に検定するとともに，データに最も適合するモデルを決定した。なお，母数の推定に当たっては一般化最小自乗法 (generalized least square method) を利用した。**表7-3**は，多特性・多方法行列データ (岩田ら，1991) に対する各種の確認的因子分析モデルの適合度指標を比較したものである。確認的因子分析で母数を推定するプロセスでは，繰り返し計算を通じて連立方程式の解を求める作業を行なう。この場合に，未知数 (推定すべき母数) の数が方程式の数を超えると解は一義的には求まらない。これを多特性・多方法行列データに当てはめると，最低3つの特性と，3つの方法が必要なことが知られている (Werts & Linn, 1970)。もしこの条件が満たせなければ，付加的な条件を研究者が仮定する必要がある。3元1次の連立方程式を例にして考えてみよう。この問題を解くためには，方程式が3つ必要である。もし方程式が2つであれば解は一義的には求まらない。しかし，たとえば未知数 (x, y, z) の総

表7-2 FACESKG II 開発データ（岩田ら，1991）の父・母・子によるきずな・かじとり得点を用いた多特性・多方法行列

		きずな	かじとり	きずな	かじとり	きずな	かじとり	平均	SD
父回答	きずな	(.77)						37	4.7
	かじとり	.06	(.85)					46	6.0
母回答	きずな	.39	.04	(.75)				39	4.7
	かじとり	-.07	.39	.03	(.83)			46	6.0
子回答	きずな	.37	-.04	.32	-.09	(.72)		33	4.6
	かじとり	-.02	.29	-.10	.35	-.03	(.89)	55	7.5

（注） 1. 行列の対角のカッコ内の数値は，各尺度の内的一貫性信頼性係数。
2. N = 602家族

表7-3　多特性・多方法行列データ（岩田ら，1991）の確認的因子分析諸モデルの適合度指標の比較

	適合度 χ^2	自由度	確率	GFI	AGFI	AIC
特性因子・方法因子なしモデル (1A)	255.59	19	.0001	.86	.84	218.65
特性因子なし 3つの方法因子，因子間相関なし (1B′)	234.95	13	.0001	.870	.79	208.95
特性因子なし父母および母子報告因子間相関あり，父子報告因子間相関なし (1C₁)	168.58	11	.0001	.91	.82	146.58
特性因子なし父母，母子，父子報告因子間相関あり (1C)	100.10	10	.0001	.94	.88	80.10
1つの共通特性因子のみ方法因子なし (2A)	136.27	13	.0001	.92	.88	110.27
1つの共通特性因子のみ3つの方法因子，相関なし (2B′)	100.75	7	.0001	.94	.83	86.75
1つの共通特性因子のみ父母および母子報告因子相関あり，父子報告因子相関なし (2C₁)	53.05	5	.0001	.97	.88	43.05
1つの共通特性因子のみ父母，母子，父子報告因子すべてに相関あり (2C)	9.64	4	.0469	.955	.97	1.64
2つの特性因子，因子間相関あり方法因子なし (3A)	32.29	12	.0012	.98	.97	8.29
2つの特性因子，因子間相関あり，3つの方法因子，因子間相関なし (3B′)	13.97	6	.03	.99	.97	1.97
2つの特性因子，因子間相関あり，父母報告因子間相関あり (3C₁)	8.09	5	.15	.996	.981	-1.91
2つの特性因子，父母報告因子間および母子報告因子間相関あり (3C₂)	4.20	4	.38	.998	.988	-3.80
2つの特性因子，父母子報告因子間すべてに相関あり (3C)	2.64	3	.45	.999	.990	-3.36

（注）1.母数の推定に当たって，父・母・子のきずな得点における測定誤差はすべて等しく σ_1 に，かじとり得点における測定誤差はすべて等しく σ_2 とする制約条件（仮定）を設けた。

2.適合度 χ^2 値は，その値が小さくなればなるほどモデルの適合度が高いことを意味する。したがって，適合度 χ^2 値の確率は通常の頻度のノンパラメトリック χ^2 検定とは逆に，p値が.05を超えれば，データへの適合度が有意に高いことを意味する。

3.GFIおよび自由度調整GFI (AGFI) は0～1の間の値を取る。値が大きいほど適合度が高い。GFI値とAGFI値に開きがある場合には，モデルに改善の余地が残されていることを示す。

4.AIC値も，その値が小さい方が，モデルとの適合度が高い。

自乗和が1となるような仮定(制約条件)を新たに設ければ,方程式を解くことができる。多特性・多方法行列の確認的因子分析でも,「3特性・3方法」という条件が満たせない場合には,過去の調査研究の知見などを利用して,研究者が合理的な仮定を方程式に施すことによって解を求めることできるのである。

さて,岩田ら(1991)のデータは,「2特性・3方法」の多特性・多方法行列である。そこで,この方程式を解くために「父・母・子のきずな得点における測定誤差はすべて等しく σ_1 に,かじとり得点における測定誤差はすべて等しく σ_2 とする」制約条件(仮定)を設けた。これは,岩田ら(1991)の研究から,父・母・子のきずな尺度の内的一貫性信頼性(α係数)がほぼ等しい(父,母,子それぞれ.77, .75, .72)こと,またかじとり尺度も同様(父,母,子それぞれ.85, .83, .89)であることが分かっていたためである。古典的な尺度理論では,信頼性とは「真の得点」によって説明される「素データ得点」分散の割合のことである。そして,「素データ得点」の全分散から「真の得点」分散を減じた残余の部分が,「測定誤差」の分散に相当する(岩原,1965)。言い換えるなら,父・母・子の信頼性の推定値がほぼ等しいということは,対応する測定誤差分散についても同様のことが成り立つということなのである。

収束的妥当性の検定:Widaman (1985) の方法は,方法因子の構造の洗練度の各段階ごとで,収束性を示すモデル(1つの共通特性因子を想定する)とその対抗モデル(特性因子を想定しない)の適合度の差を検定するというものであった。**表7-4**がその結果である。表から明らかなように,方法因子構造のどの段階においても,共通因子を想定するモデルの方が,対抗モデルよりも有意に適合度が高いことが実証された。なお,**表7-4**の最後の列は,AIC値の比較である。AIC値では,データとモデルの適合度が高いほど,その値は小さくなる。AIC値の比較においても,収束性モデルが対抗モデルよりも適合度が高いことが**表7-4**の第5列目に示されている。

弁別的妥当性の検定:弁別的妥当性の検定では,きずな・かじとりという2つの特性因子を想定するモデルと,1つの共通特性因子のみを想定する対抗モデルの適合度を比較する。**表7-5**がその結果である。χ^2値の差の検定は弁別性を想定するモデルが,対抗モデルよりも有意に適合度が高いことが示された。また,AIC値の比較でも同様の結果であった。

表7-4 岩田ら(1991)のデータに基づくFACESKG Ⅱの収束的妥当性の検定

比較するモデル	χ^2値の差	自由度の差	危険率	AIC値比較
1つの共通特性因子,方法因子なし(モデル2A) Vs. 特性因子なし,方法因子なし(モデル1A)	119.32	6	$p<.001$	2A<1A
1つの共通特性因子,3つの方法因子(相関なし)(モデル2B') Vs. 特性因子なし,3つの方法因子(相関なし)(モデル1B')	134.2	6	$p<.001$	2B'<1B'
1つの共通特性因子,3つの方法因子(父母,母子間相関あり)(モデル2C$_2$) Vs. 特性因子なし,3つの方法因子(父母,母子間相関あり)(モデル1C$_2$)	115.53	6	$p<.001$	2C$_2$<1C$_2$
1つの共通特性因子,3つの方法因子(父母,母子,父子間すべてに相関あり)(モデル2C) Vs. 特性因子なし,3つの方法因子(父母,母子,父子間すべてに相関あり)(モデル1C)	90.46	6	$p<.001$	2C<1C

(注) AIC値は,その値が小さい方が,モデルとの適合度が高い。

表7-5 岩田ら(1991)のデータに基づくFACESKG Ⅱの弁別的妥当性の検定

比較するモデル	χ^2値の差	自由度の差	危険率	AIC値比較
2つの特性因子(相関あり),方法因子なし(モデル3A) Vs. 1つの共通特性因子,方法因子なし(モデル2A)	103.98	1	$p<.001$	3A<2A
2つの特性因子(相関あり),3つの方法因子(相関なし)(モデル3B') Vs. 1つの共通特性因子,3つの方法因子(相関なし)(モデル2B')	86.78	1	$p<.001$	3B'<2B'
2つの特性因子(相関あり),3つの方法因子(父母,母子間相関あり)(モデル3C$_2$) Vs. 1つの共通特性因子,3つの方法因子(父母,母子間相関あり)(モデル2C$_2$)	48.85	1	$p<.001$	3C$_2$<2C$_2$
2つの特性因子(相関あり),3つの方法因子(父母,母子,父子間すべてに相関あり)(モデル3C) Vs. 1つの共通特性因子,3つの方法因子(父母,母子,父子間すべてに相関あり)(モデル2C)	7.0	1	$p<.01$	3C<2C

(注) AIC値は,その値が小さい方が,モデルとの適合度が高い。

表7-6 岩田ら（1991）のデータに対する因子構造のステップワイズ検定の結果

比較するモデル	χ^2値の差	自由度の差	危険率	AIC値比較
2つの特性因子（相関あり），方法因子なし（モデル3A）Vs. 特性因子なし，方法因子なし（モデル1A）	223.3	7	$p<.001$	3A＜1A
2つの特性因子（相関あり），3つの方法因子（相関なし）（モデル3B'）Vs. 2つの特性因子（相関あり），方法因子なし（モデル3A）	18.32	6	$p<.01$	3B'＜3A
2つの特性因子（相関あり），3つの方法因子（父母，母子間相関あり）（モデル3C₂）Vs. 2つの特性因子（相関あり），3つの方法因子（相関なし）（モデル3B'）	9.77	2	$p<.01$	3C₂＜3B'
2つの特性因子（相関あり），3つの方法因子（父母，母子，父子間すべてに相関あり）（モデル3C）Vs. 2つの特性因子（相関あり），3つの方法因子（父母，母子間相関あり）（モデル3C₂）	1.56	1	n.s.	3C₂＜3C

（注） AIC値は，その値が小さい方が，モデルとの適合度が高い。

要素のステップワイズ追加による最適モデルの検討：最後に，岩田ら（1991）のデータに最もよく適合するモデルを決定するために，モデル1Aからモデル3Cまでについて，特性および方法因子の構造をステップワイズに洗練化させてゆき，適合度が各ステップで有意に高まるかを系統的に比較していった。**表7-6**がその結果である。表の第1行が，最初の比較ステップである。きずな・かじとりの2つの特性因子と因子間の相関を想定するモデル（3A）と，特性・方法とも因子を想定しない対抗モデル（1A）を比較し，相関を認めた2因子構造が有意に適合度を高めることが示された（$\chi^2 = 223.3$, $df = 7$, $p<.001$）。続く第2ステップでは，方法因子を要素として加えて（モデル3B'），第1ステップの方法因子を想定しないモデル（3A）と比較した。この比較も有意な差が示された（$\chi^2 = 18.32$, $df = 6$, $p<.01$）。さらに第3ステップでは，方法因子のうち，父母および母子回答因子間の相関を要素として加えた。この要素負荷も有意な差を示した（$\chi^2 = 9.77$, $df = 2$, $p<.01$）。最後に，父子回答因子間にも相関を想定した場合に，適合度が有意に高まるかを見たのが，**表7-6**の最終行である。結果は，父と子の方法因子間の相関の追加は有意ではないことが分かった。最後の比較について，AIC値を参照すると，父母・母子相関モデル（3C₂）のAIC値は

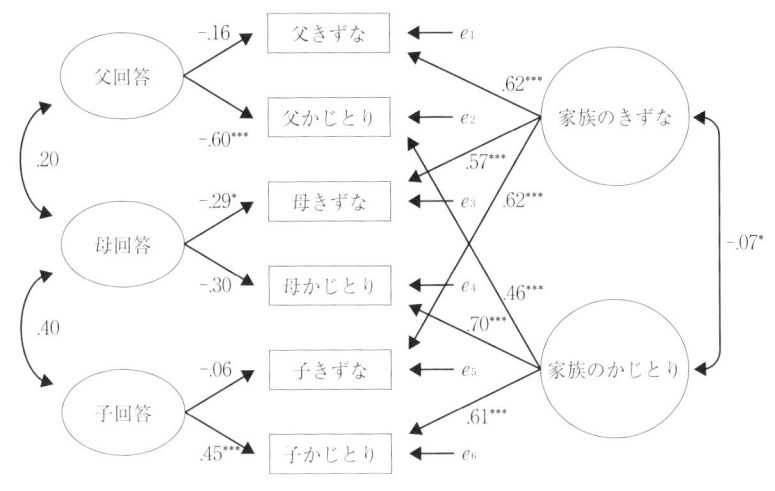

図7-9　岩田ら（1991）の多特性・多方法行列データの確認的因子分析の最終結果

-3.80であるのに対して，全方法因子間に相関を想定するモデル（3C₂）のAIC値は-3.36であった。これは，モデル3Cよりも，むしろモデル3C₂の方がデータとの適合度が優れていることを示すものである。図7-9は，この最終モデル3C₂をパス図で表現したものである。

図7-9のパス図によれば，家族システムのきずな・かじとり両因子は，父・母・子のきずな・かじとり得点にそれぞれ有意に反映されていることが分かる。また，きずな因子とかじとり因子について相関を想定したものの，両因子間の相関係数の推定値は$r = .07$ ($p < .05$)ときわめて低いものであった。方法因子については，父・母・子にそれぞれ特徴的な回答の偏りが示唆された。たとえば，父のかじとり得点は，父回答の方法因子の影響のために，実際よりも低めの点数になることが示唆される。かじとりは，その水準が低ければ低いほど「親主導の融通なし」の問題解決パターンになる。父親は実際よりも「親主導」型の問題解決だと答える傾向にあることを示している。一方，母親のきずな得点については，実際よりも低めに回答させる影響が有意である。これは，家族システムのきずなについて，母親は実際よりも過小に報告する傾向があることを物語っている。さらに，子どものかじとり得点の報告では，ちょうど父親と反対

の傾向が認められた。すなわち，子どもは家族システムのかじとりについて，実際よりも高めの値を報告しがちなのである。かじとりは，その水準が高ければ高いほど子どものパワーが相対的に上昇し，柔軟な問題解決パターンになる。つまり，子どもは実際よりも家族内での自らのパワーを高く報告する傾向があることを示していた。

3. 中学生の無気力傾向調査データの確認的因子分析

前節では，FACESKG II 開発データを用いて，きずな・かじとり2次元モデルの収束的・弁別的妥当性を検定した。この結果や，因子構造の安定性を探るために，437名の中学生とその家族に対する調査データ（曽田・高瀬・中安，1992）を，本節では再分析する。なおこのデータは，曽田邦子・高瀬さおり・中安裕子による1991年度の関西学院大学社会学部卒業論文研究の一環として収集されたもので，一般中学生の無気力傾向と家族システムのきずな・かじとりとの関係について検討したものである。この調査の概要については，本章の後半で再度取り上げるが，本節では父・母・子によって報告されたきずな・かじとり変数のみを対象に多特性・多方法行列データの確認的因子分析を行ない，前節の結果との比較を行なう。

1) 方　　法

曽田ら（1992）は，FACESKG II 開発翌年の1991年度の関西学院大学社会学部卒業論文調査として，阪神間の12の中学校で，一般中学生の無気力傾向を測定する尺度とFACESKG II を実施した。1,630家族分の質問紙がクラス担任を通じて渡され，そのうち1,065家族分の質問紙が学校を通じて回収された。このうち，本節の分析では，家族員の誰か1人でも，社会的望ましさバイアスが高得点であったり，回答が全ページにわたって「1．1．1．……」などというパターンになっていたり，きずなやかじとり項目の回答の分散が高い（ある項目ではきずな高傾向と答え，別の項目ではきずな低傾向と答えると回答の分散が高くなる）場合には，サンプルから削除した（cf., Jackson, 1971）。さらに，父・母・子の3者の回答がそろったものだけを対象とした。結果として，437家族分の

データが分析の対象となった。

　父親の年齢は，平均44.3歳（SD = 4.3歳），母親は平均41.4歳（SD = 3.3歳）であった。子どもの学年は，中学1年生（121名，27.7％），2年生（145名，33.2％），3年生（171名，39.1％）であった。対象となった家族80％が父・母・子だけの核家族世帯であり，13％は祖父母などとの同居世帯であった。調査の期間は1991年10月から12月である。

2) 結　果

　表7-7が，家族のきずな・かじとりを特性とし，父・母・子の報告を方法とする多特性・多方法行列の結果である。表7-7の対角のカッコ内には，父・母・子の各きずな・かじとり尺度の内的一貫性信頼性（クロンバックのα）の推定値を示した。これは，今回の437家族のデータを基に推定した値である。これらの信頼性係数は，岩田ら（1991）のFACESKG II開発データの数値と非常に似通ったものとなっている。したがって，FACESKG II開発データのときと同じように，きずなの得点については，父・母・子ともその測定誤差の推定値をすべてδ_1^*と，かじとり得点の測定誤差はすべてδ_2^*とするという制約条件を仮定した。この条件の基で，入れ子状に階層化された確認的因子分析諸モデル（Widaman, 1985）の適合度指標をまとめたのが表7-8である。なお，共分散構造の推定は，前節と同様に一般化最小自乗法（Generalized Least Square method）を用いた。

　なお，曽田ら（1992）のデータの分析では，前節の岩田ら（1991）のデータと違って，特性因子の構造について，特性因子なし（構造1），1つの共通因子（構造2），2つの特性因子（因子間相関なし）（構造2'），そして2つの特性因子（因子間相関あり）という4段階を設けた。要素のステップワイズ追加による最適モデルの検討で後に詳しく述べるが，これは特性因子間の相関を想定しないモデル（2'C$_2$）が最も高い適合度を示した（AIC = -6.87）ために，弁別的妥当性の検定に当たっては，このモデルを基準として対抗モデルを用意する必要が生じたためである。

　収束的妥当性の検定：方法因子構造の各段階ごとで，収束性を示すモデル（1つの共通特性因子を想定する）とその対抗モデル（特性因子を想定しない）の適合

表7-7　中学生の無気力傾向データ（曽田ら, 1992）の父・母・子によるきずな・かじとり得点を用いた多特性・多方法行列

	きずな	かじとり	きずな	かじとり	きずな	かじとり	平均	SD
父回答								
きずな	(.78)						38	4.6
かじとり	.02	(.84)					46	5.5
母回答								
きずな	.53	.13	(.76)				40	4.3
かじとり	.06	.55	.12	(.83)			47	5.4
子回答								
きずな	.27	.02	.25	.04	(.69)		35	4.2
かじとり	.04	.21	.01	.38	.19	(.88)	56	7.2

（注）1. 行列の対角のカッコ内の数値は，曽田ら（1992）のデータから推定した各尺度の内的一貫性信頼性係数。
　　　2. $N=437$ 家族

表7-8 多特性・多方法行列データ（曽田ら，1992）の確認的因子分析諸モデルの適合度指標の比較

	適合度 χ^2	自由度	確率	GFI	AGFI	AIC
特性因子・方法因子なしモデル (1A)	297.64	19	.0001	.77	.84	259.64
特性因子なし3つの方法因子，因子間相関なし (1B′)	246.15	13	.0001	.81	.70	220.15
特性因子なし父母および母子報告因子間相関あり，父子報告因子間相関なし (1C$_2$)	172.77	12	.0001	.87	.77	148.77
特性因子なし父母，母子，父子報告因子間相関あり (1C)	125.12	10	.0001	.90	.80	105.12
1つの共通特性因子のみ方法因子なし (2A)	178.40	13	.0001	.86	.78	152.40
1つの共通特性因子のみ3つの方法因子，相関なし (2B′)	124.80	7	.0001	.90	.71	110.80
1つの共通特性因子のみ父母および母子報告因子相関あり，父子報告因子相関なし (2C$_2$)	54.01	5	.0001	.96	.86	42.01
1つの共通特性因子のみ父母，母子，父子報告因子すべてに相関あり (2C)	41.22	4	.0001	.97	.83	33.23
2つの特性因子，因子間相関なし方法因子なし (2′A)	101.01	13	.0001	.92	.88	75.01
2つの特性因子，因子間相関なし3つの方法因子，相関なし (2′B′)	35.73	7	.0001	.97	.92	21.73
2つの特性因子，因子間相関なし父母報告因子相関あり (2′C$_1$)	5.13	6	.5266	.996	.986	-6.87
2つの特性因子，因子間相関なし父母および母子報告因子相関あり，父子報告因子相関なし (2′C$_2$)	4.18	5	.5232	.997	.987	-5.82
2つの特性因子，因子間相関なし父母，母子，父子報告因子すべてに相関あり (2′C)	4.14	4	.3873	.997	.983	-3.86
2つの特性因子，因子間相関あり方法因子なし (3A)	90.70	12	.0001	.93	.83	66.70
2つの特性因子，因子間相関あり，3つの方法因子，因子間相関なし (3B′)	32.38	6	.0001	.98	.91	20.38
2つの特性因子，因子間相関あり，父母報告因子間相関あり (3C$_1$)	4.56	5	.4715	.997	.985	-5.44
2つの特性因子，父母報告因子間および母子報告因子間相関あり (3C$_2$)	3.72	4	.4456	.997	.985	-4.28

| 2つの特性因子,父母子報告因子間すべてに相関あり (3C) | 25.88 | 3 | .0001 | .98 | .86 | 19.88 |

(注) 1. 母数の推定に当たって,父・母・子のきずな得点における測定誤差はすべて等しくσ_1に,かじとり得点における測定誤差はすべて等しくσ_2とする制約条件(仮定)を設けた。
2. 適合度χ^2値は,その値が小さくなればなるほどモデルの適合度が高いことを意味する。したがって,適合度χ^2値の確率が.05を超えれば,データへの適合度が有意に高いことを意味する。
3. GFIおよび自由度調整GFI ($AGFI$) は0〜1の値を取り,値が大きいほど適合度が高い。GFI値と$AGFI$値に開きがある場合は,モデルに改善の余地が残されていることを示す。
4. AIC値も,その値が小さい方が,モデルとの適合度が高い。

表7-9 曽田ら (1992) のデータに基づくFACESKG Ⅱの収束的妥当性の検定

比較するモデル	χ^2値の差	自由度の差	危険率	AIC値比較
1つの共通特性因子,方法因子なし(モデル2A) Vs. 特性因子なし,方法因子なし(モデル1A)	119.24	6	$p<.001$	2A<1A
1つの共通特性因子,3つの方法因子(相関なし)(モデル2B') Vs. 特性因子なし,3つの方法因子(相関なし)(モデル1B')	121.35	6	$p<.001$	2B'<1B'
1つの共通特性因子,3つの方法因子(父母間相関あり)(モデル2C₁) Vs. 特性因子なし,3つの方法因子(父母間相関あり)(モデル1C₁)	113.62	6	$p<.001$	2C₁<1C₁
1つの共通特性因子,3つの方法因子(父母,母子間相関あり)(モデル2C₂) Vs. 特性因子なし,3つの方法因子(父母,母子間相関あり)(モデル1C₂)	90.63	6	$p<.001$	2C₂<1C₂
1つの共通特性因子,3つの方法因子(父母,母子,父子間すべてに相関あり)(モデル2C) Vs. 特性因子なし,3つの方法因子(父母,母子,父子間すべてに相関あり)(モデル1C)	83.9	6	$p<.001$	2C<1C

(注) AIC値は,その値が小さい方が,モデルとの適合度が高い。

度の差を検定した。表7-9がその結果である。表から明らかなように,方法因子構造のどの段階においても,共通特性因子想定モデルの方が,特性因子非想定(対抗)モデルよりも有意に適合度が高かった。独立に収集された曽田ら(1992)の中学生とその家族のデータでも,FACESKG Ⅱの収束的妥当性は実証されたのである。

弁別的妥当性の検定:弁別的妥当性の検定では,きずな・かじとりという2つの特性因子を想定し,両因子間の相関を想定するモデル(特性因子の構造が3

表7-10 曽田ら(1992)のデータに基づくFACESKG Ⅱの弁別的妥当性の検定

比較するモデル	χ^2値の差	自由度の差	危険率	AIC値比較
2つの特性因子(相関あり),方法因子なし(モデル3A) Vs. 1つの共通特性因子,方法因子なし(モデル2A)	87.71	1	$p<.001$	3A < 2A
2つの特性因子(相関あり),3つの方法因子(相関なし)(モデル3B′) Vs. 1つの共通特性因子,3つの方法因子(相関なし)(モデル2B′)	92.42	1	$p<.001$	3B′< 2B′
2つの特性因子(相関あり),3つの方法因子(父母,母子間相関あり)(モデル3C$_2$) Vs. 1つの共通特性因子,3つの方法因子(父母,母子間相関あり)(モデル2C$_2$)	120.24	1	$p<.001$	3C$_2$ < 2C$_2$
2つの特性因子(相関あり),3つの方法因子(父母,母子,父子間すべてに相関あり)(モデル3C) Vs. 1つの共通特性因子,3つの方法因子(父母,母子,父子間すべてに相関あり)(モデル2C)	15.35	1	$p<.01$	3C < 2C
2つの特性因子(相関なし),方法因子なし(モデル2′A) Vs. 1つの共通特性因子,方法因子なし(モデル2A)	77.39	0	—	2′A < 2A
2つの特性因子(相関なし),3つの方法因子(相関なし)(モデル2′B′) Vs. 1つの共通特性因子,3つの方法因子(相関なし)(モデル2B′)	89.07	0	—	2′B′< 2B′
2つの特性因子(相関なし),3つの方法因子(父母,母子間相関あり)(モデル2′C$_2$) Vs. 1つの共通特性因子,3つの方法因子(父母,母子間相関あり)(モデル2C$_2$)	48.88	0	—	2′C$_2$ < 2C$_2$
2つの特性因子(相関なし),3つの方法因子(父母,母子,父子間すべてに相関あり)(モデル2′C) Vs. 1つの共通特性因子,3つの方法因子(父母,母子,父子間すべてに相関あり)(モデル2C)	37.08	0	—	2′C < 2C

(注) AIC値は,その値が小さい方が,モデルとの適合度が高い。

の段階)と,1つの共通特性因子のみを想定する対抗モデルの適合度をまず比較した。

さらに,後述の要素のステップワイズ追加による最適モデルの検討から,特性因子間の相関を想定しない構造2′の段階のモデルが最終モデルとして採択されたために,きずな・かじとりの2因子(特性因子間の相関を想定しない)モデル対,対抗(1つの共通特性因子のみを想定する)モデルの比較を行なった。この場

合には，注目するモデルと対抗モデルの自由度が等しいために，モデルの比較にはAICのみを用いた。

表7-10がその結果である。特性構造が3の段階では，χ^2値の差の検定を行ない，どの方法構造の比較でも2因子の弁別性を想定するモデルが，対抗モデル(1つの共通因子を想定する)よりも適合度が有意に高いことが示された。また，特性構造が2′の段階での比較でも，2因子の弁別性想定モデルの方が弁別性非想定(対抗)モデルよりもAIC値が低く，したがって適合度の高いことが示された。結論として，岩田ら(1991)と独立に行なった曽田ら(1992)の家族調査データからも，FACESKG Ⅱの弁別的妥当性が実証された。

要素のステップワイズ追加による最適モデルの検討：最後に，曽田ら(1992)のデータに最もよく適合するモデルを決定するために，モデル1Aからモデル3Cまでについて，特性および方法因子の構造をステップワイズに洗練化させてゆき，適合度が各ステップで有意に高まるかを系統的に比較していった。なお，前節で述べた岩田ら(1991)のデータの再分析と異なり，特性の構造については，特性因子間に相関を想定しない構造2′が，ステップとして追加されている。

表7-11の第1行が，最初の比較ステップである。きずな・かじとりの2つの特性因子と因子間の相関を想定しないモデル(2′A)と，特性・方法とも因子を想定しない対抗モデル(1A)を比較し，相関を認めない2因子構造が有意に適合度が高いことが示された($\chi^2 = 196.63$, $df = 6$, $p < .001$)。

第2ステップでは，方法因子を要素として加えて(モデル2′B′)，方法因子を想定しないモデル(2′A)と比較した。この比較も有意な差が示された($\chi^2 = 65.28$, $df = 6$, $p < .001$)。

第3ステップでは，方法因子のうち，父母回答因子間の相関を要素として加えた(モデル2′C₁)。この要素負荷も有意な差を示した($\chi^2 = 30.60$, $df = 1$, $p < .001$)。

第4ステップでは，母子回答因子間の相関も追加したモデル(2′C₂)と，父母回答因子間のみの相関モデル(2′C₁)とを比べた。するとχ^2値の差は有意ではなかった。しかもAIC値の比較では，父母回答因子間にのみ相関を想定するモデル2′C₁ (AIC = -6.87)の方が，父母・母子回答因子相関モデル2′C₂ (AIC =

表7-11 曽田ら (1992) のデータに対する因子構造のステップワイズ検定の結果

比較するモデル	χ^2値の差	自由度の差	危険率	AIC値比較
2つの特性因子 (相関なし), 方法因子なし (モデル2'A) Vs. 特性因子なし, 方法因子なし (モデル1A)	196.63	6	$p<.001$	2'A < 1A
2つの特性因子 (相関なし), 3つの方法因子 (相関なし) (モデル2'B') Vs. 2つの特性因子 (相関あり), 方法因子なし (モデル2'A)	65.28	6	$p<.001$	2'B' < 2'A
2つの特性因子 (相関なし), 3つの方法因子 (父母間相関あり) (モデル2'C$_1$) Vs. 2つの特性因子 (相関あり), 3つの方法因子 (相関なし) (モデル2'B')	30.60	1	$p<.001$	2'C$_1$ < 2'B'
2つの特性因子 (相関なし), 3つの方法因子 (父母間相関あり) (モデル2'C$_1$) Vs. 2つの特性因子 (相関なし), 3つの方法因子 (父母・母子間相関あり) (モデル2'C$_2$)	.95	1	n.s.	2'C$_1$ < 2'C$_2$
2つの特性因子 (相関なし), 3つの方法因子 (父母間相関あり) (モデル2'C$_1$) Vs. 2つの特性因子 (相関なし), 3つの方法因子 (父母子報告因子すべての間に相関あり) (モデル2'C)	.99	2	n.s.	2'C$_1$ < 2'C
2つの特性因子 (相関なし), 3つの方法因子 (父母間相関あり) (モデル2'C$_1$) Vs. 2つの特性因子 (相関あり), 3つの方法因子 (父母間相関あり) (モデル3C$_1$)	.57	1	n.s.	2'C$_1$ < 3C$_1$
2つの特性因子 (相関なし), 3つの方法因子 (父母間相関あり) (モデル2'C$_1$) Vs. 2つの特性因子 (相関あり), 3つの方法因子 (父母子報告因子すべての間に相関あり) (モデル3C)	20.74	3	$p<.001$	2'C$_1$ < 3C

(注) AIC値は, その値が小さい方が, モデルとの適合度が高い。

−5.82) よりも, AIC値が小さかった。同様にして, 第5ステップでは父母・母子・父子回答因子のすべてに相関を想定するモデル2'C (AIC = −3.86) と, 第6ステップではきずな・かじとり因子間に相関を認め, かつ父母回答因子間相関を想定するモデル3C$_1$ (AIC = −5.44) と比較を行なったが, 父母回答因子間のみに相関を想定するモデル2'C$_1$ (AIC = −6.87) は, 適合度χ^2値の差が有意ではなく, しかも, このどちらのモデルよりもAIC値が小さかった。

最後の第7ステップでは, 特性因子と方法因子すべてに相関を認める完全モデル3C (AIC = 19.88) と, モデル2'Cを比較したところ, むしろモデル2'C$_1$ (AIC = −6.87) の方が, 適合度が有意に高いことが実証された (χ^2 = 20.74, df = 3,

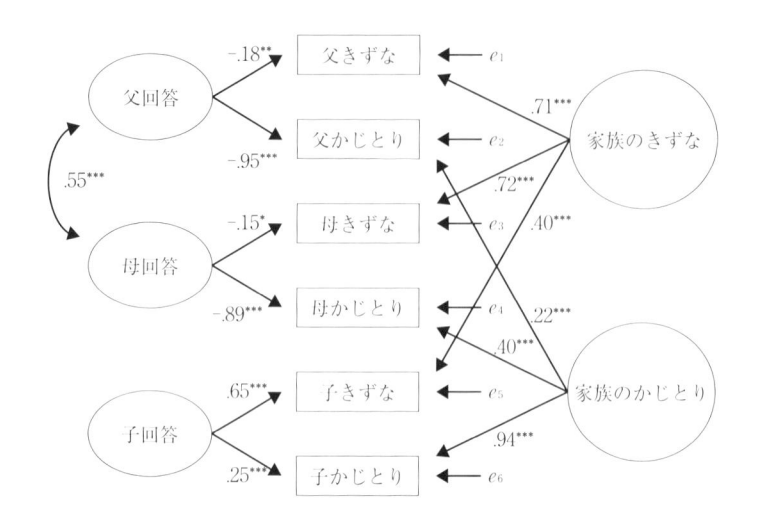

図7-10 曽田ら（1992）の多特性・多方法行列データの確認的因子分析の最終結果

$p<.001$）。

　以上に見たように，因子構造をステップワイズに追加する方法を基に検討したところ，データとの適合度が最も高かったのは，「きずな・かじとりの直交2特性因子構造，父・母・子の3方法因子（父母報告因子間に相関あり）」の構造を想定するモデル2′C₁であった。図7-10は，この最終モデルをパス図で表現したものである。

　図7-10のパス図を図7-9のパス図（本書113ページ）と比較すると，家族システムのきずな・かじとり因子については，父・母・子のきずな・かじとり得点にそれぞれ安定して有意に反映されていることが分かる。また，図7-9ではきずな因子とかじとり因子について相関を想定したものの，両因子間の相関係数の推定値は$r=.07$（$p<.05$）ときわめて低いものであり，図7-10のきずな・かじとり因子の無相関の想定と実質は変わらない結果となった。

　方法因子については，父・母・子にそれぞれ特徴的な回答の偏りが示されたが，これは図7-9のパス図よりも，その影響はより明瞭に見て取れるものであった。たとえば，「父のかじとり得点が実際よりも低めの点数になること（標準化パス係数-.95, $p<.001$）」，「母親のきずな得点が実際よりも低めの点数になる

こと（標準化パス係数-.89, $p<.001$）」，「子どものかじとり得点が実際よりも高めの点数になること（標準化パス係数.25, $p<.001$）」などは，図7-10のパス図でも繰り返し確認された。

以上に加えて「父親のきずな得点は実際よりも低めになる（標準化パス係数-.18, $p<.005$）」，「母親のかじとり得点は実際よりも低めになる（標準化パス係数-.15, $p<.05$）」，「子どものきずな得点は実際よりも高めになる（標準化パス係数.65, $p<.001$）」といったバイアスも有意となった。これらは，図7-9のパス図では傾向としては認められるものの，統計的には有意な差は認められないものであったが，今回の分析では有意となった。

第8章

FACESKG II を用いた実証家族研究

　本章では，FACESKG II を用いた実証家族研究について触れる。どの研究にも共通するのは，円環モデルの基本的仮説である「きずな・かじとり次元と家族システムの健康度との間のカーブリニア関係」を実証的に確認することであった。

　FACESKG II を用いた最初のまとまった実証研究は，曽田邦子・高瀬さおり・中安祐子による1991年度の関西学院大学社会学部の卒業論文研究である（曽田・高瀬・中安，1992）。この研究は，第1回関西学院大学社会学部最優秀卒業論文賞（安田三郎賞）を受賞している。続く1992年度には，栗本かおり・下岡加代子のゼミ生が，自我同一性の形成に関する家族システム論的研究へと，曽田らの研究を継承・発展させた（栗本・下岡，1993；立木・栗本，1994）。同じく平尾桂は，1992年度の関西学院大学大学院社会学研究科修士論文調査として，中学生の登校ストレスと家族システムの影響について実証研究を行なった（平尾，1993；立木，1994）。本章では，以上の3つのゼミ学生・院生との共同研究について紹介する。

1. 一般中学生の無気力傾向と家族システムの影響

　大学生の間に見られる無気力傾向は，わが国でも1960年代以降「スチューデント・アパシー」（Walters, 1961）の名称で知られるようになった。当初は，大学生特有の現象と思われていた無気力症状だが，研究が進むにつれて，下は

思春期前期の中学生(東京都立教育研究所, 1985)から, 上はサラリーマン(笹原, 1973)まで広く見られることが分かってきた。これまでの無気力研究は, 個人のパーソナリティに焦点を当てたものがほとんどである。家族関係に直接言及した研究は, 一部の例外(北本, 1990)を除いてあまり存在しなかった。そこで曽田邦子・高瀬さおり・中安裕子の3名のゼミ生は, 1991年度の関西学院大学社会学部卒業論文研究としてこの問題を, 家族システム論の視点から捉えることにした。

1)方　　法

研究の第1歩として, 構成概念妥当化パラダイムに基づき, 一般中学生の無気力傾向を測定するための尺度を開発した。先行研究を参考に, 無気力傾向を①無力感(疲労感, 無感動, あきらめ, 忍耐力のなさ), ②対人関係消極性(自信のなさ, 不安, 消極的性格), ③学校不適応感(対教師不信感, 消極的授業態度), ④強迫的性格(几帳面さ, 優勝劣敗への過敏さ)の4つの次元と12の下位概念にまとめた。これに基づいて項目作成を行ない内容妥当性, 内容の収束性・弁別性についてチェックを行ない242項目の予備尺度を作成した。これを関西学院大学の学生300名に実施し, その結果を基に項目の精選を行ない, 上記4つの次元(12の下位概念)からなる58項目の4件法ライカート尺度(「まったく当てはまらない」が1～「とてもよく当てはまる」が4)質問紙(Student Apathy Measure at Kwansei Gakuin, SAMKG, http://www.tatsuki.org/参照)を作成した(曽田・高瀬・中安, 1992)。

本調査の対象は, 阪神間の12の中学校の生徒とその保護者である。無気力傾向の尺度としてSAMKG(中学生本人が回答), 家族システム尺度としてFACESKG II (両親版および子版)を実施した。1,630家族分の質問紙がクラス担任を通じて渡され, そのうち1,065家族分の質問紙が学校を通じて回収された。このうち, 本節の分析では, 家族員の誰か1人でも, 社会的望ましさバイアスが高得点であったり, 回答が全ページにわたって「1, 1, 1,……」などというパターンになっていたり, きずなやかじとり項目の回答の分散が高い(ある項目ではきずな高傾向と答え, 別の項目ではきずな低傾向と答えると回答の分散が高くなる)場合には, サンプルから削除した(cf., Jackson, 1971)。本調査の有効回答は,

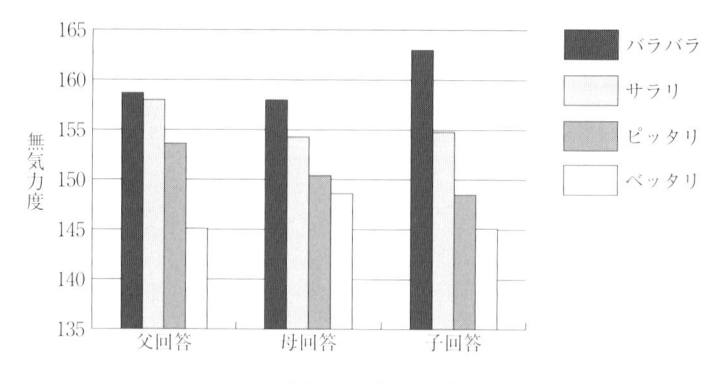

図8-1 家族のきずなと無気力度

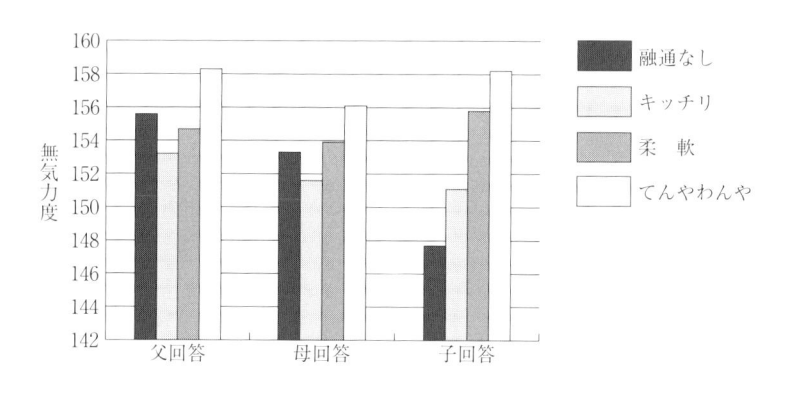

図8-2 家族のかじとりと無気力度

中学生が861名（男子435名，女子350名，不明36名），父親581名，母親766名である。父親の年齢は平均で44.3歳（SD.= 4.3），母親の平均は41.4歳（SD.= 3.3）である。中学生の学年は1年から3年まで，ほぼ均等の数である。家族形態は，80％が親と子からなる核家族であり，13％が3世代同居家族，残りがその他のカテゴリーであった。

2) 結　果

　SAMKGに回答した中学生861名のうち，欠損値データを除いた806名について，平均値は153．4点（SD = 17．8点）であった。FACESKGⅡの回答につ

表8-1 家族のきずなの各段階における中学生の無気力尺度 (SAMKG) の得点

	父回答に基づく分類		母回答に基づく分類		子回答に基づく分類	
	N	平均 (SD)	N	平均 (SD)	N	平均 (SD)
バラバラ	87	158.7 (17.2)	177	158.0 (18.3)	143	163.0 (18.8)
サラリ	193	158.0 (18.5)	299	154.3 (17.5)	321	154.8 (17.5)
ピッタリ	214	153.6 (17.5)	218	150.4 (17.2)	277	148.5 (15.2)
ベッタリ	65	145.1 (15.6)	43	148.6 (16.6)	49	145.1 (16.5)
総計	559		737		790	

表8-2 家族のかじとりの各段階における中学生の無気力尺度 (SAMKG) の得点

	父回答に基づく分類		母回答に基づく分類		子回答に基づく分類	
	N	平均 (SD)	N	平均 (SD)	N	平均 (SD)
融通なし	76	155.6 (20.2)	70	153.3 (20.8)	64	147.7 (17.0)
キッチリ	208	153.2 (17.6)	270	151.6 (16.7)	278	151.1 (17.0)
柔 軟	185	154.7 (17.0)	266	153.9 (17.6)	272	155.8 (16.7)
てんやわんや	80	158.3 (16.9)	125	156.2 (19.0)	139	158.2 (19.7)
総計	559		737		790	

いては，それぞれの得点の平均と標準偏差を用いて4段階に分類し，それぞれきずな・かじとりの各段階とした。**表8-1**は，父・母・子の報告に基づいたきずなの各段階における中学生の無気力得点の平均値 (カッコ内は標準偏差) をまとめたものである。**図8-1**は，きずなと無気力度の関係を棒グラフにして図示したものである。一方，**表8-2**は，父・母・子の報告に基づいたかじとりの各段階における中学生の無気力得点の平均値 (カッコ内は標準偏差) をまとめたものである。**図8-2**は，かじとりと無気力度を棒グラフ化したものである。

　家族のきずなと無気力度との関係は，円環モデルが予測するようなカーブリニア関係は観察されなかった。むしろ，きずなが低くなればなるほど無気力度が高くなるリニアな関係が認められた。このリニアな関係は，家族のきずなとして，父回答・母回答・子回答のどの得点を用いても等しく観察された (**図8-2参照**)。

　家族のかじとりについては，父および母の報告に基づいた分類では，無気力度との間にU字型のカーブリニア関係が認められた。たとえば父の報告に基づいて家族のかじとりを4段階に分類した場合に，無気力度が高いのはかじとりが極端に低い「融通なし」状態と，逆にかじとりの柔軟性が極端に高過ぎる

「てんやわんや」状態のときであった。同様のU字型カーブリニア関係は，母親の報告に基づいて家族のかじとり水準を分類したときにも認められた。しかしながら，子どもの報告に基づいて家族のかじとりを分類した場合には，かじとり水準が高くなればなるほど無気力傾向が高くなるリニアな関係が観察された。

2. 構造方程式モデルを用いた一般中学生の無気力傾向調査の再分析

前節では，家族システムのきずな・かじとりと中学生のアパシー傾向について探索的な分析（曽田・高瀬・中安，1992）を行なった。本節では，潜在変数を含む構造方程式モデル（Bollen, 1989）を用いて，より確認的な分析を行なう。分析の対象は，曽田ら（1992）の調査データから，回答バイアスの高いものや父・母・子3名の回答のそろわないものなどを取り除いた，425家族である。

本研究の仮説は，以下の通りである。1) 家族システムのきずな・かじとりは，自我同一性の達成や拡散に影響を与える。そして，同一性の拡散はアパシー傾向に直接の影響を与えるだろう。このように，家族のきずな・かじとりは，自我同一性を介して，アパシー傾向に間接的な効果を持つだろう。2) しかしそれと同時に，家族のきずな・かじとりは，アパシー傾向に対して直接的な影響力も併せ持つ。したがって，アパシー傾向の家族要因について考える場合は，直接・間接の両方の効果をネットで考えることが重要である。3) なお，きずな・かじとりの直接および間接の効果は，カーブリニアな形状を示すことが予想される。すなわち，きずな・かじとりのいずれの次元でも，中庸であればあるほど正の効果を持ち，一方極端であればあるほど負の効果を持つものとする。

上記の仮説を検証するために，実証的な観測値を基に，家族のきずな・かじとり・自我同一性・アパシー傾向といった構成概念（潜在変数）間の因果的関係をモデル化し，その適合度の検討を行なった。

1) 結果と考察

425家族分のデータから，父・母・子それぞれのきずな・かじとり得点（6変数），および子によるアパシー傾向諸得点（無力感，対人関係消極性，学校不適応感，

強迫的性格の4変数)の計10の変数によってできる分散・共分散行列を求めた。そして,きずな・かじとりとアパシー傾向の間に因果モデルを想定し,データ(分散・共分散行列)との適合度を比較した。

　潜在変数を含む構造方程式モデル分析は,前章で用いた確認的因子分析の手法とパス解析の手法を統合したものである。この手法では,「家族のきずな・かじとり」や「無気力傾向」といった潜在変数(因子)と,父・母・子の得点などの観察変数を利用する。たとえば「家族のきずな」は,父・母・子それぞれのきずな得点から測定されるとモデル化する。「家族のかじとり」も同様である。さらに,「無気力傾向」は,無力感・対人関係消極性・学校不適応感・強迫的性格という4つの観測変数から測定されると想定する。その上で,潜在変数間の因果関係の構造についてモデル化を行ない,実測データ(分散・共分散行列)との適合度を検定するのが潜在変数を含む構造方程式モデル分析である。この手法は,分散・共分散行列を分析の対象とするために,共分散構造分析(豊田,1992)とも呼ばれる。なお,本書では煩雑さを避けるために,以下単に「構造方程式モデル分析」と省略して記述する。

　構造方程式モデル分析の利用の仕方は確認的因子分析と共通する。つまり,潜在変数間の因果関係について複数のモデルを作成し,その中からより適合度の高いモデルを比較判断できるのが構造方程式モデル分析の利点である。

　さて,曽田ら(1992)の棒グラフに頼る分析では,きずな次元と無気力傾向については,明瞭なリニア関係が見て取れた。一方,かじとり次元では,父・母の報告ではカーブリニア関係が,子の報告ではリニア関係が観察された。そこで,本節では,家族システム変数と無気力傾向の間の因果関係について2つのモデルを作成し,それぞれの適合度を比較することにした。

　比較を行なった第1のモデルは,「きずな・かじとり両因子ともリニアに無気力傾向に影響を与える」と想定するモデルである。このモデルでは,父・母・子のきずな・かじとり回答の背後に,それぞれ家族システムのきずな・かじとり因子を想定する。そして,両因子はリニアに子どものアパシー傾向に影響を与えると考える。これに対して第2のモデルでは,「家族のきずな因子とアパシー傾向との関係はリニアだが,かじとり因子では,その関係がカーブリニアである」と想定する。すなわち,かじとりが柔軟性のない融通なしか,あ

表8-3 中学生とその家族（425家族）のデータに対する因果モデルの適合度の比較

モデル	GFI	AGFI	適合度 χ^2	自由度	危険率	AIC	Hoelter の N
きずな・かじとりリニア影響モデル	.9242	.8773	180.974	34	$p<.0001$	112.974	115
きずなリニア・かじとりカーブリニア影響モデル	.9623	.9390	87.6016	34	$p<.0001$	19.6016	236

るいはその逆に柔軟性が過度でてんやわんやになる場合にも，アパシー傾向が高まると考える。

表8-3は，共分散構造分析による両モデルの適合度指標を比較したものである。これによると，GFIや自由度調整GFIなどの適合度指標は，かじとりカーブリニア影響モデルの方が優れていた。さらに，AICや適合度 χ^2 の値（どちらも値が低い方がモデルとデータの適合度がよいことを示す）も，第2のモデルの方がはるかによい結果であった。なお，モデルのデータへの適合度は，適合度 χ^2 の検定が有意でない（危険率が5％を超える）ことによって，統計学的な保証を得る。この点については，第2のモデルでも適合度 χ^2 の検定が棄却されたために，その適合度は統計学的には保証されていない。しかしながら，サンプル数が大きい場合には，適合度 χ^2 検定の検定力が増大するために，たいていのモデルが棄却されやすくなることが経験的に知られており，棄却されただけでそのモデルを捨てさる必要はない（豊田，1992）。このような場合，GFI値が0.95を，AGFI値が0.9を，またHoelterのN指標が少なくとも200を超える場合には，十分に検討に値するモデルであることが経験則として認められている（Bollen, 1989）。したがって，「きずなリニア・かじとりカーブリニア影響モデル」は十分に検討に値するモデルであると見なしてかまわない。

図8-3は，「きずなリニア・かじとりカーブリニア影響モデル」をパス図で表現したものである。このモデルでは，家族のきずな・家族のかじとり・アパシー傾向という3つの潜在変数（因子）が想定されている。パス図の中で潜在変数（因子）は楕円で表現する。これに対して観測変数はすべて四角い箱で表現する。それぞれの観測変数（四角の部分）が対応する因子（丸い部分）をどの程度測定しているかを示すのが，各変数の因子負荷量である。パス図では，因子負

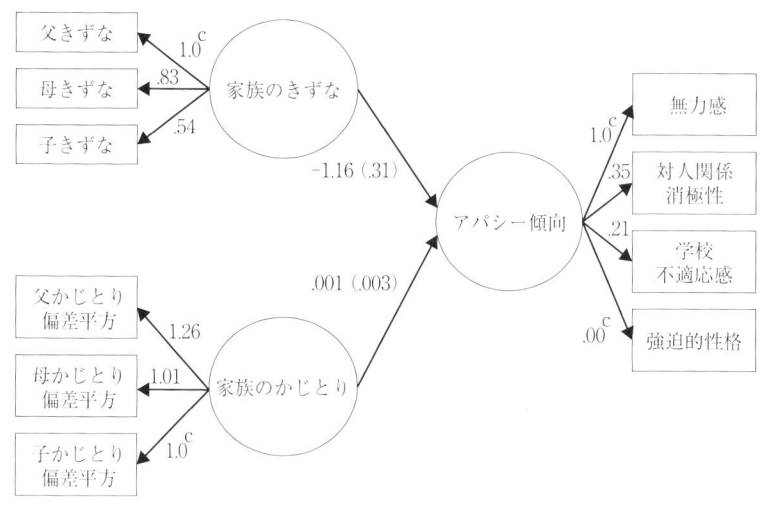

（注）cは固定定数．カッコ内は標準パス係数を示す．

図8-3 曽田・高瀬・中安（1992）データの共分散構造分析――家族のきずな・かじとりが中学生のアパシー傾向に与える影響のパス図による表現――

荷量は，円から四角に下ろされた矢印に添えられている．ところで観測変数のうち，家族のかじとりについては，かじとり得点そのものではなく，その偏差平方（平均からの差の2乗）得点を用いている．偏差平方得点を用いれば，平均からいずれの方向にでも，かじとりが離れれば離れるほど得点が高くなる．つまり，かじとり偏差平方得点の高さは，家族システムのかじとりの極端さを示す観測変数なのである．

構造方程式モデル分析では，最尤推定法により，因子負荷量についても推定や統計的な検定が行なえる．図8-3のモデルの場合，すべての観測変数の因子負荷量は，どれも危険率0.1％の水準で有意であった．なお，アパシー傾向因子の強迫的性格への負荷量はあらかじめゼロに固定してある．つまり，アパシー傾向は無力感・対人関係消極性・学校不適応感の3得点にのみ反映されると，モデル化している．これは，当初の分析で強迫的性格への因子負荷量が有意ではなく，またゼロに固定することでモデル全体の適合度指標が有意に高まったためである．

次に，因子（パス図中の円）間の関係について見ると，家族のきずな因子がア

パシー傾向因子に及ぼす影響はリニアな関係を想定していた。一方，家族のかじとり因子の影響は，アパシー傾向因子に対してカーブリニアな関係を想定している。因子間の因果の影響度は，影響度係数およびそれを標準化したパス係数によって示される。これらの数値は因子間を結ぶ矢印に添えられている。その影響度係数に注目すると，家族のきずな因子からアパシー傾向因子への因果の影響度は0.1％の水準で有意であった。したがって，家族システムのきずなについていえば，きずなが高まれば高まるほど，アパシー傾向をリニアに抑えるという関係が確認された。一方，家族のかじとり因子からアパシー傾向へのカーブリニアな影響度の係数自体は有意でなかった。すなわち，今回の中学生425家族のデータからは，モデルの全体的な適合度では，かじとり・カーブリニア影響モデルの方が優れていた。けれども，その係数の有意性を検出することはできなかった。

3. 一般高校生の自我同一性・無気力傾向に関する研究

　栗本かおり・下岡加代子は，曽田ら(1992)による一般中学生の無気力傾向調査の結果を受けて，翌1992年度に関西学院大学社会学部卒業論文調査として，一般高校生1,622名を対象に，自我同一性の発達や，その失敗としての無気力傾向の形成に，家族システムがどのように影響を与えるのかについて調査した。

　栗本・下岡(1993)は，エリクソンが提唱した自我同一性理論の中に無気力傾向を位置づけた。エリクソンによれば，青年期とは，幼児期・児童期に家族員との同一化によって作り上げた自己像から脱皮し，仲間集団や仕事集団，あるいはより大きな社会組織といった2次的集団の中で自己像を再定位させる時期である。しかし，そのためには家族という1次集団の中で基本的信頼関係を経験していることが大切である。もし，それがかなわぬ場合，青年は自我同一性を確立することができず，さまざまな同一性障害が生じる。そのような障害の一典型例が青年期の無気力症状である。これが，栗本・下岡(1993)の論点だった。立木・栗本(1994)は，栗本・下岡(1993)の高校生調査データを，構造方程式モデルを用いて再分析した。以下，その概要を紹介する。

1) 方　　法

　阪神間の8校の高校生2,821名を対象に，質問紙調査を行ない，そのうち2,010名から回答を得た(回収率71.3%)。この中から，回答バイアスの高いものや，欠損値を含むものを取り除いた1,622名が本研究の対象である。このうち男子が907名，女子が707名，不明が8名であった。対象者の年齢は，15歳から18歳までで，学年は高校1年から高校3年までほぼ均等の数である。家族のライフサイクルは，全体の約6割で第1子が高校生，約4割では第1子がそれ以上の年齢であった。

　家族システムの機能度は，FACESKG II 子版35項目を用いた。無気力傾向の測定には，関西学院版スチューデント・アパシー測定尺度(Student Apathy Measure at Kwansei Gakuin, SAMKG, http://www.tatsuki.org/参照)の3下位尺度(無力感，対人関係消極性，学校不適応感)を用いた。前回の一般中学生調査の結果に基づき，強迫的性格得点は無気力傾向測定には用いなかった。回答は4件法で，各下位尺度の内的一貫性信頼性は，中学生806名の回答で，無力感が0.87，対人関係消極性が0.73，学校不適応感が0.79，強迫的性格が0.70であった(曽田・高瀬・中安，1992)。

　高校生の自我同一性の達成の程度を測定するために，関西学院版自我同一性尺度(Ego Identity Scale at Kwansei Gakuin, EISKG)を開発した(http://www.tatsuki.org/参照)。これは，エリクソンのパーソナリティの個体発達分化理論に基づいている。具体的な項目は，遠藤ら(1981)の自我同一性尺度，およびラスムッセン(Rasmussen, 1961)の自我同一性尺度の平野・宮下(1981)による和訳版の両尺度を参考にしている。これらの尺度項目の日本語を洗練し，京阪地区の高校生741名(男子510名，女子231名)の回答データに基づき項目分析を経て作成したものである。同一性達成度30項目，同一性拡散度の22項目からなる4件法尺度である。内的一貫性信頼性は，同一性達成度が0.89，同一性拡散度が0.86である。

　各生徒には，FACESKG II 子版，SAMKGおよびEISKGを，それぞれ1部ずつ封筒に入れて教室で配布した。配布・回収作業は，各クラスの担任教諭が行なった。調査期間は，1992年8月から10月である。

表8-4 高校生（1,622名）のデータに対する因果モデルの適合度の比較(1)

モデル	GFI	AGFI	適合度 χ^2	自由度	危険率	AIC	HoelterのN
きずな・かじとりリニア影響モデル	.9747	.9241	107.1794	5	$p<.0001$	97.1794	167
きずなリニア・かじとりカーブリニア影響モデル	.9791	.9374	85.7708	5	$p<.0001$	75.7708	209
きずなリニア・かじとりカーブリニア影響モデル（誤差間相関有）	.9995	.9976	1.9171	3	.5898	−4.0829	6564

2) 結　果

　高校生1,622名分のデータから，子のきずな・かじとり得点（2変数），自我同一性・同一性拡散得点（2変数）および子による無気力傾向諸得点（無力感，対人関係消極性，学校不適応感の3変数）の計7つの変数によってできる分散・共分散行列を求めた。はじめに，中学生調査と比較するために，家族のきずな・かじとり因子と無気力傾向因子との間の因果モデルについて，データ（分散・共分散行列）との適合度を比較した。続いて，家族システムと無気力傾向因子間に，自我同一性因子を媒介させたモデルの適合度を検討した。

　最初の分析では，アパシー傾向に対する家族のきずな・かじとりの直接の影響について検討した。比較したモデルは，中学生調査と同じく，きずな・かじとりリニア影響モデルと，きずなリニア・かじとりカーブリニア影響モデルである。表8-4は，共分散構造分析による両モデルの適合度指標を比較したものである。

　結果は中学生調査と同じく，GFIや自由度調整GFI，AICや適合度 χ^2 の値のどれについても，かじとりカーブリニア影響モデルの方がはるかによい適合度を示した。続いて，かじとりのカーブリニア性に加えて，無気力傾向の下位得点間に方法によるバイアスの影響を想定したモデルを検討した。なお，方法によるバイアスは，下位得点の誤差項間の相関として表現した。このモデルの適合度 χ^2 検定は，危険率が50％を超える水準で棄却を免れ，きわめて適合度の高いことが分かった。

　図8-4は，無気力傾向得点に誤差相関を含む「きずなリニア・かじとりカー

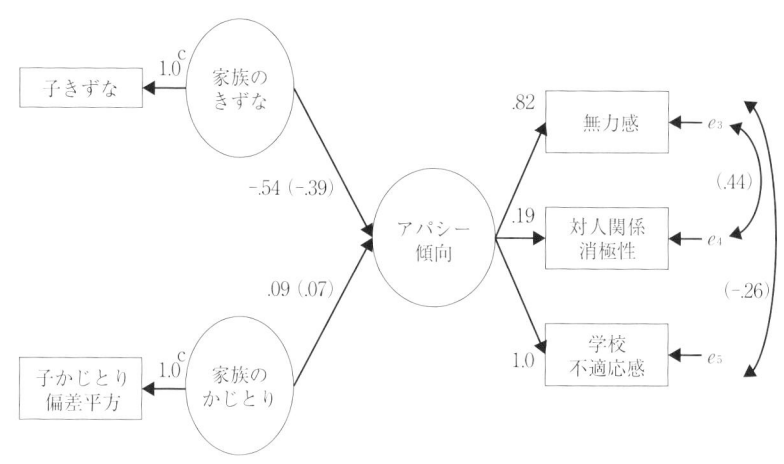

(注) カッコ内は標準化パス係数. cがついている係数は固定.

図8-4 高校生（1,622名）のデータの共分散構造分析(1)——家族のきずな・かじとりが高校生の無気力傾向に与える影響のパス図による表現——

ブリニア影響モデル」をパス図で表現したものである。家族のきずな・家族のかじとり・無気力傾向という3つの潜在変数（因子）からの因子負荷量は，どれもすべて危険率0.1％の水準で有意であった。さらに，家族のきずな因子から無気力傾向因子へのリニアな影響度も，また家族のかじとり因子から無気力傾向因子へのカーブリニアな影響度もともに，0.1％の水準で有意であった。すなわち，家族のきずなは高まれば高まるほど無気力傾向を下げ（パス係数は-.39），一方家族のかじとりは中庸な水準から離れれば離れる（柔軟性を失い融通がなくなるか，あるいは柔軟性が過ぎててんやわんやになる）ほど無気力傾向を高める（パス係数は.07）効果を持つことが検出された。中学生調査の結果と同様に，高校生1,622名のデータからも，モデルの全体的な評価においても，また因子負荷量や影響度係数などのモデルの構成要素に対する部分的評価においても，かじとり・カーブリニア影響モデルの適合性を確認することができたのである。

高校生調査では，家族システムと無気力傾向に加えて，高校生の自我同一性の達成度を測定している。そこで，第2の分析ではきずなリニア・かじとりカーブリニア影響モデルの中に，自我同一性因子を媒介させた。**表8-5**は，このモデルの全体的な適合度の指標をまとめたものである。適合度 χ^2 値は13.1757

表8-5 高校生（1,622名）のデータに対する自我同一性媒介因果モデルの適合度

モデル	GFI	AGFI	適合度 χ^2	自由度	危険率	AIC	HoelterのN
きずなリニア・かじとりカーブリニア影響モデル（誤差間相関有）	.9977	.9942	13.1757	11	.2820	-8.8243	2422

（自由度11）であり，これは危険率25％でも棄却を免れた。GFIやAGFI, HoelterのNの値など，どれを見てもデータにきわめてよく適合していることが示されている。最後にAIC値を見ると，-8.8243という値が得られた。これは，表8-4に示した自我同一性概念を媒介させないモデルにおけるAICの最小値（-4.0829）よりも，さらに小さい。AIC値は，その値が低いモデルの方が適合度がよいことを示す。つまり，家族システム因子と無気力傾向因子の間に，自我同一性因子を媒介させることの妥当性がAIC値からも明快に支持されたわけである。

図8-5は，自我同一性因子を媒介させた因果モデルをパス図で表現したものである。家族のきずな因子が，自我同一性因子や無気力傾向因子に及ぼす影響はリニアな関係を想定している。一方，家族のかじとり因子の影響は，自我同一性や無気力傾向に対してカーブリニアな関係を想定している。因子負荷量について見ると，前モデル同様，家族のきずな・家族のかじとり・自我同一性・無気力傾向という4つの潜在変数（因子）からの因子負荷量は，どれもすべて危険率0.1％の水準で有意であった。

図8-5のパス図では，無気力傾向には3種類の因子が影響を与えている。それらは1）家族のきずな，2）家族のかじとり，そして3）自我同一性の達成である。これら3つの因子の影響度係数はどれも0.1％の水準で有意であった。これらの因子の効果について見ると，第1に自我同一性因子の無気力傾向への影響力は圧倒的であった（パス係数は-.99）。これは，他の変数をもし統制することができるなら，自我同一性因子が1単位上昇すれば，無気力傾向が0.99単位抑制されることを意味する。すなわち，スチューデント・アパシーとは自我同一性達成の失敗であり，同一性拡散障害として捉えることの妥当性が明瞭に支持されたのである。

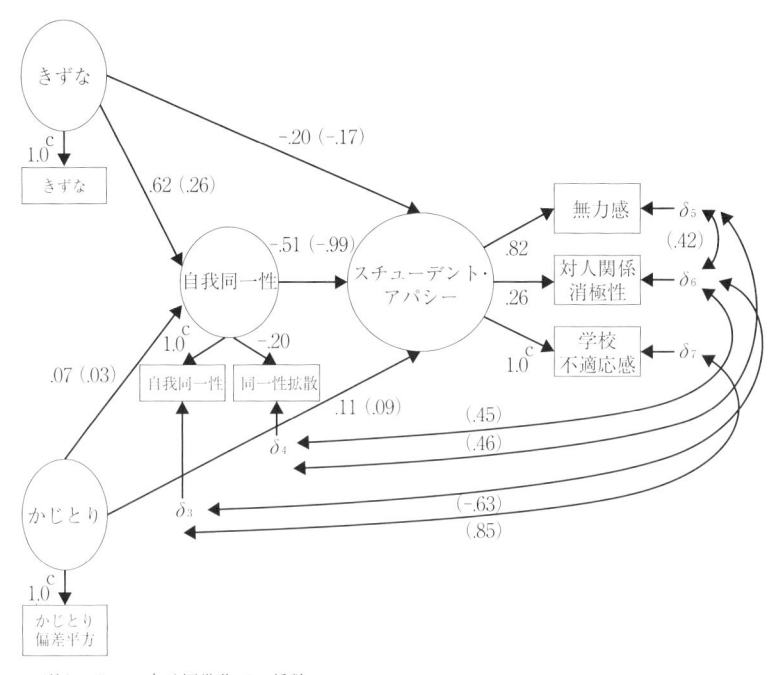

(注) カッコ内は標準化パス係数。

図8-5 高校生（1,622名）のデータの共分散構造分析(2)——家族のきずな・かじとり，および自我同一性が高校生の無気力傾向に与える影響のパス図による表現——

たしかに無気力への影響力は圧倒的であるものの，自我同一性因子は家族システムの変数によって影響を受ける内生変数としてモデルに組み込まれている。そのため，他の変数を統制して自我同一性因子だけを増加させることは不可能である。つまり，自我同一性や無気力傾向は全体として，家族システムの変数によってどのような影響を受けるかを見ることが重要となる。そこで第2に，家族のきずな因子に注目すると，きずなは無気力傾向をリニアに抑制することが確認された。この際，家族のきずなは，無気力傾向を直接に抑制する（パス係数は-.17）効果を持つだけではない。きずなは同時に自我同一性の達成も促進する。そして，自我同一性の達成は無気力傾向抑制の効果を持つ。つまり，家族のきずなは，自我同一性達成を媒介にして無気力傾向を間接的に抑制する効果（パス係数は.26 × -.99 = -.26）も有しているのである。結局，家族のきずなが1

単位上昇すれば，ネットでは0.41単位（パス係数-.17と-.26の和）分無気力傾向を抑制する効果を持つのである。この数値は，自我同一性を媒介させない図8-4のモデル中のきずな因子の効果（パス係数.39）とほぼ等しくなることに注意されたい。

　第3に，家族のかじとりの効果はどうだろうか。かじとり因子は偏差平方得点から測定されるために，得点が高い（中庸な水準から離れて，柔軟性を失い融通がなくなるか，あるいは柔軟性が過ぎててんやわんやになる）ほど極端なかじとりであることを表す。パス図を見ると，かじとり因子は，無気力傾向因子とは正の因果関係にあり，かじとりが極端であるほど無気力傾向を高める（パス係数は.09）効果が確認された。ところが，自我同一性を媒介させた場合の間接効果を見ると，かじとり因子から自我同一性因子への影響度が，危険率10％の水準ながら正の効果を持つことが示唆された（パス係数は.03）。そのために，かじとり因子は，間接的には，逆にわずかではあるが無気力傾向を抑制する負の効果を示した（パス係数は.03 × -.99 = -.03）。要するに，かじとりのカーブリニアな影響は，直接的には無気力傾向を助長するのに対し，自我同一性を介した間接的な効果では，むしろ無気力を抑制するという，正負の効果がともに検出されたのである。

　かじとり因子の無気力傾向に与える正負の効果について，さらに調べるために観測変数間の関係を視覚化してみることにした。**図8-6**はかじとりの素点を基に4つの水準（融通なし，キッチリ，柔軟，てんやわんやに対応）にわけ（横軸），それぞれの水準での無気力傾向得点の変化を調べたものである。横軸はかじとりの4水準，縦軸は無気力傾向の下位得点として学校不適応感を見たものである。**図8-6**は，かじとりの各水準における，学校不適応感の中央値，25パーセンタイル値および75パーセンタイル値の変化を示している。これを見ると，家族のかじとりが「融通なし」から「キッチリ」へと柔軟性が増すと，学校不適応感が下がる傾向が見て取れる。ところが，柔軟性がさらに高くなり，てんやわんや状態にまで進むと，学校不適応感は再び上昇傾向に転じている。とりわけ中央値や75パーセンタイル値で，この傾向は特に明瞭に認められる。**図8-6**のようなU字（非単調）型のカーブこそ，まさに，かじとりの偏差平方得点を用いて無気力傾向因子との関係をカーブリニア状にモデル化したことの妥当

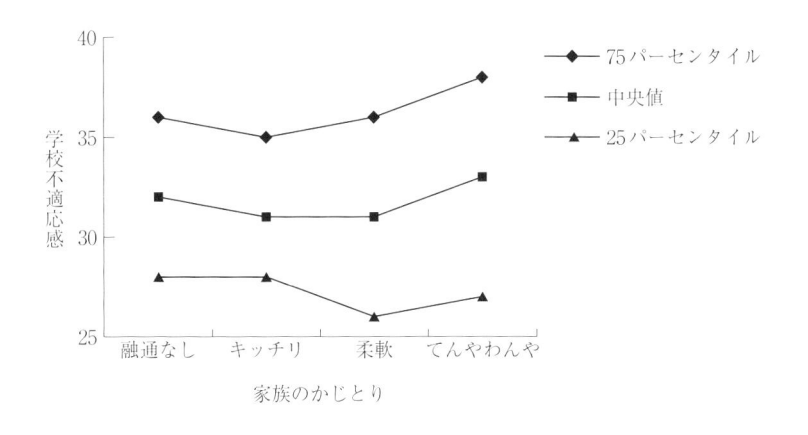

図8-6　高校生の報告する家族のかじとりと学校不適応感

性を支持するものである。

　次に，かじとりと自我同一性の達成度について同様の分析を行なった。**図8-7**は，横軸にかじとりの各水準，縦軸には自我同一性達成と同一性拡散の2つの観測変数の総点（同一性拡散は反転させてから和をとった）の中央値，75パーセンタイル値および25パーセンタイル値を取ったものである。このうち特に中央値の変化に注目すると，かじとりは「融通なし」から「キッチリ」，さらに「柔軟」へと柔軟性が増してゆくにも拘わらず，自我同一性はあまり敏感には反応しない。ところが，「てんやわんや」の水準へと上がる段になって急に増加が生じている。つまり，自我同一性に対しては，学校不適応感との場合のような非単調な（トレンドの反転が生じる）U字型ではなく，かじとりに対してある水準までは一定で，そこから急に増加を示すような単調増加（トレンドの反転が生じない）型のカーブリニア性が見て取れるのである。これは言い換えるなら，かじとりの柔軟性が普通以上に高い場合には自我同一性の達成をむしろ促進する効果を持つことを示している。このことが，かじとりの偏差平方によって測定されたかじとり因子から，自我同一性因子に向けられた因果関係が正のパス係数（.03）を持ったことの意味であろう。

　要するに，かじとりの偏差平方得点によって測定される家族のかじとり因子は，その水準がいずれかの方向で極端である場合に，直接効果としては無気力

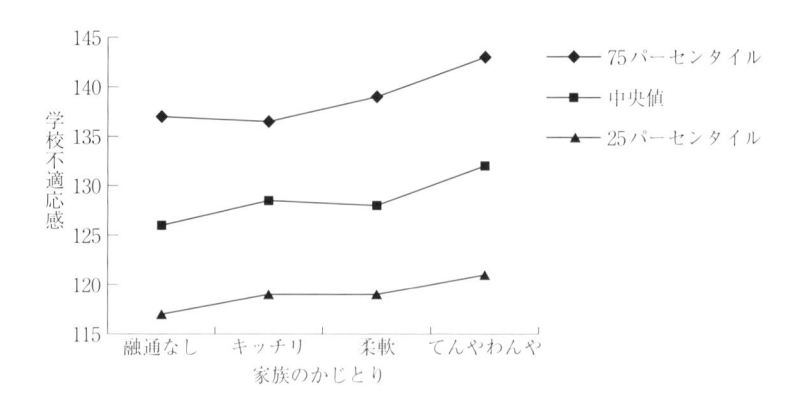

図8-7 高校生の報告する家族のかじとりと自我同一性総点

傾向を高めるが(パス係数は.09)，柔軟性が十分に高いときにだけ自我同一性を高めるという効果を併せ持つために，間接的には無気力傾向をわずかながら抑制する(パス係数は-.03)。とはいえ，全体の影響度では依然として無気力傾向を助長するという傾向に変わりはない。きずな因子の場合と同じく，この数値(両者のパス係数の差.06)は自我同一性を媒介させない**図8-4**のパス図中のかじとりの効果(パス係数.07)とほぼ等しくなっている。

3) 考　　察

NHK放送文化研究所の「日本の若者調査」によると，13歳から29歳までの青少年のうち，「なんにもやる気がしない」と答えたものは全体の約70％，「なにをしても楽しくない」ことがあると答えたものは55％，「何にも興味がもてない」と答えたものは44％にも上った(NHK放送文化研究所世論調査部，1985)。このように蔓延している無気力傾向は，直接には自我同一性達成の失敗あるいは同一性拡散の障害として説明された。このような「現実からの退却」(笠原，1988；鑪，1990；上川，1990)が同一性拡散障害として理解されるという議論は，臨床的観点(馬場，1976；笠原，1988)や文献展望的な観点(鑪・山本・宮下，1984)，あるいは実証的調査の観点(鉄島，1993)からも支持される。

本研究はさらに，自我同一性の形成(無気力傾向の予防)には，家族システム

との心理社会的な相互作用が直接および間接的な影響を与えることを実証的に示した。とりわけ家族システムのきずなについては，中学生調査，高校生調査の分析1および2のいずれをも通じて，この仮説は支持された。一方，家族システムのかじとり因子については，中学生調査では有意な効果を見出せなかった。一方，高校生調査の分析1および2では，かじとりの無気力傾向に対する直接効果の影響度係数は有意に検出することができた。

　スチューデント・アパシーという概念を最初に提唱したウォルターズ（Walters, 1961）は，症状発生の機序について，自己概念の未形成や自我同一性拡散などの個人のパーソナリティ要因に加えて，家族要因にも言及している。また高橋（1985）は，無気力の症例家族では，両親の養育態度や指導の不一致あるいは甘やかし，兄弟姉妹への劣等感などが見られるという。また治療の観点からも，近年では個人療法ではなく，家族全員に治療の参加を求める家族療法の有用性が指摘されている（笠原，1988）。今回の調査は，家族システムは，自我同一性因子を介する影響と，それ自体が直接与える影響の両者を通じて無気力傾向にて影響を有することを確認した点で，これらの臨床的知見を支持するものとなった。

　最後に，本研究では円環モデルに準拠して，家族システムのきずな・かじとりが自我同一性や無気力傾向因子に対して持つ因果的関係は，非単調で（トレンドの逆転が生じる）カーブリニアな形状を予想していた。この仮定は一部確認され，また一部否定された。すなわち，家族のきずなについては，仮説に反してその影響の形状は直接にも間接にも，常にリニアな形状であり，家族のきずなが深まれば深まるほど自我同一性の達成を促進し，同一性拡散や無気力傾向を抑制することが，繰り返し確認された。一方，家族のかじとりについては，その影響が円環モデルの予測通り，カーブリニアであるという点は，予想（中学生調査）されたり確認（高校生調査）されはした。しかしそのカーブリニアな形状の中味について調べると，影響を与える因子によって，非単調（U字型のトレンドの反転が生じる）であったり，単調（トレンドの反転が生じない）であったりしたのである。たとえば，無気力傾向因子に対する直接の影響では，円環モデルの予想する通り，非単調なU字型の関係が観察された。土川（1990）は無気力の症例の家族像として「独裁的で融通のない父親」や，また一方で「無力な影

のうすい父親」像を報告している。さらに，都立教育研究所の調査のうち実際の相談事例の分析からも，同様な傾向が報告されている（都立教育研究所，1986）。かじとり因子のカーブリニア型の直接効果は，このような臨床的知見を支持するものである。しかしながら，自我同一性因子に対しては，円環モデルの予想に反して，かじとりの柔軟性がある程度高くなったときに急に同一性を促進するという，単調増加のカーブリニアな形状が観察された。結局，かじとり因子は直接効果としては無気力傾向とU字型のカーブリニア関係にあったが，自我同一性因子を媒介させた場合には，かじとり因子と無気力傾向との関係は，むしろ単調に無気力傾向を抑制する効果が見られたのである。

4. 一般中学生の登校ストレスと家族システムの影響に関する研究

　登校拒否・不登校問題は，1950年代末から60年代末にかけて第1期のブームを迎えた。この当時，不登校行動は児童・生徒の内面の特殊な心理的機制（分離不安や自我拡散など）によるか，あるいは誤った学習（回避条件づけ）によると考えられた。不登校児童・生徒の問題は，その後一時沈静化したが，1970年代半ばに入り，再び増加傾向に転じた（星野・熊代，1990）。1992年度の場合，「学校嫌い」を理由として年間50日以上欠席した生徒は中学校で約44,000人で，出現率は0.8％である（文部省，1992）。この数値は文部省の調査開始以来最大であり，10年前の約2倍である。しかも，この中にはいわゆる「怠学」は含まれていない。1990年代に入り，第2期のブームが到来したと考えてよい（谷口，1986）。

　研究や取り組みという観点から見ると，現在の登校拒否・不登校現象には2つの特徴がある。第1の特徴は，研究の方法が，従来からの症例研究に加えて，一般児童・生徒を対象とした大規模な社会調査に基づく社会学的な研究が行なわれるようになったことである。このような調査から，登校を続けながらも登校回避感情を持ち続けているものが数多く存在し，しかもその感情は一般の児童・生徒の間でも欠席や遅刻といった形で顕在化していることが明らかになった（清水，1989；森田，1991）。

　第2の特徴は「登校拒否」あるいは「不登校」と呼ばれる現象は，単一の症

状分類には収まらないという認識が広まったことである。少なくとも，性格の異なる2種類のタイプが研究や実践の現場で語られている。1つは，神経症タイプである。このタイプには，「学校に行かなければならない，でも行けない」といった登校強迫感・問題の自覚・心理的葛藤が存在する。これは，第1期のブームで注目された不登校像である。もう1つは社会的未熟タイプである。このタイプでは，発達課題が嫌悪刺激として認知され，それからの徹底的な回避や引きこもりが特徴である。その結果，登校価値は無化され，登校強迫感や心理的葛藤が希薄である（谷口，1986; 茨木，1986; 鑪，1989; 笠原，1989）。このような場合，治療構造の形成は難しい。そのため，第1期に提唱されたような支持的カウンセリングや系統的脱感作技法など，従来の神経症タイプを念頭に置いた治療モデルは一般に奏功しない（小泉，1980; 谷口・立木，1991）。社会的未熟型の不登校は第2期のブームになって，注目を集めるようになった（鑪，1989; 笠原，1989）。

　ところで上の段落では，「登校拒否」と「不登校」という2つの用語あるいは「診断名」を用いている。「登校拒否」は，第1期のブームで一般化した用語である。そもそもは，「学校に行きたいけれども，行けない」という登校強迫感や葛藤を有する神経症タイプの児童・生徒を指す用語として定着した。この語には，症状の発生機序に関する，何らかの認知枠組み（精神分析的であるか，自我心理学的であるか，あるいは学習理論的であるかは問わない）が想定されていた。一方，「不登校」の方は現在の第2次ブームで使われだした。この用語は「学校に行けない」だけでなく，「単に学校に行かない」，あるいは「積極的に学校に行かない」というニュアンスまでをも名義しうる便利さがある。しかし，その政治的中立性（そもそもそれが臨床の対象であるのか，それとも硬直化した学校制度の病理であるのかについて明快な主張を控えていること）のゆえに，症状発生の機序に関して何の認知枠組みも提示しえない。問題は，そのような用語が診断やアセスメントのカテゴリーとして十分に機能しうるか，ということである。

　診断やアセスメントは，ある現象に単にラベルをつけるだけでは不十分である。「どのように対処したらよいのか」という処遇や治療への指針と結びつかなければ実践上の価値はない。また，それ以上に重要なことは，そもそも当該の現象がどのような認知図式（スキーマ）の基に理解されているのか，その理論

的な枠組みが了解可能であるべきである。この点から考えると,「不登校」あるいは「不登校現象」という用語は,状況の認知や変化の処方に対して明快な主張を何も含んでいないことが分かる。

　登校拒否・不登校問題に対する本書の基本的な姿勢はエコロジカルな視点に基づく。個人は環境の要請に応じて変化もするが,同時に環境も個人からの働きかけに応じてよりよいhabitatへと変化する可能性を持つ。そして,この両者のやりとりがバランスの取れている場合に,安定や成長が保証されると考える。このように,エコロジカルな認知図式では,個人の成長や安定を,組織や環境から切り離すのではなく,両者が互いに影響し合う過程を総合的に捉える点に特徴がある（谷口・立木, 1991）。

　エコロジカルな認知図式を採用するなら,不登校行動は一種のストレス反応と見なしうる。登校ストレスは,児童・生徒と,それを取り巻く直接の環境である家族,そしてそれらと学校組織との間に生ずる緊張や困難と,それらを和らげるものとして働く内外の資源とのアンバランスから生ずると考えるのである。

　本研究では,右のようなエコロジカルな認知図式に基づいて,登校ストレスの発生機序を探るべく,中学生約1,000名を対象に,質問紙調査を実施した。なお,本研究の第1報は,立木が指導した平尾桂の1992年度関西学院大学大学院社会学研究科修士論文として報告されている。分析の結果,データとの適合度が最も高いのは,登校ストレスの生成機序を,いわゆる神経症（校内友人緊張）型と社会的未熟（課業緊張）型に二分し,かつ原因（ストレス）と結果（登校回避）との間に再帰的循環を想定するモデルであった。

　特に,家族資源性（きずな・かじとり）との関連でいうと,このモデルでは,家族における愛と親密（きずな）は,きずなが高まると登校ストレスが低減されるリニアな関係性を示す一方,家族における力や正義の感覚（かじとり）では,登校ストレスのタイプによって,まったくその関係の正負が逆転することが示された。

　以下に調査の方法と結果について述べ,それを基に考察を進める。

1) 調査の方法

(1) 対　　象

　神戸市内（北区）の公立中学，3校の1年生から3年生1,082名が調査対象である。このうち2校については全数，残りの1校は各学年につき2クラスずつ実施した。有効回答数968名である。その内訳は，男子544名，女子503名，不明が35名であった。調査時期は1992年7月である。

(2) 質問紙

　　a. 暫定版登校ストレス測定尺度。暫定版登校ストレス測定尺度は全部で59項目からなる。尺度作成は以下のような手順を踏んだ。ヒル（Hill, 1958），マッカバン（McCubbin, Gauble & Patterson, 1982; 藤崎，1985），オルソン，マッカバンら（Olson, McCubbin, Barnes, Larsen, Muxen & Wilson, 1983），あるいは佐藤（1985）の生活ストレス対処モデルを参考に，登校行動に関するストレッサー・資源・認知・学校回避に関して全部で200項目のアイテムプールを作成した。これらについて内容飽和度の検討を行ない，139項目の予備尺度を作成した。予備尺度は，関西学院大学の学生645名に実施し，項目分析を経て項目の精選を行ない59項目からなる暫定版登校ストレス測定尺度を作成した。

　暫定版登校ストレス測定尺度は全部で16の変数を測定する。その内訳は以下の通りである。学校生活状況のストレッサーとして5変数を想定する。それらは，友人（3項目），教師（4項目），授業（2項目），成績（2項目），宿題（1項目）などの具体的対象から生じる緊張や不安の程度を測定するものである。それぞれの変数の信頼性係数（クロンバックの α ）は，0.52から0.78である。対処資源については，友人（5項目），教師（6項目），部活動（7項目），校内施設（2項目）などの学校とのつながりの程度や満足度を4変数で，また校外とのつながりの程度を，人的資源（4項目）および物的資源（3項目）の2変数から測定する。各変数の信頼性は0.56から0.84であった。ストレッサーや状況，あるいは自己に関する認知には3変数ある。それは，登校規範（6項目），緊張場面に対する即自的（consummatory）意味変換（2項目）および手段的意味変換（2項目）の3つである。信頼性係数は0.56から0.85であった。最後に登校回避について，欠席傾向（9項目），および実際の欠席日数の自己報告（1項目）の2変数から測定する。欠

席傾向の信頼性係数は0.84である。

　b.家族システム測定尺度（FACESKG Ⅱ）。オルソンの円環モデルに基づいて，家族システムの健康機能度をきずな（cohesion）とかじとり（adaptability）の2変数について測定する。中学生本人に30項目からなるFACESKG Ⅱ子版を実施した。このうち家族のきずな12項目は，家族員相互に対する関与の程度を捉える。信頼性（α）係数は0.72である。一方，家族のかじとり18項目は，状況の変化に対応して，家族がどの程度柔軟にリーダーシップや役割構造を変動させうるかを測定する。信頼性（α）係数は0.89である。

(3)手 続 き

　実際の調査用紙は，登校ストレスおよび家族システム尺度合わせて全89項目をランダムに交配して作成した。なお項目のオーダー効果（回答者の疲労により，項目が後になるほど信頼性が低くなる）を統制するために，全体の質問紙を3分の1ずつにスライスし，各スライスが質問紙の上3分の1，中3分の1，下3分の1のいずれにも登場するように3種類のバージョンを用意した。これらの調査用紙は，各クラスの担任を通じてホームルーム授業中に実施してもらった。

2) 調査結果

　968名の回答から，暫定版登校ストレス測定尺度の16変数と家族システム測定尺度の2変数を合わせた18変数について分散・共分散行列を求めた。分散・共分散行列は，単に変数間の関連性の強さやその方向性を示すだけで，変数間の因果関係については，直接手掛かりを与えない。そこで，変数間の因子構造と因子間の因果関係について70以上のエコロジカルな因果モデル（潜在変数を含む構造方程式）を仮設し，どのモデルが一番よく，現実の分散・共分散行列とうまく適合するかを共分散構造分析（Bollen, 1989; 豊田, 1992）の手法を用いて比較した。

　検討したモデルの代表的なものには，(1)ストレッサー・資源2因子モデル（Olson et al., 1983），(2)ABCXモデル（藤崎, 1985; Hill, 1958; McCubbin et al., 1982; 佐藤, 1985），(3)単一登校ストレスおよび家族資源性因子モデル，(4)家族資源性因子あり2タイプ登校ストレスモデル，(5)家族資源性因子なし2タイプ登校ス

表8-6 共分散構造分析による代表的な因果モデルの分析結果

モデル	適合度 χ^2	自由度	GFI	AGFI	赤池の情報量基準 (AIC)
モデル1: ストレッサー・資源2因子モデル	1170.88	136	.8533	.8156	898.88
モデル2:ABCXモデル	712.73	132	.9023	.8715	448.73
モデル3: 単一登校ストレスモデル (家族資源性因子あり)	685.11	134	.9142	.8905	417.11
モデル4: 2タイプ登校ストレスモデル (家族資源性因子あり)	624.54	131	.9218	.8979	362.54
モデル4a: 2タイプ登校ストレスモデル (家族資源性因子なし)	1383.94	135	.8266	.7804	1113.94
モデル5: 2タイプ登校ストレス循環モデル (家族資源性因子・ストレス登校回避循環)	580.62	130	.9273	.9043	320.62
モデル5a: 2タイプ登校ストレス循環モデル (家族資源性因子・ストレス登校回避循環・誤差項間相関・校外物的資源変数削除)	498.73	113	.9393	.9178	272.73

トレスモデル，(6)家族資源性因子およびストレス・登校回避再帰循環あり2タイプ登校ストレスモデルであった。適合度の比較には適合度 χ^2・GFI (Goodness of Fit Index)・AGFI (Adjusted GFI)・AIC (赤池の情報量基準) の値を用いた。**表8-6**は代表的なモデルの適合度の指標を比較したものである。

まず**表8-6**にある最初の4つのモデルに注目してみる。各種の適合度指標を比較すると，2タイプ登校ストレスモデル (モデル4) の適合度が最も高かった。たとえば適合度 χ^2 値で見ると，モデル1から4へと漸次に値が低くなっている。一般に χ^2 値はモデルから期待される値とデータ値の差の2乗を基に求められる。通常の χ^2 検定の場合，どのような条件でも頻度が等しいというモデル (棄無仮説) を立て，それが一定の危険率で棄却できるかどうかを調べる。し

かし，共分散構造分析では逆のロジックを用いる。つまり想定した因果モデルによりどの程度実測データ（分散・共分散行列）を予測・再現できるかに注目するのである。つまりχ^2値が小さければ小さいほど，そのモデルがデータにより適合していると見なす。同様にAIC値でも，モデル4の値が低かった。AIC値も，値が小さい方が，そのモデルがデータによりよく適合していることを示す。一方，GFIやAGFIはモデル4の値が高かった。これらは，0から1までの値を取り，値の大きい方がモデルの適合度が高い。

　モデル4では，家族のきずな・かじとりが登校ストレスを和らげる効果を持つと想定している。モデル4aでは，仮にこの効果が存在しないと仮定した。この場合の適合度指標は大幅に下落する。これは，家族資源性がストレス緩和資源として無視できないことを示すものである。

　モデル5では，2タイプの登校ストレスと家族のきずな・かじとりのストレス緩和効果に加えて，登校回避（結果）によりさらに課業緊張型の登校ストレスが高まる（原因）という再帰的循環を想定した。この場合適合度はさらに高まった。

　モデル5aはモデル5を一部修正したものである。モデル5との相違は，測定値や潜在変数に対する外部からの影響（誤差項）に相関を認めた点である。誤差項の相関は2カ所に想定した。第1は，ストレスと登校回避の間である。これは両者の間に再帰的循環を想定した場合，それぞれの潜在変数の誤差項に相関が生じることが通常普通に予想されるためである。また，先行研究によりきずな・かじとりの測定値には，それぞれの潜在変数以外に，方法によるバイアスの影響を受けることが明らかにされている(Tatsuki, 1993)。したがって，方法によるバイアスの効果を誤差項間の相関としてモデルに組み込んだ。最後に，ストレッサーおよび資源変数への因子負荷量の有意性の検定（t検定）を行なったところ，学校外物的資源だけが有意ではなかった。そのために，この変数を削除して分析をやり直した。その結果，比較した全モデル中最も高い適合度が得られた。**図8-8**は，モデル5aの結果をパス図にして表示したものである。

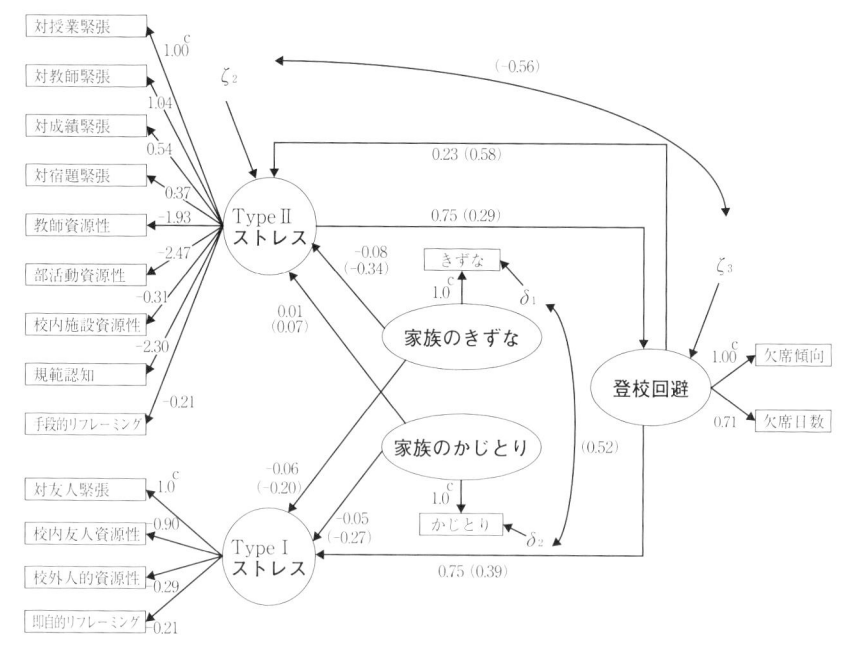

図8-8　2タイプ登校ストレス循環モデル (5a) のパス図による表現

(注) 係数は非標準化係数，カッコ内は標準化パス係数，添え字cは固定定数を示す．

3) 考　察

(1) 2種類の登校ストレス

　今回の調査は，少なくともタイプの異なる2種類の登校ストレスの存在を，実証的に支持する結果が得られた．図8-8のパス図から，各タイプの特徴となったストレッサーと対処資源の組み合わせを要約すると表8-7のようになる．

　仮にタイプⅠと名づけたストレスでは，対友人関係が最も重要なストレス源となっている．一方，対処資源としては信頼できる友人や即自的リフレーミング（「困ったことが起こっても，私はものごとを良い方に考えるタイプだ」，「私は困ったことが起こっても，くよくよと考え込まないタイプだ」）が有効である．したがって第1のタイプのストレスは，対人緊張型であり，いわゆる神経症的な登校拒否像であると解釈される．タイプⅠ型は，対友人関係の緊張が高まったり，信頼

第8章　FACESKGⅡを用いた実証家族研究　149

表8-7 登校ストレスのタイプに特徴的なストレッサーと対処資源

登校ストレスのタイプ	特徴的なストレッサー	対処資源
Type I	対友人緊張	
		校内友人資源性
		校外人的資源性
		即自的リフレーミング
Type II	対授業緊張	教師資源性
	対成績緊張	部活動資源性
	対教師緊張	校内施設資源性
	対宿題緊張	規範認知
	登校回避	手段的リフレーミング

できる友人の不在や「くよくよとした考え込み」によってストレスが高まることが分かる。このようなストレスに対しては、神経症治療と同様の治療構造が容易に形成できることが予想される。

1つ注意しなければならないのは、タイプI型の児童・生徒にとって友人は対処資源であると同時にストレス源でもありうる点である。したがって、そのような見極めなしに、安易にクラスメイトの家庭訪問を教師がすすめることは、逆にストレスを高めかねない。

これに対してタイプII型の場合は、授業・成績・教師・宿題など、課業に関連する発達課題がすべてストレッサーになっている。対処資源は、教師・部活・施設・規範・手段的リフレーミングである。手段的リフレーミングには、「先生とのトラブルも大人になるための試練だと思う」などが含まれている。第2のタイプのストレスは社会的未熟型と考えられるだろう。さらに、タイプII型で注目するべき点は、登校回避そのものが、さらなるストレス源として登校ストレスを高めることである。これは、佐藤（1985）の提唱するストレス循環そのものである。タイプII型では、課業が嫌悪刺激として認知され、さらに信頼できる教師、部活や施設など学校内での居場所がなく、また登校規範も無化されていることによりストレスが高まる。その上、そのような状況からの回避はさらなるストレスの増加を招くのである。

登校回避からストレスへの再帰循環で注目するべき点は、たとえ当初はタイ

表8-8 登校ストレスのタイプに特徴的なストレッサーと対処資源

タイプ	登校ストレス	家族のきずな	家族のかじとり
Type Ⅰ	友人緊張型	負の関係 （バラバラだと緊張高まる）	負の関係 （融通なしだと緊張高まる）
Type Ⅱ	課業緊張型	負の関係 （バラバラだと緊張高まる）	正の関係 （てんやわんやだと緊張高まる）
登校回避に対する関係		リニア	カーブリニア

プⅠ型の登校ストレスであったとしても，その結果登校回避が行動化され，しかもそれがある程度長引くなら，タイプⅡ型のストレスも併発しうるということである。長期にわたり引きこもる不登校現象は，おそらくこのようなプロセスが関与しているのだと予想される。それゆえに，タイプⅠ型を念頭に置いた臨床的治療モデルだけでは，あまり効果が望めないのかもしれない。

(2) 2種類の登校ストレスの維持・強化に対する家族システムの効果

　図8-8のパス図の中で，楕円でくくられたかじとり・きずなから，登校ストレスに矢印が出ている。さらに登校ストレスからは，実際の登校回避へと因果の矢が向いている。それらに添えられた係数は，因果の影響度と因果関係の方向を示している。

　パス図を見るなら，家族における愛と親密（きずな）は，きずなが高まると登校ストレスが低減し，そしてそれによって登校回避が低下する負のリニアな関係を示した。一方，家族における力や正義の感覚（かじとり）では，登校ストレスのタイプによって，まったくその関係の正負が逆転した。すなわち，神経症・タイプⅠ（校内友人緊張）型の登校ストレスでは，親優位の融通なしから柔軟の方向へと力関係をゆるめる（かじとりを高める）ことがストレスの低下を招く。一方社会的未熟・タイプⅡ（課業緊張）型では，リーダーシップ不在の「てんやわんや」から「キッチリ」の方向へと，親優位のリーダーシップ構造を形成する（かじとりを下げる）ことにより，ストレスが低減する。つまり登校スト

第8章　FACESKGⅡを用いた実証家族研究　　151

レスのタイプによって，どちらの方向にかじとりを変化させればストレスや登校回避が低減するか，その正負の方向が異なるのである。表8-8は，これらの関係を要約したものである。

　従来，直接観察法を利用した場合（大塚・立木, 1991; Thomas & Olson, 1993）と違い，質問紙を利用した調査では，家族のきずな・かじとりのいずれについても，カーブリニアな関係は実証されなかった。オルソンらのグループは，質問紙調査によるカーブリニア性の検証に，現在では懐疑的にさえなっている。今回の調査は，その点で，少なくともかじとりに関して，登校ストレスや登校回避行動との間にカーブリニア性が存在することを大規模質問紙調査によって実証した点で，今後の研究に指針を与えるものと考える。

第Ⅲ部　家族システム円環モデルの理論的・実証的研究(2)

―カーブリニア尺度の開発（1994年以降）

第9章

FACESKG Ⅲ の開発と確認的因子分析モデルを用いた構成概念妥当性の検討

　FACESKGシリーズは，円環モデルに準拠しながらも，その項目はわが国の文化的・社会的コンテクストに沿うように独自に開発した質問紙である。FACESKG初版は1987年度に開発された（石川，1987；武田，1989；池埜ら・立木，1990；武田・立木，1991）。1990年度には，FACESKGで欠落した「親子間連合」（きずな次元の概念）を復活させ，行動レベルでの質問を重視したFACESKG Ⅱ（岩田ら，1990）を開発した。しかし前章で見たように，FACESKG Ⅱ を用いた実証家族研究は，きずな次元でのカーブリニア仮説を実証しなかった（曽田ら，1992；栗本・下岡，1993；平尾，1993；立木・栗本，1994；立木，1994；西川，1995）。

　以上のような結果を踏まえて，栗本かおりは1994年度の関西学院大学大学院社会学研究科修士論文調査として，立木の指導のもとFACESKG第3版（FACESKG Ⅲ）の開発に着手した（栗本，1995）。栗本（1995）は，これまでのFACESKGシリーズでカーブリニア仮説が検証されなかった理由として2つの可能性を挙げた。1つは円環モデル自体が家族の実態を反映していないとする立場である。もう1つは円環モデルの妥当性には問題ないが尺度開発の手続きに問題があるとする立場である。栗本（1995）は後者の立場を取り，きずな自体はカーブリニアな概念であるにも拘わらず，それが質問紙に反映されていないと考えた。そこで，これまでのFACESKGシリーズ，そしてオルソンらのオリジナルFACESシリーズのきずな項目を読み直してみた。すると，「きずな次元」とされる項目のほとんどは，むしろ「家族の暖かさ」を問う項目であると結論づけた。測定されていたのが「家族の暖かさ」であるなら，なぜ家族

機能度とリニアな関係ばかりが報告されてきたのかを説明することができた。「家族の暖かさ」は，家族のきずなのある水準までは捉えることはできる。しかし，きずなが超高水準である「ベッタリ」状態は，概念の射程から外れるのである。

　栗本(1995)は，リニアな「家族の暖かさ」概念を超えて，家族の集団凝集性の程度を，超低水準から超高水準まで具体的に行動レベルで問うような質問項目を準備した。そのために，測定尺度も，従来のライカート尺度法からサーストン尺度法に変更することにした。サーストン尺度法の方が，各次元の意味水準の幅（スパン）をより広く捉えることができると考えたからである。以下，尺度開発と内的構造的検討，続いて確認的因子分析モデルを用いた構成概念妥当性の検討の順で，FACESKG Ⅲの開発と構成概念妥当性の検討のプロセスを述べることにする。

1. FACESKG Ⅲの開発と内的構造的検討

1) アイテムプールの作成

　カーブリニア仮説の検証のため，アイテムプール作成段階で，きずな・かじとり両次元について，その概念の各水準ごとに分けて項目を用意した。さらにより水準の相違を際立たせるために，各水準を2段階に細分化した。結局，きずな・かじとりについて，臨床評価尺度と同様に8段階に分けて，その各水準ごとの項目を作成した。このようにして，きずな・かじとり次元とも，各概念の意味水準が超最低から超最高まで，完全に網羅されるように配慮したのである。とりわけ，きずな次元の超高水準では，家族のサポートや親密さではなく，ベッタリ状態が測定できるような項目を準備した。そのためにFACESKG Ⅲでは，これまでのFACESやFACESKGシリーズと異なり，サーストン尺度法を採用した。サーストン尺度は等現間隔尺度ともいわれ，物理的測定の器具と同じようにあらかじめ目盛りのついた尺度を作成し，それによって態度を測定する（井上・井上・小野，1995）。ライカート尺度（正規法・簡便法）が調査対象者の回答に尺度の基礎を置き，個人の尺度値はそのときの回答者集団の結果に基づく相対的な位置として表されるのに対し，サーストン尺度は，一群の判定者

に項目を分類させることによって，ある程度絶対的な尺度値を求めることができる。つまりFACESKG Ⅲでは，各区項目がきずな・かじとり次元の1から8までの段階のどこかを表すものであり，その項目に「当てはまる」と回答すると，その尺度値が被験者に付与される仕組みになっている。これによって，きずなが7や8といった超高水準の項目が，必ず含まれるように配慮したのである。

項目の準備作業は，1994年1月から5月にかけて行なわれ，きずな次元で233項目，かじとり次元で145項目，計378項目を作成した。

2) 項目の判定

準備した項目の判定は2段階に分けて行なった。第1段階では，家族システム論を専攻する関西学院大学立木ゼミの3回生・4回生28名の諸君に協力してもらい，各項目について，きずな・かじとりのどの水準であるのかを，1点から8点までの8段階で評定を依頼した。

ゼミ生からの回答を基に，それぞれの項目について判定の中央 (M) 値と，4分偏差 (Q) 値 ((75パーセンタイル値-25パーセンタイル値)/2) を求めた。Q値が大きい場合には，判定にばらつきがあったことを示す。Q値が1以上の項目は，この段階で削除した。さらに，内容妥当性について，栗本かおりと平尾桂の2名の大学院生で協議しながら，あいまいな文言のある項目を削除していった。その結果，きずな68項目，かじとり69項目に絞り込んだ。

第2次評定は，関西学院大学で筆者の「家族システム論」を受講している3・4回生である。受講生は，オルソン円環モデルに関する論文を熟読し，きずな・かじとりの各概念について精通することが求められた。「判定は，円環モデルの精通度のテストであり，春学期の成績に反映する」という指示の後，項目の判定を依頼した。受講生のうち，103名がきずな項目を，残りの93名がかじとり項目の判定を行なった。第2次評定では，Q値が1を超える項目はなかったが，1次評定時の項目のM値と差が大きいものは削除した。さらに，栗本・平尾の2名の大学院生が内容妥当性について最終的なチェックを行なった。

以上の手続きを経て，きずな37項目，かじとり35項目の予備尺度を完成させた。なお，この予備尺度は「思春期の子ども版」であった。父親版・母親版

は，子ども版のワーディングを変更して作成した。その際，父親には不適当な項目2項目，母親に不適当な項目1項目を削除した。結果的に，父親版はきずな35項目，かじとり37項目，母親版はきずな36項目，かじとり37項目となった。

3) 調査対象

大阪府下の私立男子高と私立女子高の1・2・3年生とその保護者を対象に，1,200家族分の質問紙セットを教室を通じて配布した。そのうち386家族分の質問紙が回収された。調査期間は1994年6月から7月である。ここから，父・母・子の3名の回答が含まれていない，欠損値が10個以上ある，回答が1ページ連続して同じか，あるいは規則的である(1, 2, 1, 2, 1, 2……)などの質問紙68家族分を抜き取った。結果として，317家族を有効サンプルとして項目分析を行なった。

子どもの性別は，男子が202人(63.7%)，女子が115人(35.3%)であった。年齢は，15歳(44.9%)，16歳(38.8%)，17歳(11.5%)の順であった。父親の年齢は，40代後半が最も多く(50.7%)，ついで40代前半(27.6%)，50代前半(17.9%)の順であった。一方，母親は，40代前半が最も多く(56.5%)，続く40代後半(32.4%)に年齢が集中していた。家族のライフサイクル上の位置は，第1子が高校生が204家族(65.2%)，第1子が18歳以上109家族(34.8%)，不明4家族であった。

4) 反応通過率チェック

ほとんどの回答者が同じ回答をする項目は弁別性に乏しい。そこで各項目について，反応通過率が98%以上の項目を削除した。この結果，父親版では6項目(きずな2項目，かじとり4項目)，母親版では17項目(きずな8項目，かじとり9項目)，子ども版5項目(きずな1項目，かじとり4項目)が削除された。削除された項目はすべてきずな・かじとり次元で極端な段階(1・2点もしくは7・8点段階)にある項目であった。

5) 双対尺度法による項目類似性の分析

双対尺度法 (西里, 1982) は，一貫した回答パターンを探索する手法である。たとえば「きずな」次元が低い回答者は，バラバラやサラリ項目を一貫して選択することが予想される。一方，ベッタリやピッタリ項目は一貫して選択されないだろう。双対尺度法は，一貫して選択される項目には似た値を，また一貫して選択されない項目にも似た値を，そして選択される項目と選択されない項目との間はできるだけ異なった値を，各項目に付与する。したがって，双対尺度法が付与した値を探索することによって，項目間の類似性を数量的に判断することができる。

きずな次元では，父・母・子ども版とも，中庸な水準 (3点~6点) の項目には負の値が，極端な水準 (1・2点および7・8点) の項目には正の値が付与された。これは，中庸な水準の項目は一貫して選択される傾向にあり，同時に極端な水準の項目は一貫して選択されない傾向にあることを示していた。かじとり次元でも，父・母・子ども版でも，中庸な水準 (3点~6点) の項目と，極端な水準の項目 (1・2点および7・8点) が，明確に分離された。

以上の類似性分析の結果，内容上は極端な水準であるにも拘わらず，中庸水準項目と似たような尺度値が付与された項目は削除した。同様に，内容は中庸な水準であるにも拘わらず，極端項目と似たような尺度値が付与された項目も削除した。この結果，きずな次元では，父版6項目，母版3項目，子ども版6項目を削除した。一方，かじとり次元では，子ども版2項目を削除した。

以上の手続きによって，父親版56項目 (きずな25項目，かじとり31項目)，母親版50項目 (きずな25項目，かじとり25項目)，子ども版59項目 (きずな26項目，かじとり33項目) に絞り込まれた。

6) 因子構造の安定性への貢献度に基づく項目の精選

父・母・子のきずな・かじとりの6つの総得点を変数として因子分析を行なった。手順は，バックワードのステップワイズ重回帰分析のように，その項目を総得点から削除すると「きずな・かじとりの2因子構造が崩れるか」，「コミュナリティが下がるか」，「因子負荷量が小さくなるか」，といった基準を用いて各項目の因子構造の安定性への貢献度をチェックした。その結果，父親版

表9-1 父・母・子のきずな・かじとり得点（最終項目セット）の多特性・多方法行列
（栗本，1995）

	父きずな	父かじとり	母きずな	母かじとり	子きずな	子かじとり
父きずな	—					
父かじとり	.20*	—				
母きずな	.37*	.09	—			
母かじとり	.06	.37*	.05	—		
子きずな	.19***	.05	.20*	-.07	—	
子かじとり	.10	.27*	.01	.26*	.20*	—

（注）　$N = 317$　*　$p < .01$　***　$p < .001$

表9-2 父・母・子のきずな・かじとり得点の因子分析の結果
（栗本，1995）

	因子1	因子2	コミュナリティ
母かじとり	.62400	-.04892	.391771
父かじとり	.61578	.14564	.400401
子かじとり	.41685	.10861	.185561
父きずな	.14683	.62172	.408092
母きずな	.03910	.55222	.306477
子きずな	.02914	.35133	.124282

31項目（きずな15項目，かじとり16項目），母親版（きずな11項目，かじとり15項目），子ども版（きずな12項目，かじとり14項目）に最終的に絞り込まれた。この最終項目を用いた父・母・子のきずな・かじとり得点の相関行列と探索的因子分析の結果は**表9-1**と**表9-2**に，それぞれ示す通りである。

2. 確認的因子分析モデルを用いた構成概念妥当性の検証

項目を抜き差し，入れ戻ししながら探索的因子分析を繰り返して，最適の因子構造（**表9-2**）を示す項目セットができ上がったのを待って，この最終項目セットの多特性・多方法行列（**表9-1**）に対して，確認的因子分析モデル（Widaman, 1985）による構成概念妥当性の検証を行なった。特性の構造と方法の構造を入れ子状に階層化させたモデルの適合度は**表9-3**に示す通りである。なお，一般化最小自乗法により解を求めるために，父母については，きずな・かじとり

表9-3 FACESKG Ⅲ多特性・多方法行列データの確認的因子分析諸モデルの適合度指標の比較

	適合度 χ^2	自由度	確率	GFI	AGFI	AIC
特性因子・方法因子なしモデル（1A）	180.00	19	.0001	.83	.81	142.00
特性因子なし 3つの方法因子，因子間相関なし（1B'）	155.08	13	.0001	.85	.76	129.08
特性因子なし 父母報告因子間相関あり（1C₁）	84.16	12	.0001	.92	.86	60.16
特性因子なし 父母，母子，父子報告因子間相関あり（1C）	76.60	10	.0001	.92	.83	56.60
1つの共通特性因子のみ 方法因子なし（2A）	87.88	13	.0001	.91	.85	61.88
1つの共通特性因子のみ 3つの方法因子，相関なし（2B'）	67.50	7	.0001	.93	.79	53.50
1つの共通特性因子のみ 父母報告因子相関あり（2C₁）	149.76	6	.0001	.87	.73	129.76
1つの共通特性因子のみ 父母，母子，父子報告因子すべてに相関あり（2C）	310.76	4	.0001	.7945	.46	294.76
2つの特性因子，因子間相関なし 方法因子なし（2'A）	34.92	13	.0009	.97	.94	8.92
2つの特性因子，因子間相関なし 1つの方法因子（2'B）	15.47	9	.0364	.98	.95	1.47
2つの特性因子，因子間相関なし 3つの方法因子，相関なし（2'B'）	9.95	7	.1916	.99	.97	-4.05
2つの特性因子，因子間相関なし 父母報告因子相関あり（2'C₁）	93.24	6	.0001	.91	.78	75.24
2つの特性因子，因子間相関なし 父母，母子，父子報告因子すべてに相関あり（2'C）	92.15	4	.0001	.91	.76	76.15
2つの特性因子，因子間相関あり 方法因子なし（3A）	28.07	12	.0054	.97	.95	4.07
2つの特性因子，因子間相関あり，3つの方法因子，因子間相関なし（3B'）	7.55	6	.27	.99	.97	-4.45
2つの特性因子，因子間相関あり，父母報告因子間相関あり（3C₁）	128.93	5	.0001	.88	.80	110.93
2つの特性因子，父母子報告因子間すべてに相関あり（3C）	92.11	3	.0001	.91	.73	78.11

（注） 1. 母数の推定に当たって，父・母・子のきずな得点における測定誤差はすべて等しく σ_1 に，かじとり得点における測定誤差はすべて等しく σ_2 とする制約条件（仮定）を設けた。

2. 適合度 χ^2 値は，その値が小さくなればなるほどモデルの適合度が高いことを意味する。したがって，適合度 χ^2 値の確率は通常の頻度のノンパラメトリック χ^2 検定とは逆に，p 値が.05を超えれば，データへの適合度が有意に高いことを意味する。
　3. GFI および自由度調整 GFI ($AGFI$) は0～1の間の値を取る。値が大きいほど適合度が高い。GFI 値と $AGFI$ 値に開きがある場合には，モデルに改善の余地が残されていることを示す。
　4. AIC 値も，その値が小さい方が，モデルとの適合度が高い。

の測定誤差の推定値を等しく δ_1^{**} と，子どもについてはきずな・かじとり得点の測定誤差は δ_2^{**} に等しいとする制約条件を仮定している。

　また，確認的因子分析モデルの構造では，方法因子なし（構造A），1つの方法因子（構造B），2つの方法因子（因子間相関なし）（構造B'），そして2つの方法因子（因子間相関あり）（構造C）という4段階を設けた。要素のステップワイズ追加による最適モデルの検討で後に詳しく述べるが，これは方法因子間の相関を想定しないモデル（3B'）が最も高い適合度を示した（AIC = -4.45）ために，収束性・弁別的妥当性の検定に当たっては，このモデルを基準とした対抗モデルを用意する必要が生じたためである。

1) 収束的妥当性の検定

　方法因子構造の各段階ごとで，1つの共通特性因子を想定する「収束性モデル」と，特性因子を想定しない「対抗モデル」の適合度 χ^2 値の差を検定した。**表9-4**がその結果である。なお最終的に，方法因子間の相関を認めないモデルが最終モデルとなったために，それよりも方法因子構造が複雑なモデル間の比較（3Cと1Cの比較）は，参考のためにだけ載せている。表から明らかなように，方法因子構造がB'（3つの方法因子，因子間相関なし）までは，「収束性」想定モデルの方が，対抗モデルよりも有意に適合度が高かった。

2) 弁別的妥当性の検定

　弁別的妥当性の検定では，きずな・かじとりという2つの特性因子をそれぞれに想定する「弁別性モデル」と，つの共通特性因子のみを想定する「対抗モデル」の適合度を比較する。**表9-5**がその結果である。χ^2 値の差の検定は「弁別性モデル」が，「対抗モデル」よりも有意に適合度が高いことを示した。

表9-4 FACESKG Ⅲの収束的妥当性の検定

比較するモデル	χ^2値の差	自由度の差	危険率	AIC値比較
1つの共通特性因子,方法因子なし(モデル2A)Vs. 特性因子なし,方法因子なし(モデル1A)	92.12	6	$p<.001$	2A<1A
1つの共通特性因子,3つの方法因子(相関なし)(モデル2B′)Vs. 特性因子なし,3つの方法因子(相関なし)(モデル1B′)	87.58	6	$p<.001$	2B′<1B′
1つの共通特性因子,3つの方法因子(父母,母子,父子間すべてに相関あり)(モデル2C)Vs. 特性因子なし,3つの方法因子(父母,母子,父子間すべてに相関あり)(モデル1C)	-234.16	6	$p<.001$	2C>1C

(注) AIC値は,その値が小さい方が,モデルとの適合度が高い。

表9-5 FACESKG Ⅲの弁別的妥当性の検定

比較するモデル	χ^2値の差	自由度の差	危険率	AIC値比較
2つの特性因子(相関あり),方法因子なし(モデル3A)Vs. 1つの共通特性因子,方法因子なし(モデル2A)	59.81	1	$p<.0001$	3A<2A
2つの特性因子(相関あり),3つの方法因子(相関なし)(モデル3B′)Vs. 1つの共通特性因子,3つの方法因子(相関なし)(モデル2B′)	59.94	1	$p<.0001$	3B′<2B′
2つの特性因子(相関あり),3つの方法因子(父母,母子,父子間すべてに相関あり)(モデル3C)Vs. 1つの共通特性因子,3つの方法因子(父母,母子,父子間すべてに相関あり)(モデル2C)	218.65	1	$p<.0001$	3C<2C

(注) AIC値は,その値が小さい方が,モデルとの適合度が高い。

また,AIC値の比較でも同様の結果であった。

3) 要素のステップワイズ追加による最適モデルの検討

　最後に,多特性・多方法行列データに最もよく適合するモデルを決定するために,モデル1Aからモデル3Cまでについて,特性および方法因子の構造をステップワイズに洗練化させてゆき,適合度が各ステップで有意に高まるかを系統的に比較していった。なお,第7章の曽田ら(1992)のデータの再分析と同様

表9-6 FACESKG Ⅲ 多特性・多方法行列の因子構造のステップワイズ検定の結果
（栗本，1995）

比較するモデル	χ^2値の差	自由度の差	危険率	AIC値比較
2つの特性因子（相関なし），方法因子なし（モデル2'A) Vs. 特性因子なし，方法因子なし（モデル1A）	145.08	6	$p<.001$	2'A<1A
2つの特性因子（相関なし），3つの方法因子（相関なし）（モデル2'B') Vs. 2つの特性因子（相関あり），方法因子なし（モデル2'A）	25.47	6	$p<.001$	2'B'<2'A
2つの特性因子（相関あり），3つの方法因子（相関なし）（モデル3B') Vs. 2つの特性因子（相関あり），3つの方法因子（相関なし）（モデル2'B'）	2.40	1	$p<.10$	3B'<2'B'
2つの特性因子（相関あり），3つの方法因子（父母子報告因子すべての間に相関あり）（モデル3C) Vs. 2つの特性因子（相関あり），3つの方法因子（相関なし）（モデル3B'）	-84.56	1	$p<.001$	3B'<3C

（注）AIC値は，その値が小さい方が，モデルとの適合度が高い。

に，特性の構造については，特性因子間に相関を想定しない構造2'を，ステップとして追加している。

表9-6の第1行が，最初の比較ステップである。きずな・かじとりの2つの特性因子と因子間の相関を想定しないモデル（2'A)と，特性・方法とも因子を想定しない対抗モデル（1A)を比較し，相関を認めない2因子構造が有意に適合度が高いことが示された（$\chi^2=145.08, df=6, p<.001$）。

第2ステップでは，方法因子を要素として加えて（モデル2'B'），方法因子を想定しないモデル（2'A）と比較した。この比較も有意な差が示された（$\chi^2=25.47, df=6, p<.001$）。

第3ステップでは，特性因子間の相関を要素として加えた（モデル3B'）。この要素負荷は，10％水準で有意な傾向を示した（$\chi^2=2.40, df=1, p<.10$）。

第4ステップでは，方法因子間の相関を追加した（3C）。するとχ^2値の差は有意ではあったが，その値はマイナスとなった。すなわち，方法因子間の相関を想定しないモデル3B'の方が適合度が有意に高いことが示された。AIC値の比較でも同様の結果であった。

以上に見たように，因子構造をステップワイズに追加する方法を基に検討し

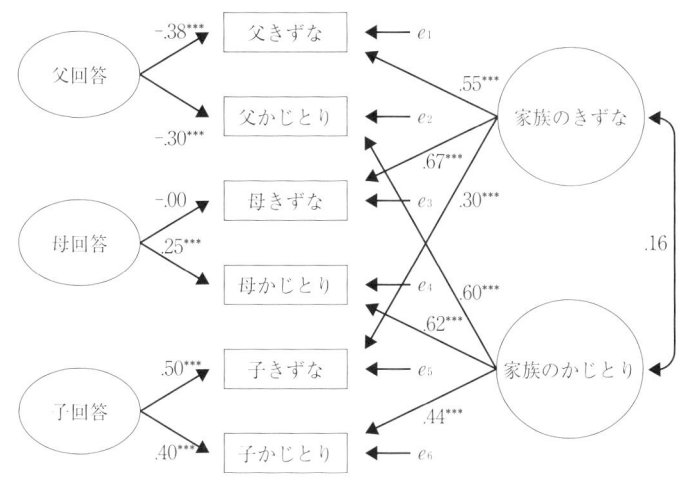

図9-1 FACESKG Ⅲの多特性・多方法行列データの確認的因子分析の最終結果

たところ，データとの適合度が最も高かったのは，「きずな・かじとりの斜交2特性因子構造，父・母・子の3方法因子（報告因子間に相関なし）」の構造を想定するモデル3B′であった。図9-1は，この最終モデルをパス図で表現したものである。

　図9-1のパス図によると，家族システムのきずな・かじとり因子については，父・母・子のきずな・かじとり得点にそれぞれ安定して有意に反映されていることが分かる。きずな因子とかじとり因子について相関を想定したものの，両因子間の相関係数の推定値は$r = .16$ではあったが，そのt値は5％水準で有意ではなかった。

　方法因子については，父・母・子にそれぞれ特徴的な回答の偏りが示された。
　たとえば，「父のきずな・かじとり両得点は，実際よりも低めの点数になる（きずなの標準化パス係数-.38, $p < .001$, かじとり-.30, $p < .001$）」，「母親のかじとり得点は実際よりも高めの点数になる（標準化パス係数.25, $p < .001$）」，「子どものきずな・かじとり両得点は，父とは反対に，実際よりも高めの点数になる（きずなの標準化パス係数.50, $p < .001$, かじとり.40, $p < .001$）」などが確認された。

第9章　FACESKG Ⅲの開発と確認的因子分析モデルを用いた構成概念妥当性の検討

4) 各尺度の信頼性

　FACESKGⅢの開発では，従来の方法と異なり，測定尺度にサーストン法を採用した。そのために，ライカート法のようにクロンバックの α などの内的一貫性信頼性係数は求められない。これは，クロンバックの α が，等質項目間の相関のある種の平均値として求められるからである。サーストン法の場合には，きずな・かじとりの各水準内では，項目の等質性は想定されるが，水準をまたいだ項目間には相関を想定しないからである。そこで，父・母・子の各得点に対する決定係数 (R^2) を信頼性の推定値として用いることにした。決定係数 (R^2) は，0から1までの間に分布し，値が1に近いほど得点の分散が，誤差ではなく，対応する因子による影響を強く受けることを示す。

FACESKGⅢ各尺度	決定係数 (R^2)
父きずな	.45
父かじとり	.45
母きずな	.45
母かじとり	.45
子きずな	.35
子かじとり	.35

　なお，一般化最小自乗法によって解を求める際に，父母については，きずな・かじとりの測定誤差の推定値を等しく δ_1** と，子どもについてはきずな・かじとり得点の測定誤差は δ_2** に等しいとする制約条件を仮定していた。このため，決定係数はきずな・かじとりについて等しい値となっている。より正確な信頼性の推定値を求めるためには，今後テスト・再テスト法や折半法などの手法で今後，再度検討をし直す必要があるだろう。

第10章

実証家族研究によるFACESKG Ⅲ の外的妥当性の検討

　本章では，FACESKG Ⅲ を用いた2つの実証家族研究調査について述べる。第1の研究は，アルコール依存症者の妻105名を対象とした調査で，「妻の共依存，家族・自助グループ参加」，「夫の断酒継続，自助グループ参加など」によって測定される家族機能度と家族システムのきずな・かじとり因子とのカーブリニア関係仮説について検証を行なった(西川，1995; 西川・立木・橋本，1998)。この研究は，立木の指導のもと，西川京子が行なった1994年度の関西学院大学大学院社会学研究科の修士論文調査に基づくものである。

　第2の研究は，1995年1月17日の阪神淡路大震災に遭遇した幼児とその母親438組を対象とした調査で，震災によるストレスを，家族がどのように対処したのかについて，震災ストレッサー，家族資源性(きずな・かじとり)，母親の対処資源，母親および幼児のストレス反応などの関連性について検討した。本研究は，本研究も立木の指導のもとに学部・大学院生が共同で実施した家族調査に基づくものであり，調査の速報は1995年度の坪倉裕子の関西学院大学社会学部卒業論文に，また中間報告は1996年度の野口啓示の関西学院大学大学院社会学研究科の修士論文にまとめられた。本章の記述は，この一連の研究の最終報告である。

1. アルコール依存症者の断酒継続・その妻の共依存傾向と家族システムの関係に関する実証家族研究

1) 方　法

(1) 調査対象

　1988年7月から1994年6月までの6年間に夫のアルコール問題でアルコール外来クリニックの家族グループを利用した妻で、現在夫と同居中で子どもがいる174名を調査対象とした。

　これらの調査対象者のうち、有効回答者105名 (60.3％) についてサンプルの属性を見ると、妻の平均年齢は50.3歳、80.9％は義務教育以上の学歴を持ち、59％が就労しており、16.1％が原家族にアルコール負因があった。IP (identified patient) の平均年齢は53.3歳、75.2％が義務教育以上の学歴を持ち、79％が就労しており、54.2％が原家族にアルコール負因があった。

(2) 測定用具

　①基礎データと現状に関する質問紙：IPと妻の年齢、学歴、アルコール家族負因、自助グループ参加状況、IPの治療歴、通院状況、アルコール問題、健康状態、飲酒と断酒の現況、そして妻の家族グループ参加状況を質問した。

　②FACESKG Ⅲ：FACESKG (Family Adaptability and Cohesion Evaluation Scale at Kwansei Gakuin) は、Olsonら (1979) のグループが夫婦・家族システムの円環モデル (Circumplex model) の測定用具として開発したFACESを立木研究室が構成概念から日本の日常生活や文化に即して検討し (武田・立木, 1989)、独自の質問項目から作成したものである (池埜ら, 1990; 栗本, 1995)。FACESKG Ⅲは第3版であり、家族機能度とのカーブリニア性の検証により焦点を当てるために、きずな・かじとりの各次元についてきわめて低い1点からきわめて高い8点まで8段階に分け、各段階に対応する質問項目からなるサーストン尺度である。質問は両次元合わせて26項目あり、はい・いいえで回答する自己報告質問紙である。

　③ASTWA：ASTWA (Addiction Screening Test for Wives of Alcoholics) は猪野ら (1992) によって開発された質問紙尺度で、IPの妻の嗜癖傾向を測定する。猪野らは家族システム論の立場より、アルコールに依存し問題飲酒を繰り返す

IPと，それを許し続ける妻の両者が悪循環のプロセスを作りだしている点に注目した。このような視点から具体的に，アルコール依存症の妻の態度を「共依存・嗜癖を示しやすい性格傾向」，「夫との関係嗜癖」，「夫への世話焼き嗜癖」の3つに概念化した。その上で，「共依存・嗜癖を示しやすい傾向」を1)「完全主義傾向」と2)「自己評価を低くみる傾向」に，「夫との関係嗜癖」を3)「支配的傾向」と4)「巻き込まれ傾向」に，そして「夫への世話焼き嗜癖」を5)「世話焼き傾向」と，5つの下位尺度に操作化して定義した。ASTWAは24の質問項目からなり，3段階の自己評価を記入する。

(3)調査・分析の手続き

1994年7月に上記3種類の自己報告式質問紙を対象者に郵送し，記入後返送してもらった。データの分析では，Windows版SASコレスポンデンス分析プロシージャ(PROC COPRESP)，記述統計プロシージャ(PROC UNIVARIATE)および一般線形モデル分析プロシージャ(PROC GLM)を利用した。

2) 結　果

(1)断酒や飲酒・共依存性・家族や自助グループ参加などの要因間のコレスポンデンス分析

質問紙は174名に郵送，130名(74.7%)から回収した。有効回答は105名(60.3%)であった。調査結果はコレスポンデンス分析によって各要因と飲酒，断酒の関連性を検討した。コレスポンデンス分析(Benzecri, 1973)は，日本では林の数量化理論Ⅲ類(Hayashi, 1952)，カナダでは双対尺度法(西里，1982)と呼ばれる。これは，「はい・いいえ」などの回答からなる質的なデータの中に含まれる一貫した回答パターンを探索する記述的統計技法である。本研究では，被験者が「断酒継続」と回答した場合，それ以外にどのような回答が一貫したパターンとして現れるのかに注目した。コレスポンデンス分析では，回答パターンの一貫性として相関比を基準とし，その自乗が最大となるようなウェイトを各選択肢に与える。今回の分析では，最大化された相関比の自乗は，0.20808となり，この回答パターンにより全体の情報の10.18%が説明された。

コレスポンデンス分析では，項目の各選択肢に付与された数量(ウェイト)に注目する(表10-1参照)。似たような数量が負荷された選択肢間には高い回答の

表10-1 コレスポンデンス分析の結果

カテゴリー	ウェイト	カテゴリー	ウェイト
共依存傾向弱	-0.3357	妻自助グル25以上	1.4440
共依存傾向中	0.4463	夫の病気	-0.2029
共依存傾向強	0.6657	夫の経済問題	0.0846
世話焼き弱	-0.2675	夫の仕事問題	0.0378
世話焼き中	0.0736	夫の暴言・暴力	0.2918
世話焼き強	0.9372	夫の事故・犯罪	0.6432
支配傾向弱	-0.2023	家族問題	-0.0395
支配傾向中	0.1462	子どもの問題	0.1136
支配傾向強	0.4008	禁断症状	-0.5629
巻き込まれ弱	-0.3453	連続飲酒	0.0718
巻き込まれ中	0.4122	夫通院あり	-0.3281
巻き込まれ強	0.2400	夫通院なし	0.1844
完全主義弱	-0.2116	夫治療歴あり	-0.4075
完全主義中	0.2078	夫治療歴なし	1.4354
完全主義強	1.6893	夫健康良好	-0.6317
低自己評価弱	-0.0830	夫健康ふつう	0.2696
低自己評価中	0.2243	夫健康不良	-0.2278
低自己評価強	0.1214	現在も飲酒	0.1251
家族相談後受診	-0.1355	現在は節酒	1.3220
家族相談未受診	1.4872	断酒1年未満	-0.4160
家族グループ参加	-0.6233	断酒1年以上	-0.6097
妻原家族アル因有	-0.1816	夫自助グル10以下	-0.1808
妻原家族アル因無	0.0129	夫自助グル24まで	-0.0812
妻家族グル未参加	1.2994	夫自助グル25以上	-0.4538
妻家族グル10以下	0.5094	夫自助グル未参加	1.2774
妻家族グル25まで	-0.4495	夫自助グル中断	-0.9
妻家族グル25以上	-0.5153	夫仕事あり	0.0409
妻家族グル参加中	-0.1498	夫仕事なし	-0.1744
妻自助グル未参加	0.5530	夫原家族アルなし	0.0508
妻自助グル10以下	-0.2916	夫原家族アルなし	-0.1292
妻自助グル25まで	-0.5012		

一貫性が存在することが示される。これによると,「夫健康良好」,「家族グループ参加」,「断酒1年以上」,「家族グループや自助グループ参加」,「共依存傾向弱」などの選択肢には大きな負の数量が付与された。これらのカテゴリーのうちどれか(たとえば「断酒」)が選択された場合に,残りのカテゴリーも一貫して選択される傾向が高いことが分かる。一方,「完全主義(共依存の下位概念)

強」,「家族相談未受診」,「夫治療歴なし」,「妻自助グループ・家族グループ未参加」,「現在は節酒」,「共依存強」,「夫の事故・犯罪」などは大きな正の数量が付与された。つまり,このうちのどれか（たとえば節酒）が選ばれた場合に,残りのカテゴリーにも当てはまると一貫して回答する傾向が高いことが分かる。これらの結果より,「共依存性」と「断酒継続」,そして「家族グループ・自助グループ参加」などの間には一貫したパターンが存在し,高い関連性が見られることが分かった。

　IPの要因との関連性を見ると,治療歴があり,通院中であり,自助グループに参加し,健康状態が不良もしくは良好であるなどは,負の数量が付与されており,断酒継続との関連性が示唆された。原家族のアルコール負因では,IPでは原家族にアルコール負因なしが断酒と関連していた。一方,妻の場合は逆に原家族にアルコール負因ありが断酒と関連していた。

(2)家族システム因子が断酒継続・共依存・グループ参加に与える影響

　コレスポンデンス分析によって与えられた各カテゴリーの数量を用いて,105名の回答者の尺度化を行なった。これは,各回答者が選択したカテゴリーに付与された数量の加重平均を通じて,各回答者について尺度化得点を求めるものである。今回のコレスポンデンス分析では,大きな負の得点は「断酒継続・共依存の弱さ・家族や自助グループ参加」などの特徴（健康な家族機能）を示す。一方,大きな正の得点は「飲酒・共依存の強さ・家族や自助グループの未参加」などの特徴（病理的な家族機能）を反映する。次に,家族システムのきずな・かじとりの得点を独立変数とし,家族機能得点を従属変数とした場合の,両変数間の関係について検討を行なった。図10-1,図10-2がその結果である。

　きずな・かじとり次元とも円環モデルが予測するように,中程度な水準にある場合に負の値（断酒継続・共依存の低さ・家族や自助グループ参加などの健康な家族機能を示唆する）に近づき,一方いずれかの方向で極端な場合には大きな正の値（飲酒・共依存の強さ・グループ未参加などの病理的な家族機能を示唆する）になっていた。

　最後に上記の関係について統計的に検討を行なった。コレスポンデンス分析の結果尺度化された家族機能度得点を従属変数とし,きずな・かじとり因子を

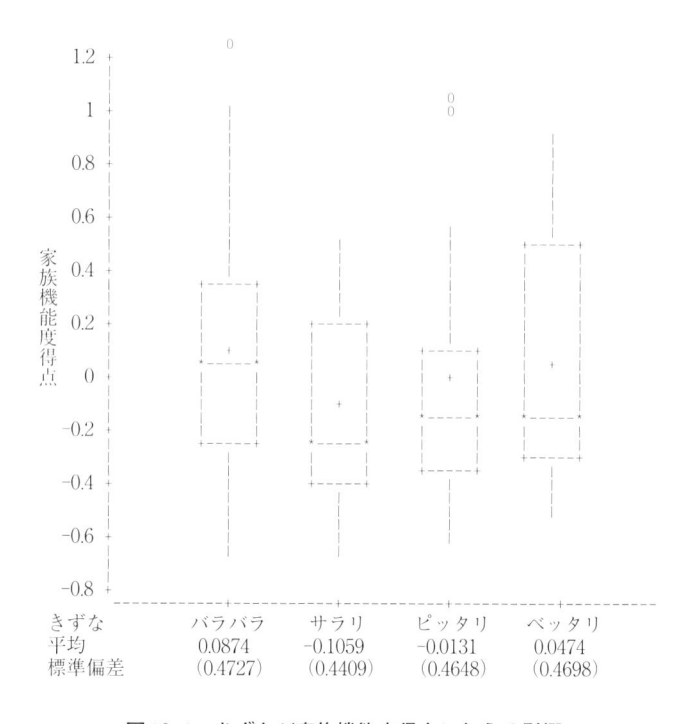

[Figure: box plot]

きずな	バラバラ	サラリ	ピッタリ	ベッタリ
平均	0.0874	-0.1059	-0.0131	0.0474
標準偏差	(0.4727)	(0.4409)	(0.4648)	(0.4698)

図10-1　きずなが家族機能度得点に与える影響

説明変数とする重回帰分析を行なった。なお，その際きずな・かじとり得点とも，FACESKGⅢによって測定された素点ではなく，理論的中央値（家族機能が最適であると理論的に予測される値）からの偏差の平方を用いた。これは，きずな・かじとりのバランスがどの程度中庸な水準から離れているかの指標である。重回帰分析の結果，きずな偏差平方は家族機能度得点に対して有意な効果を持つことが示された。一方，かじとり偏差平方はその効果を実証することはできなかった。なお，説明変数としてきずな・かじとりの素点を用いた各種のモデルについて検討も行なったが，どのモデルも有意ではなかった（**表10-2**）。

3）考　察

　Orfordら（1976）やMoosら（1979）は，夫婦のきずなが高い場合には，飲酒者の治療予後がよい（断酒）ことを報告している。今回の調査では，きずな因子

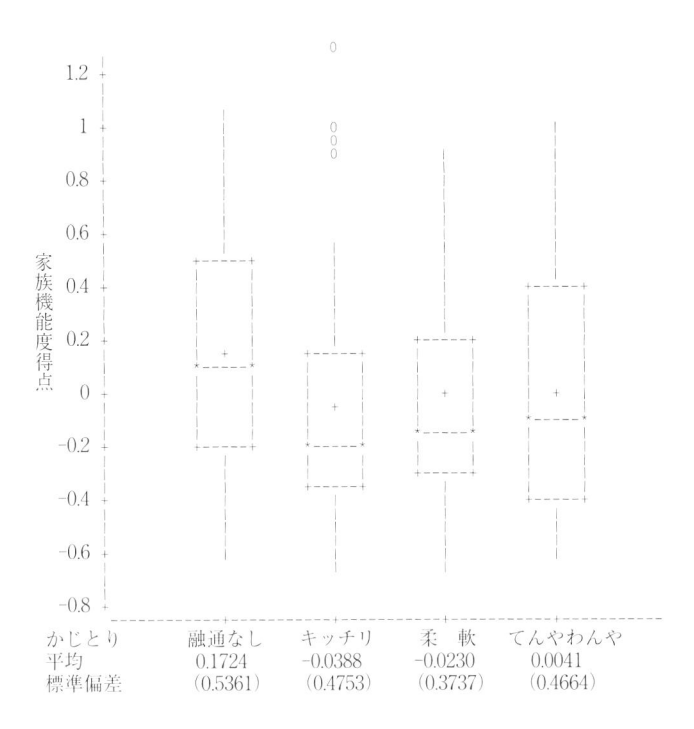

[箱ひげ図]

	融通なし	キッチリ	柔　軟	てんやわんや
かじとり平均	0.1724	−0.0388	−0.0230	0.0041
標準偏差	(0.5361)	(0.4753)	(0.3737)	(0.4664)

図10-2　かじとりが家族機能度得点に与える影響

表10-2　家族機能度に対するきずな・かじとりの偏差平方得点の効果の重回帰分析

変動因	自由度	平方和	平均平方	F値
きずな偏差平方	1	1.5771	1.5771	10.87***
かじとり偏差平方	1	0.0039	0.0039	0.03
変動誤差	96	13.92448	0.1451	
総和	98	15.5055		

（注）　*** $p<.005$
　　　105名の被験者のうち欠損値を除く99名に対する重回帰分析の結果である。

は断酒継続や家族・自助グループ参加に効果を持つものの，きずなの水準が極端に高くなり過ぎた場合にはむしろ逆の効果が見られることを示唆した。これは，家族システムの円環モデルから理論的に予測される結果である。

本結果と比較すると，FACES，FACESⅡ，FACESⅢなどオルソンらのオリジナルの尺度を用いた実証研究は，きずな・かじとり因子と家族機能度との間に，カーブリニアではなくリニアな関係を認めるものが大半であった。このことからGreenら (1991) はFACESシリーズの質問紙によってはカーブリニア関係を実証することができないとまで結論するに至っている。一方，円環モデルに基づきながらも質問項目は独自に作成したFACESKGシリーズについては，FACESKGⅡを用いた登校ストレス研究（立木，1994）や，同じくFACESKGⅡを用いた自我同一性形成やその失敗としてのアパシー傾向に関する研究（立木・栗本，1994），またFACESKGⅢを用いた震災ストレス研究（Tatsuki, 1997, 後述）などにおいて，家族機能度とかじとり因子間のカーブリニア関係について実証してきた。これに対して本研究では，FACESKGⅢを用いてきずな因子と家族機能度とのカーブリニア関係を実証した。

　Greenら (1991) の報告以後，円環モデルに関する研究は明らかに下火となってきていたが，「カーブリニア関係が実証されないのはモデルの問題ではなく，その実証尺度上の問題である」というわれわれの主張をさらに裏づける結果になったものと考える。とはいえ，本研究ではかじとり次元についてカーブリニア傾向はうかがわれたものの統計的に有意な効果は示されなかった。この点についてはさらなる検討が必要である。

2. 震災ストレスと家族システムの対処に関する実証研究

　本節では，1995年1月17日の阪神・淡路大震災から10カ月後，被災幼児を抱える母親を対象として行なった地域訪問（アウトリーチ）活動や，その際に実施した質問紙調査の結果を踏まえ，震災ストレスに対する家族システムの資源性や対処のメカニズムについて検討する。

　本研究の経緯について，まず触れたい。筆者は神戸市児童相談所が組織したストレスケアのアウトリーチ（地域訪問）活動グループに1995年11月から翌1996年3月まで参加した。これは主として就学前の幼児を抱える母親を対象としたもので，児童相談所のソーシャルワーカー・心理判定員・児童精神科医とともに，被災の激しかった地域の幼稚園を会場に出張講座を行なったものであ

る。

　講義が終わると，小グループによる話し合い，また希望者への個別相談を行なった。

　心的外傷を負ったものは，自らを病んだものと見なす専門的な治療関係を望まない。したがって，臨床家的衣を脱ぎ捨て，専門援助者自らが被災者の中に積極的に踏み込んでいくことが大切である。これがアウトリーチ活動を支える論理であった。なおアウトリーチの実際については別稿（立木，1998）がより詳しく扱っている。

　地域でのアウトリーチと並行して，震災ストレスとその対処に関する家族調査（以下家族調査）を幼稚園に訪れた母親を対象に実施した。この調査結果の速報は，2回目のアウトリーチの機会に，母親たちにフィードバックした。その際，生活困難さ・母子のストレス反応・母親の対処反応・家族資源性の間の因果関連性について構造方程式モデル分析の結果を報告した。これは，1996年3月の時点で最も適合度の優れた作業モデルに基づくものであった。この作業モデルについては，立木（1996），野口ら（1997）およびTatsuki（1997）が，また家族調査自由記述欄への質的調査分析については坪倉ら（1997）が発表済みである。

　これまでの一連の実践や研究に共通するのは，災害ストレス反応を病的な現象と単純化しない，という姿勢である。むしろ個人とそれを取り巻く環境との間の相互作用に目を向け，ストレス反応の持つ肯定的な意味に注意を払うことが大切である。震災のショックやストレス症状にも拘わらず，あるいはストレス症状のゆえに，人々は必要な対処資源をエンパワーし災害を生き延びた。震災のショック，災害後の生活の困難さ，母および幼児の心的外傷ストレス反応，そして母親個人の対処や家族システムの資源性など諸要因の間には，複雑な相互関連性が存在するのである。心的外傷ストレス反応を広くエコロジカルな視点から捉える。これが基本的な立場である。

　本章では，家族調査データに対する1996年4月以降の因果モデリングの成果を踏まえて，災害ストレスに対する家族成員のストレス反応と，それに対する家族システムの資源性や対処の実際について最終的な分析を行なう。その理解に基づいて，大災害時における専門援助者の取るべき立場について考察したい。

1) 方　法

(1)調査対象

　神戸市教育委員会が阪神大震災以後、公立幼稚園10園および私立幼稚園8園で実施した「被災幼児の心のやすらぎ保育」に参加する幼児とその母親を対象とした。対象となった幼稚園は東灘、灘、中央、兵庫、垂水の5区に位置する。配布は1995年11月第1週。質問紙配布数865、回収数445 (51.4%)、有効回答数は438名であった。

(2)測定用具

①子ども版PTSD症状尺度

　これは、神戸市児童相談所が子どものPTSD症状を測定するために、DSM-Ⅳの診断基準を参考に独自に作成したものである。全部で21項目からなり、PTSDに関する主症状すべてを含んでいる。今回の調査での内的一貫性信頼性係数（クロンバックのα）は0.79であった。

②母親版 Impact of Event Scale（関西学院版）

　これは、ホロウィッツらが作成した Impact of Event Scale (Horowitz, Wilner & Alvarez, 1979) の和訳版であり、母親の心的外傷後ストレス反応の程度を測定する。ホロウィッツらの一般および臨床サンプルの判定得点との比較が可能なように、内容上の変更は極力抑えてある。ただし阪神大震災の文脈に合うように、オリジナルの項目の「それ (it)」を、「地震」に置き直して翻訳している。全部で15項目からなり、PTSD症状の主症状である回避（8項目）と再体験（7項目）を測る。内的一貫性信頼性（クロンバックのα）は回避が0.78、再体験が0.87、総項目では0.88であった。

③暫定版BASIC-Phストレス対処行動評価尺度（関西学院版）

　これは、母親自身が活用した対処反応のスタイルを測定する。この尺度は、対処スタイルの理論として、ラハドとコーヘンのBASIC-Phモデルに準拠している。これは、ストレスに対する対処法として、人が取りうるスタイルをbelief（信念・信条）、affect（感情）、social（社会的サポート）、imagination（想像力）、cognition（認知的活動）、physical（身体的活動）の6つに分類したもので、BASIC-Phはこれらの概念の頭文字である (Lahad & Cohen, 1989)。たとえば、大

災害が起こったときに,「誰かの救助に走ることは正義である」といった信念を高めて活動した人は,信念・信条といった対処資源を活用していた。普段以上に感情を露わにすることで対処した人は,感情の発露を資源として活用した。これに対して,地縁,血縁,職場縁,会社縁,個人縁など,あらゆる縁を通じて乗り切った人は,社会的サポートという資源性を活用した。一方,夢想や空想,読書や音楽などに身を任せるのは想像力を活用したストレス対処法である。災害情報を手に入れ,自分がどのような状況に置かれたのかを客観的に捉え,やるべきことの優先順位をつけるといった対処をした人は,認知的活動という資源を活用した。さらに,危機に際して,まず身体を動かしたという人は,身体的活動それ自体が対処資源になっていたのである。

暫定版BASIC-Phストレス評価尺度の項目数は全21項目で,今回の調査での,各下位概念の内的一貫性信頼性(クロンバックの α)はbelief (.62),affect (.56), social (.51), imagination (.42), cognition (.65), physical (.54)であった。

④家族システム評価尺度FACESKG Ⅲ (Family Adaptability and Cohesion Evaluation Scale at Kwansei Gakuin, version 3) 母親版

FACESKG Ⅲはオルソンの円環モデルに基づいて,家族の資源性をきずな(cohesion)・かじとり(adaptability)の2次元から測定する。FACESKG Ⅲは,円環モデルの構成概念を日本の文化・社会に適合させることを目的として独自に開発してきたFACESKGシリーズの第3版である。なお,現在は第4版が立木研究室ホームページ(http://www.tatsuki.org/)より入手可能である。きずなとは家族成員が互いに対して抱く情緒的なつながりを意味する。かじとりとは状況的あるいは発達的なストレスに対して,夫婦・家族システムの権力構造や役割関係・ルールなどを柔軟に変化させる能力のことである。円環モデルでは,きずな・かじとりとも,中程度の水準にある際に家族システムの機能度が最適になると想定する。逆に,きずな・かじとりとも極端に高過ぎたり,あるいは逆に極端に低過ぎる場合には,家族機能度が低下すると考える。きずな・かじとりと家族機能度とはカーブリニアな関係にあると想定するのである(Olson, Russell & Sprenkle, 1989; 武田・立木, 1989)。FACESKG Ⅲ母親版の信頼性の推定値(サーストン尺度のために R^2 を利用した)は,きずな・かじとり尺度とも0.45である(栗本, 1995)。

⑤地震後生活環境評価尺度（関西学院版）

これは，震災直後の人々が置かれた生活困難をたずねる尺度で，震災による被害の程度や喪失，そしてライフラインの復旧までの時間などに関する15項目からなるものである。

2) 結　果

(1)生活困難さ

回答者の大多数は震災後，多大な生活困難を体験していた。回答者のうち，震災による家屋の損傷を免れたのは全体の11.4％(50名)に過ぎない。55.6％(243名)は，一部損壊，21.7％(95名)は半壊，11.0％(48名)は全壊の被害であった。

震災による喪失が心的な影響を及ぼすことが考えられるが，今回の調査の被験者では，「同居の家族を亡くした」は4名(3.0％)，「親類を亡くした」は22名(5.0％)，「友人を亡くした」は23名(5.3％)いた。「生計を立てていた仕事を失った」は21名(4.8％)であった。また，大事にしていたもの(趣味であつめていたもの・かわいがっていたもの)を失ったと答えた者は144名(32.9％)に上った。

震災直後については，「しばらく閉じこめられていた」が13名(0.2％)，「すぐに家族といっしょに避難した」が194名(44.3％)であった。避難していて期間は，1～9日が最も多く，227名(51.9％)を占めたが，「2カ月以上避難した」が44名(10.1％)，「3カ月以上避難した」が30名(6.8％)だった。避難場所としては「親戚の家」が最も多く201名(46％)，「避難所」は47名(10.7％)，「知り合いの家」14名(3.1％)であった。地理的には，被災地外の避難先が143名(32.6％)，被災地内が128名(29.2％)であった。なお不明が167名と多いのは，被災地の内外を行ったり来たりした人が多かったことを示すものと思われる。

ライフラインの復旧の遅れについては，電話や電気は比較的早く回復している。しかし，水やガスに関しては，回復までに1カ月以上かかっている世帯が半数を超えていた。

(2)子どものストレス症状

子どものストレス症状の特徴をPTSD症状尺度(神戸市児童相談所版)の各項

```
                              人  数
   62.5 +*                     2    *
       :.                      1    0
       :**                     5    0
       :***                   11    0
   32.5 +*****                 17    0
       :****                                     ──飛び値ライン(32.5点)
       :****                   16    |
       :*******                28    |
       :*************          40    +------+
       :****************       52    |  +   |
       :*************************************** 120   |      |
    2.5 +*************************************** 145  +------+
       ----+----+----+----+----+----+----+----+---
         人   数
```

図10-3 子どものストレス症状の分布

目から見る。「たびたびある」・「いつもある」と答えた者が10％を超えた項目は「親と一緒でなかったり，明かりがついていないと寝床に入れない（不安・退行）」(30.5％)，「他の子どもの世話をしようとすることがある（過剰適応）」(23.4％)，「家族や友人と一緒でないと不安そう（不安）」(21.4％)，「ひどく甘えたり，わがままを言うことがある（退行）」(13.7％) などであった。

次に，ストレス症状得点の分布を調べた（**図10-3**）。縦軸はストレス尺度のトータル値を，横軸はそれぞれの度数を示している。平均値は11.2点（$SD = 8.2$点）となり，子どもたちの大半は低い得点域に集中していた。しかし，さらに分布の探索的データ解析（Tukey, 1977）を行なうと，その中でも全体の分布からかけ離れて高い値（今回は32.5点以上）を超えるものが438名中11名（2.5％）いた。この11名については，ストレス症状が調査時点でも深刻であり，専門家による援助が必要と考えられた。

(3) 母親のストレス症状

母親の震災ストレス反応の特徴を関学版Impact of Event Scaleの各項目から見ていく。「たびたびある」か「いつもある」のどちらかに答えた人が特に高かったのは「地震に関係するものを見るとどんなものでも，あの時の感覚がよみがえった」(29.7％)，「そのつもりがないのに，地震の起こった瞬間を思い出すことがある」(19.8％)，「震災について考えると何度も強く感情の波が押し寄せた」(18.4％)，といった再体験反応の項目であった。

母親のストレス症状得点の分布が**図10-4**である。平均は10.9点（$SD = 10.8$

```
ストレス症状得点
  52.5 +*                                    人数
       *                                      1
       *                                      1
       *                                      2
       **                                     2
       *                                      5                    *
                                                                   0
                                                                   0     飛び値ライン(32.5点)
                                                                   0
  27.5 +*********                            20
       **************                        33
       *************************             61
       **********************************    86
       ***************************************************   133
   2.5 +*************************************       94
       +----+----+----+----+----+----+----+----+
       人数
```

図10-4 母親のストレス症状の分布

点)であり，全体的に見ると低い値に集まっていることが分かる。参考のために，ホロウィッツらの報告するImpact of Event Scaleの得点分布と比較した。それによると，一般女子医学生の平均は12.7点 (SD = 10.8点) であり，ストレス外来女性患者の平均は42.1点 (SD = 16.7点) であった。したがって，今回の調査回答者の半数以上は，ホロウィッツの一般サンプルと変わらない得点であった。しかし，かけ離れて高い得点 (32.5点以上) を示した者が36名 (8.2%) いた。これらの母親たちは，統計的な分布の上からも，また参考ながら先行研究の知見の上からも，治療が必要なほどストレス症状が深刻であると考えられる。また36名という重症事例の数は，子ども (11名) と比べて3倍以上も大きい。震災後1年経った時点では，子どもよりもむしろ母親のストレス症状の方が深刻であることが示唆された。

(4) 震災ストレスと対処のエコロジー

①家屋の倒壊やライフラインの遮断といった震災による生活困難さ，②それに対する個人や家族の反応，そして③個人や家族システムの対処資源のエンパワーメントとその効果といった要因間の因果関係について共分散構造分析を用いた因果モデリングを行なった。データとして用いたのは，生活困難さ (ストレッサー)，母のストレス反応，子のストレス反応，母の対処反応 (信念，感情，社会的，認知的，身体的)，家族システムのきずな，かじとり (偏差平方) の10変数である (表10-3参照)。なお，母の対処反応のうち想像力については，十分な信頼性が得られなかった ($a = 0.42$) ために分析から除外している。さらに，これら10の観測変数の背後に，いくつかの構成概念 (潜在変数) を演繹的に想定

表10-3 ストレッサー・ストレス反応・母対処反応・家族システム資源性（きずな・かじとりのバランス）間の相関，平均値，標準偏差

	生活困難さ（ストレッサー）	母ストレス反応	子ストレス反応	信念 (belief)	感情 (affect)	社会的	認知	身体的	きずな	かじとり	N	平均値	標準偏差
生活困難さ（ストレッサー）	1	0.177738	0.070441	0.10182	0.04363	0.0498	-0.021	-0.091	0.00473	-0.0296	429	14.9946	4.4247
母ストレス反応	0.177381	1	0.221764	0.11002	0.0432	0.1761	0.1067	-0.045	0.00266	0.04866	429	8.9742	9.4891
子ストレス反応	0.0704407	0.221764	1	-0.0483	0.06153	0.0221	-0.021	-0.0001	-0.0577	0.07422	429	8.9423	6.8963
信念 (belief)	0.1018207	0.110022	-0.04831	1	-0.0236	0.3141	0.5926	0.2625	-0.141	-0.0047	429	3.4443	1.4046
感情 (affect)	0.0436338	0.043205	0.061532	-0.0236	1	0.0066	0.0006	0.0228	-0.027	0.04826	429	1.2284	0.9141
社会的サポート (social)	0.0497853	0.17609	0.022052	0.31413	0.00665	1	0.2753	0.1813	-0.0635	0.0547	429	2.5622	1.3105
認知 (cognitive)	-0.020533	0.106667	-0.02064	0.59259	0.00062	0.2753	1	0.2792	-0.1364	0.04496	429	3.5194	1.4347
身体的活動 (physical)	-0.0911399	-0.04184	-0.00087	0.26255	0.02277	0.1813	0.2792	1	0.0324	0.08359	429	2.2331	0.9155
きずな偏差平方	0.0047296	0.002661	-0.05766	-0.141	-0.027	-0.063	-0.136	0.0324	1	0.15512	429	70.0166	93.9725
かじとり偏差平方	-0.0029649	0.048657	0.074219	-0.0047	0.04826	0.0555	-0.045	0.0836	0.15512	1	429	33.0081	49.7284

（注）＊全有効回答438名のうち欠損値のある回答9名を除く429名を用いて因果モデリングを行なった。

表10-4 因果モデルの比較

モデル	概要	GFI	AGFI	適合度 χ^2 値	自由度	危険率	AIC	HoelterのN
モデル1.	96年3月の作業モデル	0.976	0.9437	62.6627	24	0.0001	14.6627	250
モデル2.	96年3月モデル＋感情＋残余項間相関	0.9762	0.9603	53.7316	33	0.0128	-12.2684	379
モデル3.	本章の最終モデル	0.9767	0.9599	51.7065	32	0.0152	-12.2935	384

した。構成概念とは，因子分析における因子に相当する。事実，構成概念（潜在変数）と観測変数との関係（測定方程式モデル）だけに注目すれば，確認的因子分析モデルとなる。さらにその上に，構成概念（潜在変数あるいは因子）間の因果関係（構造方程式モデル）にも多数のモデルを仮設し，その中で与えられたデータの分散・共分散行列に最もよく適合するモデルを比較検討するのが潜在変数を含む因果モデリングの目的である（Bollen, 1989）。

　表10-4は，比較検討した因果モデルを抜粋し，適合度の各種指標を示したものである。モデル1は，野口ら（1997）が報告した因果モデリングの結果である。これは，1996年3月までのモデリングの結果を踏まえて適合度が最も高いと判断された作業モデルである。このモデル（以下モデル1）が，本章の因果モデリングの出発点となった。

　モデル1では，母親の対処資源としての感情（Affect）を分析に含めていない。これは，因果モデリングの過程で「感情」項目の大部分が「対処」というよりも，むしろ「ストレス症状の感情による表出」を表していると判断されたためである。さらに，モデル1は，観測変数に含まれる残余項の間の相関についても想定していない。そこで，感情を観測変数として分析に含め（ただし潜在変数からの影響はないと想定している），きずな，かじとり（偏差平方）の残余項間に相関を想定した。円環モデルでは，きずな・かじとりが中庸水準にあるときに最も家族機能度が高まり，そこから離れれば離れるほど家族機能度が低下すると想定する。かじとり（偏差平方）とは，かじとりから推定される家族機能度として，かじとりの平均得点からの偏差の平方（「かじとり粗得点－かじとり平均点」の平方）を利用したものである。なお，きずな次元についてはきずなの素点を用いている。これは素点を用いた方が，偏差平方得点を利用するどのモデルよりも，はるかに高い適合度を示したためである。このモデルは大幅に適合度が高まった（**表10-4**因果モデルの比較，2行目のモデル2参照）。

　モデル2は，適合度の上では優れているが，因果モデルの理論的な妥当性に難点がある。その理由は，①感情という観測変数がどの潜在変数からも影響を受けないと想定している。②かじとりは本来外生変数として想定されており，したがってかじとりへの残余項を方程式上に実現するためにダミーの潜在変数から影響を受けると想定している（ただしその影響は0としている）。以上2点が

図10-5 本章の最終モデル

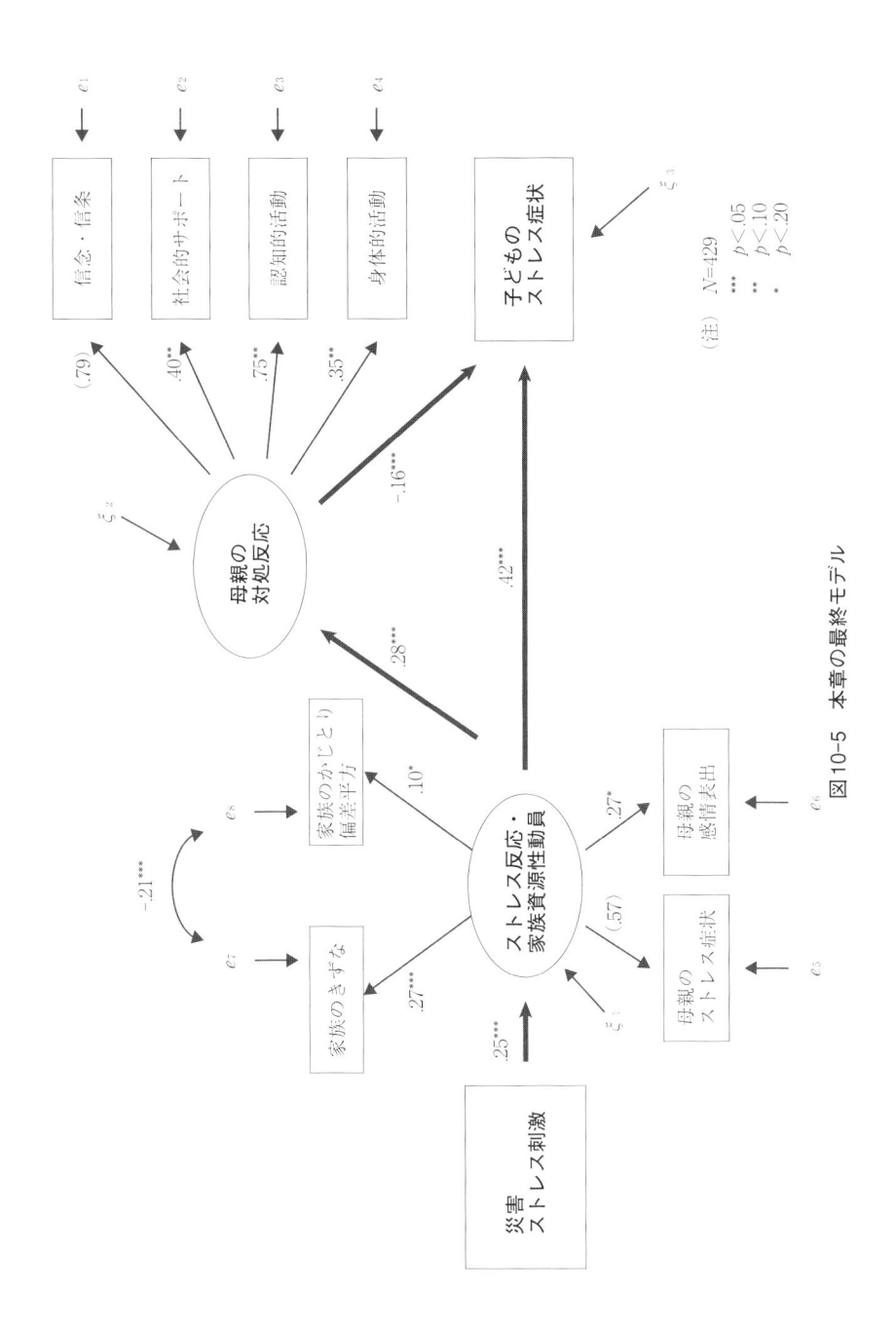

(注) N=429
*** p<.05
** p<.10
* p<.20

第10章 実証家族研究によるFACESKG Ⅲ の外的妥当性の検討 183

理論モデルとしての合理性に難点を与えている。

　モデル3が本章で最終的に採択された因果モデルである。パス図による表現は**図10-5**に示す通りである。モデル3の適合度は，**表10-4**に見られるように，自由度調整済みGFI（*AGFI*, Adjusted Goodness of Fit Index）を除く他の指標ではモデル2よりもさらに高くなっている。しかもモデル3では，感情およびかじとり（偏差平方）の観測変数を「ストレス反応・家族資源性動員」概念（演繹的に仮説された潜在変数）に属すると想定した。これにより，母親の感情表出をストレス反応として解釈することが可能である。さらにかじとり（偏差平方）ときずなの残余項間の相関についても，それがストレス反応に対する家族資源性動員を促す外在的な要因として解釈できる（詳しくは後述）。

　モデル3をパス図で表現したのが**図10-5**である。楕円は構成概念（潜在変数，いわゆる因子）を，四角は実際の観測変数を表している。楕円間に引かれた太線の矢印は，構成概念間の因果の構造を示す。矢印に添えられた数字は標準化されたパス係数であり，因果の影響力の強さを表す。また，構成概念（楕円）から実際の観測変数（四角）に下ろされた細線の矢印と係数は，概念がどの程度実際の観測変数に反映されているか（因子負荷量）を示している。

　モデル3によれば，震災によって引き起こされた生活困難は，母親に心的外傷後ストレス反応（因子負荷量.57，固定値）や，つらさの感情表出（因子負荷量.27，$p<.20$）を引き起こす。と同時に，家族システムにはきずなの上昇（因子負荷量.27，$p<.05$）や，かじとりの混乱（偏差平方の上昇，つまり中央の最適点から極端側への逸脱）を生む（因子負荷量.10，$p<.20$）。しかし，きずな・かじとり（偏差平方）の両変数に対する残余項間の負の相関（$r=-.21$，$p<.05$）に注目すると，以下のような解釈ができる。家族のきずなが高まることと（それは生活困難によって引き起こされる），かじとりの偏差平方が縮まる（つまり最適の水準に押し戻し，状況への変化対応力を高める）こととの間に有意な関連性が見られる。つまり，家族のかじとりは，生活困難さにより多少混乱するが，同時にきずなの上昇を生む要因との関連性から，より中庸な水準へと最適化する力も生ずるのである。以上のことから，「ストレス反応・家族資源性動員」因子（パス図の一番左の楕円）は，母親のストレス反応と家族資源性の動員が同時に生起するプロセスとして解釈できるだろう。

モデル3によれば，生活困難さ（ストレッサー）は，子どものストレス症状に直接結びついていない。いくつかのモデルでは生活困難ストレスを直接子どもの症状に結びつけてみたが，モデルの適合度は低く，またパス係数も有意にはならなかった。生活困難さは家族システムのストレス反応や家族資源性の動員にのみ影響を与えている（パス係数 = .25, $p < .05$）。それでは，子どもにとってのストレス源とは何か。それは，母親のストレス症状や感情表出などによって示される家族システム全体のストレス反応である（パス係数 = .42, $p < .05$）。家族システムが不安定であること（母親のストレス反応や感情表出が過多であり，きずなが高まらない，あるいはかじとりが最適点の中庸水準に近づかない），それ自体が子どもには直接的なストレッサーになっていたのである。

　では，子どものストレス反応を緩和する直接の資源とは何だろう。モデル3（**図10-5**のパス図）によれば，「ストレス反応・家族資源性動員」により母親の対処反応因子（信念・信条，社会的サポート，認知的活動，身体的活動など）が活性化されている（パス係数 = .28, $p < .05$）。活性化された母親の対処反応が，子どものストレス症状の緩和（パス係数 = -.16, $p < .05$）に利用されていたのである。

3）考　　察

　今回の調査からは，子どものストレス症状の形成に影響を与えるものは，災害ストレス刺激そのものよりも，むしろ家族システムのストレス反応と，それに対する家族資源性動員の間のアンバランスであることが示唆された。つまり，子どものストレス症状の予防には，母親へのサポートを強化し，母親自身や家族システム全体の安定性を回復することの重要性が確認された。

　ところで，その母親たちであるが，自分自身へのサポートはどのようにして手に入れているのかについて，1996年3月の作業モデルでは大変悲観的な見方をしていた（野口ら，1997）。

　　……しかし，今回の調査を見ると，母親のストレス反応を緩和するものとしては，これら（きずな・かじとり）両次元ともが有効な資源とはなり得なかったようである。震災による生活困難は，家族全員の「きずな」を高めることは確認された。しかし，因果モデルの分析からは，これらはストレス刺激

に対するリアクションであり，ストレスを和らげる資源とはならないことが示された。「かじとり」に関しては子どもへの資源として，家族のもつ環境に対する適応力がなく，硬直しているわけではなく，また行きあたりばったりのてんやわんやの状態ではないといった，適度にバランスのとれている状態，つまり中庸である時に有効な資源となることが示された。しかし，母親への対処資源にはなり得ていなかった (112ページ)。

上記のように嘆息する一方で，自由記述欄の回答をKJ法によってカテゴリー化し，コレスポンデンス分析 (西里, 1982) を用いてカテゴリー間の関連性を検討した坪倉らの報告では，母親の対処行動 (BASIC-Ph, 状況の肯定的意味変換, 物質的対処資源の活用) と，家族のきずなの上昇やかじとりの柔軟さなどとの間に高い関連性を見出していたのである。今回の因果モデリングの結果 (モデル3) は，坪倉らが示唆した関連性を，因果モデルの形でより強力に裏づけることになった。家族のきずなの上昇とかじとりバランスの回復 (偏差平方の縮小) との残余項間の負の相関こそ，1996年3月の時点でわれわれが見落としていた重要なポイントだったのである。なお残余項間相関とは，きずなとかじとりのバランス間の関連性が，「ストレス反応・家族資源性動員」因子から直接説明されるものではなく，それ以外の外生要因が存在することを暗示している。つまり残余項間の相関は，ストレス事態によって事後的に誘発されるというよりは，家族システムの資質として本来的に備わっているものと理解できる。

吉川 (1998) は，今回の震災直後に子どものストレス症状を主訴として，家族療法クリニックを来談した症例について振り返っている。これらの症例に共通するのは，①子どもの症状の原因が「震災」という外的な要因にあると全員が認識していること，②それゆえに子どもや子どもの症状に否定的な感情を持っていないこと，そして③「治療者に治療を依頼する」のではなく，「自分たち家族が患者を援助する」ための方法を獲得しようとしていたことであった。これらの家族の60％ (18例) について，吉川 (1998) はFACESKG Ⅲを実施している。震災前と現在とを振り返って，家族のきずながどのように変化したかを尋ねたところ，すべての症例できずなの上昇が見られた。また家族への援助では，2～3回の面接で新たな相互作用が生まれたと報告している。これは，変

化に対応して自分たちのシステムを変化させる能力（かじとり）が，面接開始からすでに最適領域に近いところにあったことをうかがわせるものである。震災によるストレス反応を示した家族では，きずなの上昇と相前後して家族のかじとりのバランスを最適化する力が生じやすいという吉川の報告は，今回の調査結果が注目したきずな・かじとりバランス間の残余項相関の働きを臨床的に裏づけるものでもある。

　林春男のグループは阪神・淡路地域の被災者に対する大規模サンプリング調査から，「大多数の被災者は，家族，親せき，友人といった支援者によって自然に悩みが受けとめられており，精神科医やカウンセラーなどの援助専門家に相談することは8％程度であった」と報告した（林・西尾・菅原・門眞・河野・槙島・沼田・根本，1996）。またオチバーグも，心的外傷後ストレスの治療とは，一言でいえば「システム内部からの贈り物（Gift from within）」に専門家が目を向けることだと結論づけている（Ochberg, 1991）。なぜ「専門家が治療を提供する」という臨床モデルではなく，「家族が内なる力を動員して成員を援助する。外部の援助者はパートナーとして協力する」という前提に立つストレスケア・モデル（立木，1998）が，震災当初に専門援助者の取る立場として有効であるのかを説明する鍵が，今回の調査結果から浮かび上がった。家族には，自らを癒やす内なる力が備わっていたのである。

　生命に危害を及ぼすと感じられるほどの激甚なストレスに遭遇し，家族の成員はストレス反応や症状を呈した。だが，むしろその症状のおかげで危機的事態を乗り切ることができた。しかも，ストレス反応と前後してきずなの上昇や変化への柔軟な対応力（かじとり）といった家族資源性がエンパワーされた。これが基盤となって母親自身の内的・対外的資源活用の小径（パス）が開かれ，結果的に幼児たちはストレスから守られたのである。このような結果を前にすると，オチバーグが述べる心的外傷後ストレスへの援助の3原則は，今後の災害ストレスへの家族支援についてもきわめて妥当であることが実感できる（Ochberg, 1991）。

　(1)症状のノーマライゼーションの原則。心的外傷後に生じる特有のストレス症状により，災害被害者は「自分は普通ではなくなった」という強い不安感を

持つ。この場合支援者は「生命が脅かされるほどショッキングな事件に遭遇したときに，生物としてのヒトは最も原始的な適応反応を示す。それが今あなたに起こっていることです。こうしたストレス反応のおかげで，人類は現在まで種を保存することができたのです」と伝える。ストレス反応が今ここで生じている事実こそ，正常な癒やしのプロセスがすでに始まっている証拠である旨を伝え，現在の状況の意味や今後の展開について見通しを与える。

(2)協働とエンパワーメントの原則。心的外傷後ストレスからの回復の過程で被災者は，再体験，回避，覚醒亢進，罪障感といった特有の反応を示す。この最良の癒やし手は，被災者自らであり，さらには被災者と日常接する非専門的な支援者たちである。一方，専門家は症状を明快に記述し，説明し，癒やしへと至る時間の流れの中に現在を位置づける。両者はそれぞれの役割を自覚し，被災者自らの力を高め，尊厳や有能感を回復するという共通の課題のために協働するのである。

(3)個別化の原則。心的外傷から回復する過程は個人により千差万別であることをあらかじめ知っておく。と同時に，他者との違いは価値あることとして認める態度が必要である。支援者は，一般的な方向や起こしやすい間違いについては意識するものの，被災者個人の固有の道筋をとともに歩みながら，常に新しい小径を発見する姿勢が大切である。

たしかに大多数の家族については，症状をノーマライズし(原則1)，協働とエンパワメント(原則2)の立場から関わるべきである。と同時に，心的外傷から回復する過程は個人により千差万別であることも知っておくことが大切である。とりわけ，深刻な心的外傷ストレス症状を示した約8.2％の母親たちについては，個別化(原則3)がとりわけ重要となる。われわれの家族調査とほぼ同時期に実施された林らの大規模サンプル調査でも，専門家に心の悩みをうち明けたと回答した者が8％いた。また，米国のPTSD罹患率調査(PTSD発症率が女性では10％，男性では5％)(Kessler, Sonega, Bromet, Hughes & Nelson, 1996)も踏まえると，約1割弱の被災者(とりわけ女性)については，より専門的に踏み込んだ臨床的ケアが必要であったことが示唆される。

オルソンの円環モデルを用いて，重症のPTSD患者家族への家族療法を行なったフィグレイは，高度に異常なストレス刺激にさらされたとき，家族には相

互の慰めや情緒的な支援のために互いに強く引き合いたいと願う傾向が生ずる。この相互作用はストレスを逆に増大させる。またかじとりに関しても，危機に際して右往左往する（かじとりがてんやわんやになる）傾向が強いと報告している（Figley, 1988）。このような重症事例こそ，専門家が臨床モデルを駆使して関わる本番なのであろう。

第11章

FACESKG IVの開発と構成概念妥当性および
カーブリニア仮説の検討

　栗本(1995)が開発したFACESKG IIIは，尺度の構成概念妥当性は実証したが，これを用いた実証家族研究は，きずな・かじとり両次元のカーブリニア仮説を同時に実証するには至らなかった。前章で見たように，西川(1995)はアルコール依存症者の妻たちにFACESKG IIIを実施したが，夫の断酒状況との関係においてきずな次元ではカーブリニア関係が認められたが，かじとり次元では明快なカーブリニア関係が見出せなかった。一方，震災ストレスに対する家族システムの対応に関する研究(立木, 1996; Tatsuki, 1997; 野口ら, 1997; 立木, 1998)では，かじとり次元で家族機能度との間にカーブリニア関係を見出したが，きずな次元はむしろリニアな関係を確認した。これらの結果を受けて，横山登志子・橋本直子は1996年度の関西学院大学大学院社会学研究科修士論文調査で，立木の指導のもとFACESKG第4版(実年の親版)開発に着手した。第4版の開発で目標としたのは，きずな・かじとり両次元でオルソンが予測するようなカーブリニア関係を実証できることであった。その際，家族研究の分野でこれまでに蓄積されてきたベッタリ(きずなが極端に高水準な)家族に関する研究に立ち戻り，ベッタリ状態について操作的な定義を再吟味し，きずな次元の尺度としての射程を拡げることに努めた(横山・橋本・栗本・立木, 1997)。以下，1. きずな次元の超高水準(ベッタリ)状態の概念の再検討，2. FACESKG IVの尺度開発と内的構造的検討，3. 確認的因子分析モデルを用いたFACESKG IVの構成概念妥当性の検討，4. FACESKG IVの外的妥当性の検討，5. まとめと考察の順に述べることにする。

1. きずな超高水準（ベッタリ）状態の再検討

1) カーブリニア仮説の実証的研究

　FACESは1978年に開発され (Olson, Bell & Portner, 1978)、その後ビーバーズら (Beavers & Voeller, 1982) の批判を受けて、自律性をきずな概念から外すという変更が加えられたことでFACES II (Olson, Portner & Bell, 1982) へと改訂された。その後、信頼性や妥当性を維持しながら、治療上の有用性を高めるために項目数を減らすという目的で、FACES III (Olson, Portner & Lavee, 1985) が開発された。一般的にこの第3版がよく用いられている。しかしFACESを用いた研究では、きずな・かじとり次元のカーブリニア仮説は実証されなかった (Pratt & Hanson, 1987; Kuehl, Schumn, Russell & Jurich, 1988; Walker, McLaughlin & Greene, 1988; Green, 1989; Doherty & Hovader, 1988; Green, Harris, Forte & Robinson, 1991a, 1991b; Vandvik & Eckblad, 1993; Dundas, 1994)。

　ウォーカーらはFACES II を、機能的心身症状 (functional somatic complaints) を持つ青少年の家族および健康な青少年の家族に実施した。ところが、家族のきずなと心身症状の間には、カーブリニア関係が見られなかった。むしろ、FACES II のきずな得点は、成員の健康や幸福度とリニアな関係を示したのである (Walker et al., 1988)。

　グリーンらはFACES III を用いて2,440人の男性に調査を行なっている。被験者はFACES III 以外に個人の生活や環境の満足度を測るGCS (Hudson's Generalized Contentment) 尺度と、結婚生活の満足度を測るKMSS (The Kansas Marital Satisfaction Scale) 尺度にも答えている。結果はきずなが高い傾向にあると認められた男性は、低いと認められた男性よりも結婚生活に満足しており、自分の生活や環境にも満足しているというものであった (Green, Harris, Forte & Robinson, 1991a)。結局、きずなのカーブリニア関係は否定された。さらに同様の結果は、調査対処者の妻たち (1,516人) の調査でも確認されている (Greene, Harris, Forte & Robinson, 1991b)。

　ヴァンディビクとエクブラドは、リウマチ障害を持つ子どもとその親に対してFACES III を実施している。やはり、きずなと子どもの心理社会的な発達との間には統計的に有意なカーブリニア関係は見出せなかった。むしろ、きずな

が高まるほど心理社会的発達の程度も高くなるというリニアな関係が確認された (Vandvik & Eckblad, 1993)。

　ダンダスはFACES Ⅲと，ビーバーズのSFI (Self-report Family Inventory) (Beavers, 1985) を，177人のノルウエー人の青年男女に実施した。この研究も，FACES Ⅲが家族機能度とリニアな関係にあることを示した (Dundas, 1994)。同様に，プラットとハンセンも，FACES ⅡおよびFACES Ⅲの全項目，さらにビーバーズのSFIの項目44番を併せて，健康な家族と機能不全家族に実施している。この結果，FACES Ⅱ, FACES Ⅲともきずな得点の極端に低い家族と，機能不全家族とは一致したが，きずな得点が極端に高かった家族と機能不全家族との間には関連性が認められなかった。これに対してビーバーズの項目44番でバランス型と回答した家族は，健康な家族である割合が多く，一方高低どちらかの方向で極端型であると回答した家族は機能不全家族である割合が多かった (Pratt & Hanson, 1987)。

　以上のように，オリジナルのFACES ⅡやFACES Ⅲを用いた研究は，きずな次元と健康度とのカーブリニア性を実証することにことごとく失敗していた。このため，北米では1990年代後半からFACES Ⅲだけでなく，円環モデルそのものに関する家族研究は下火になっていった。

2) ベッタリ (enmeshment) 家族研究の再検討

　われわれのチームは，きずな次元でのカーブリニア仮説が検証されなかった理由を純粋に尺度開発上の問題と考えた。オリジナルのFACES Ⅱ・Ⅲも，FACESKG・FACESKG Ⅱでも，「きずな (cohesion)」次元として測定されていたのは，「家族のサポート度」や「親密度」，あるいは栗本 (本書第9章) のいう「家族の暖かさ」ではなかったのかと考えたのである。つまり，円環モデルが想定する「ベッタリ (enmeshment)」状態は，これまでの質問紙では捉えられていなかったと考えたのである。

　そこで，「ベッタリ」家族について文献をレビューし直し，「ベッタリ家族」について概念の再定義を行なった。その上でオルソンらのFACESシリーズ，およびその他の代表的な家族アセスメント尺度であるFamily Environment Scale (FES, Moos, Insel & Humphrey, 1974) およびFamily Assessment Measure

(FAM, Skinner, Steinhauer & Santa-Barbara, 1983)の項目内容を再検討し，これらの尺度が「ベッタリ」概念に本当に光を当てているのかについて，内容妥当性の吟味を行なった。

円環モデルはきずな・かじとり次元が家族機能度とカーブリニアな関係になることを基本的な仮説にしている。たしかに，オルソンの指導のもと，SIM-FAM (Simulated Family Activity Measurement)を用いたラッセルの博士論文調査は，きずな・かじとりが中程度の家族は極端な家族よりも機能的であることを示していた(Russell, 1979)。また，円環モデル臨床評価尺度(Clinical Rating Scale)を用いた大塚・立木の研究(本書第3章，大塚，1987；大塚・立木，1991)でも，きずなのカーブリニア性が確認されていた。何より，臨床的な現実からも，円環モデルのカーブリニア仮説には説得力が感じられた。

ベッタリ(enmeshment)とは，構造的家族療法家ミニューチン(Minuchin, 1974)が広めた家族交流パターンの名称である(Sauer, 1982)。ミニューチンは，「ベッタリ(enmeshment)」と，その対極を指す「バラバラ(disengagement)」という語で，家族サブシステム間の境界の病理を説明した。ベッタリ(enmeshment)の境界では，家族内部にのみ関心が向けられ，成員相互が過度に関わり合うことが強いられるとされた(Sauer, 1982; Barker, 1993)。

同様の概念は，ミニューチン以外にもさまざまな臨床家が提唱している。たとえば融合(fusion)も，その一例である(Boszormenyi-Nagy, 1965)。融合とは，家族成員が相互にからまり合い，個々の成員の個性を解け合わせて，個を解消した状態である。また，サールズは，「家族規模の自我の共棲関係」(family-wide symbiotic ego)という概念で，家族成員間に見られる自我の病理的な共棲関係に言及している。この関係の中では，個別化は家族の統合を脅かすもので，各成員は家族規模に拡大された自我に依存し，その関係を維持するために多くの情動的な力を用いる(Searles, 1965)。カンターとレアーも，情動融合(affect fusion)という語で，家族成員間の情動的なつながりが非常に高い状態に言及した(Kantor & Lehr, 1975)。そこでは家族成員間の境界は拡散すると同時に，家族外との関係を緊密にすることは許されない(Sauer, 1982)。ボーエンも「未分化な家族の自我の塊(undifferentiated family ego mass)」という語で，同様の概念を提案している(Bowen, 1978)。ボーエンは，家族成員が原家族から心理的

に分離していないことから,多くの家族問題が生じると考えた。そして,拡大家族システムに注目し,原家族との情動的な一体性に注目したのである (Barker, 1993; 遊佐, 1984)。

以上の議論を踏まえて,ベッタリ (enmeshment) 家族を次のように再定義した。ベッタリ家族とは「家族成員が互いに,からみ合い (intertwined),織りまぜ合い (interwoven),過度に巻き込まれ (overinvolved),気を取られている (pre-occupied) 状態である (Sauer, 1982)」。その特徴は,多くの研究者が指摘しているように,家族成員間の境界の不明確さ・他者依存的なアイデンティティ・共棲的関係・自我の融合や共有・強い情動的一体感にまとめることができる (Boszormenyi-Nagy, 1965; Bowen, 1966; Minuchin, Montalvo, Guerney, Rosman & Schumer, 1967; Satir, 1967; Wynne, Rycoff, Day & Hirsch, 1958; Whitaker, 1965; Barnhill, 1979)。このような家族は閉じたシステムとなり,病理性を内包しやすい。

3) FACES シリーズのきずな・ベッタリ項目の検討

オリジナルのFACESシリーズきずな項目の文言を,ベッタリ家族の再定義に基づいて再検討した。FACES初版 (**表11-1**) は,きずなの超高水準状態としてのベッタリ状態を指す項目を含んでいた。たとえば,「家族から離れて時間を過ごすことはできない」(No. 5),「1人でいる時間がほしいと思ったら罪悪感を感じる」(No. 9),「家に1人になる所がない」(No. 16),「ある家族員の代わりに他の家族員が答える」(No. 22),「興味や趣味を全部分かち合っている」(No. 28),「家族間の巻き込まれ (involved)」(No. 76) や,「家族は互いに逃れることはできないと知っている」(No. 109),「家族で決めたことに沿ってやらなければいけないと感じる」(No. 111) などである。しかし,ベッタリ項目と判定はされるが,同時に家族の暖かさや親密さとも見なせる項目も存在した。たとえば,「両親はいつも一緒にいる」(No. 13),「家族の絆 (family ties) はどんな友情よりももっと重要だ」(No. 20),「家族に共通の友人がいる」(No. 82) などである。

ところがFACES II のきずな項目 (**表11-2**) では,きずなの超高水準としてのベッタリ項目がまったく抜け落ちている。つまり,ここで表現されている内容はまさに家族のサポートであり,親密さである。たとえば,「家族は困難な時にも助け合う」(No. 1),「家族は互いにとても親密だと感じている」(No. 17),

表11-1 FACESのきずな「ベッタリ」の項目

3. We don't have spur of the moment, guests at mealtime.
5. It's difficult for family members to take time away from family.
9. Family members feel guilty if they want to spend time alone.
11. In our family, we know where all family members are at all times.
13. The parents in our family stick together.
16. It seems like there is never any place to be alone in our house.
20. Family ties are more important to us than any friendship could possibly be.
22. Family members often answer questions that were addressed to another person.
28. Family members share almost all interests and hobbies with each other.
45. Family members have little need for friends because the family's so close.
75. Family members are expected to have the approval of other's before making decisions.
76. Family members are totally involved in each other's lives.
80. Family members feel pressured to spend most free time together.
82. Family members share the same friends.
86. It seems as if we agree on everything.
88. Family members know who will agree and who will disagree with them on most family matters.
109. Family members find it hard to get away from each other.
111. Family members feel they have to go along with what the family decision to do.

(出典) David Olson (1978)

「家族は互いの友達を快く思っている」(No. 27) などである。

　FACESⅢのきずな項目 (**表11-3**) でも，FACESⅡと同様にベッタリ項目がない。たとえば，「家族は互いに助けを求め合う」(No. 1)，「互いの友達を快く思っている」(No. 3)，「家族は互いにとても親密だと感じている」(No. 11) などである。やはり，サポートや親密さを問うものでしかない。

　FACESⅡとFACESⅢでは，きずな次元の項目は中庸程度のきずな特性を問う内容に集中していたのである。このような質問のどれにも「とても良く当てはまる」と答えたとしても，それは「きずな水準が中庸であること」に「とても良く当てはまる」と答えているに過ぎない。きずなが超高水準である，とは決して見なせないのである。

　オルソンらのFACESⅡ・Ⅲの開発では，きずな・かじとりの2次元構造に

表11-2　FACES Ⅱのきずな項目（(−)は反転項目）

	1. Family members are supportive of each other during difficult times.
(−)	3. It is easier to discuss problems with people outside the family than with other family members.
	5. Our family gathers together in the same room.
	7. Our family does things together.
(−)	9. In our family, everyone goes his/her own way.
	11. Family members know each other's close friends.
	13. Family members consult other family members on their decision.
(−)	15. We have difficulty thinking of things to do as a family.
	17. Family members feel very close to each other.
(−)	19. Family members feel closer to people outside the family than to other family members.
	21. Family members go along with what the family decides to do.
	23. Family members like to spend their free time with each other.
	25. Family members avoid each other at home.
	27. We approve of each other's friends.
(−)	29. Family members pair up rather than do things as a total Family.
	30. Family members share interests and hobbies with each other.

（出典）　David Olson（1982）

こだわるあまり、因子分析の過程で、初版に含まれていたベッタリ項目が削除されたのではないか。本来なら、このときにきずなの各段階（バラバラ、サラリ、ピッタリ、ベッタリ）ごとの尺度を作成するといった対策が取られるべきであった。そうすれば、ベッタリ家族項目が削除される問題は回避されたに違いない。しかし現実には、ベッタリ概念は尺度の射程から外れてしまったのである。

4）FESとFAMのきずな項目の検討

　FACES以外の代表的な家族アセスメント尺度であるFES（Family Environment Scale）とFAM（Family Assessment Measure）の質問項目も検討した。FESはスタンフォード大学のルドルフ・ムースが作成した自己報告式の家族環境尺度である。これは関係性次元（relationship dimensions）・人間的成長次元（personal growth dimensions）・システム維持次元（system maintenance dimensions）の3次元から総合的に評価するものである（Moos, 1974; 野口・斉藤・手塚・野村, 1991）。関係性次元の下位変数は、きずな（cohesion）、表出性（expressiveness）、

表11-3 FACES Ⅲのきずな項目 ((−) は反転項目)

	1. Family members ask each other for help.
	3. We approve of each other's friends.
	5. We like to do things with just our immediate family.
(−)	7. Family members feel closer to other family members than to people outside the family.
	9. Family members like to spend free time with each other.
	11. Family members feel very close to each other.
	13. When our family gets together for activities, everybody is present.
(−)	15. We can easily think of things to do together as a family.
	17. Family members consult other family members on their decisions.
	19. Family togetherness is very important.

(出典) David Olson (1985)

葛藤性(conflict)である。この中のきずな項目の内容(表11-4)を見ると,「助けと支え(help and support)」(No. 1),「思いやりの維持(keep their feelings)」(No. 2),「一体感(feeling of togetherness)」(No. 31),「支えあい(back each other up)」(No. 51)というキーワードが見られ,FACES ⅡやFACES Ⅲのきずな項目と酷似している。つまり,FESきずな項目も,サポートや思いやり,親密さ,一体感などを測定していると判断された。

FAMはトロント大学のハービー・スキナーが中心になって作成した自己報告式の家族アセスメント尺度であり,家族機能のプロセス・モデル(Santa-Barbara, Steinhauer & Skinner, 1981;正木・立木, 1991)に基づいている。プロセス・モデルには,課題達成(task accomplishment),役割の遂行(role performance),コミュニケーション(communication),感情表出(affective expression),感情的な巻き込まれ(affective involvement),コントロール(control),価値と規範(values and norms)という7つの次元が想定されている。項目検討の対象としては,感情的巻き込まれ(表11-5)に注目した。

感情的巻き込まれに関する項目でも,「愛情を感じる(feel loved)」(No. 5),「互いに親密である(close to each other)」(No. 35),などの文言が含まれていた。しかし,ベッタリ(enmeshment)を表す項目も混在していた。たとえば,「家族の中で1人の個人(individual)として存在することはない」(No. 14),「家族は完全に互いを理解しあっている」(No. 26),である。これらは,家族成員間の境

表11-4 FESのきずな項目

1. Family members really help and support one another.
2. Family members often keep their feelings to themselves.
31. There is a feeling of togetherness in our family.
51. Family members really back each other up.
72. We are usually careful about what we say to each other.
81. There is plenty of time and attention for everyone in our family.

(出典) Rudolf Moos (1974)

表11-5 FAMのきずな項目 ((−)は反転項目)

General Scale
  5. We feel loved in our family.
  8. I don't see how any family could get along better than ours.
(−) 13. When someone in our family is upset, we don't know if they are angry, sad, scared or what.
  14. You don't get a chance to be an individual in our family.
  17. I don't think any family could possibly be happier than mine.
  26. My family and I understand each other completely.
(−) 34. When someone is upset, we don't find out until much later.
  35. We feel close to each other.
(−) 45. When our family gets upset, we take too long to get over it.

(出典) Harvey Skinner (1983)

界が明確でない状態や，感情的な巻き込まれ，お互いに過剰に意識を向け合っている状態(互いの完全な理解)を表していた。

2. FACESKG Ⅳの開発と内的・構造的検討

前節のレビューを基に，FACESKG Ⅳのベッタリ項目の作成に当たっては，「家族成員が互いに，からみ合い(intertwined)，織りまぜ合い(interwoven)，過度に巻き込まれ(overinvolved)，気を取られている(preoccupied)」という病理的な状態を強調する文言となるように留意した。より具体的には，家族成員間の境界の不明確さ・他者依存的なアイデンティティ・共棲的関係・自我の融合や共有・強い情動的一体感などの特徴を，測定や観察可能な行動上のレベルで記述するように心がけた。

1) アイテムプールの作成

　横山登志子・橋本直子の2名の大学院生がアイテムプール作成を主として担当した。しかし，きずなが極端に高水準なベッタリ状態を示す項目については，研究室のメンバーが全員項目作成に参加した。項目はFACESKG Ⅲ同様にサーストン等現間隔尺度であり，各次元について，極端な低水準（1点）から極端な高水準（8点）まで，各水準でできるだけ等分の項目を用意した。その結果，きずな443項目・かじとり166項目の合計609のサーストン尺度項目を作成した。

　なお，子どもがすでに成人したアルコール依存症者の家族が，横山・橋本の直接の関心対象であったために，この層の家族を直接のターゲットとする項目とした。具体的な年齢層としては，前章の西川（1995）によるアルコール依存症者の妻105名の調査を参考にした。この調査では，夫の平均年齢は53.5歳，妻の平均年齢は50.2歳，第1子の平均年齢は24.3歳であった。そこで，第1子が20歳代から30歳代までの家族を想定した項目づくりを行なった。そのために，かじとり次元の「しつけ」は不適切であるので除外した。

2) 予備尺度の作成

　準備したアイテムプール項目の精選を行なった。これは，きずな・かじとりのそれぞれの水準を想定して作成した項目が，第三者の目からも同様の評価となるかどうかを見るものであった。評定は2度行ない，第1次評定は1995年12月20日から1996年1月15日にかけて，栗本かおりや野口啓示の大学院生2名と，大学院卒業生であり新阿武山クリニックソーシャルワーカーの西川京子の協力を得て行なった。項目が想定する水準と異なる評価が下された項目は削除した。また，文言がダブルバレルになっていたり，表現が不明確な項目についても，研究室全員で検討の上削除した。

　第2次評定は1996年1月17日から2月13日にかけて，1995年度の家族システム論を受講した学生22人によって行なわれた。受講生には，オルソン円環モデルに関する論文を熟読し，きずな・かじとりの各概念について精通することを求めた。「判定は，円環モデルの精通度のテストであり，家族システム論の成績に反映する」という指示の後，項目の判定を依頼した。それぞれの項目

について，評定の分散を求め，分散が大きい場合は特定のレベルを反映していないと判断し，その項目を削除した。このような2段階を経て，きずな50項目・かじとり33項目からなる合計83項目の予備尺度が作成された。

3) 予備尺度の実施

予備尺度の項目をさらに精選するために，関西学院大学社会学部同窓生の両親を対象に調査を実施した。同窓名簿から同窓生が20歳代から30歳代に当たる人を対象に，クラスター標本抽出で1,023家族を選び出し，その家族に往復ハガキで調査の協力依頼を行なった。そして，協力を申し出た348家族に対して郵送調査をした。なお質問紙は父親版と母親版を用意した。もともと質問項目は母親の立場に立って作成したので，父親版は母親版のワーディングを変更して作成した。父親版・母親版ともきずな50項目とかじとり33項目である。調査実施の期間は1996年6月21日から7月14日である。

4) サンプルの属性

348組の夫婦に配布し，回収できたのは291組であり，回収率は83.6％であった。夫婦双方の回答が不備なものや，5項目以上の未回答があるサンプルは分析から除いた。その結果，有効回答は221家族となった。夫の平均年齢は58.1歳で，51歳から60歳までが71.1％，61歳から70歳までが25.7％であった。妻の平均年齢は54.3歳で，51歳から60歳までが80.3％，41歳から50歳までが13.3％であった。子どもの平均年齢は28.5歳で，21歳から25歳までが17.0％，26歳から30歳が57.8％，31歳から35歳が23.4％であった。また，子どもの人数は2人が最も多く64.2％で，ついで3人が29.4％，1人が5％であった。調査時点での子どもとの同居形態は，「同居する子どもがいる」が45.4％で，「子ども全員と別居」が36.7％，「子ども全員と同居」が16.1％であった。

5) 反応通過率による項目分析

きずな次元のサラリ・ピッタリ，かじとり次元のキッチリ・柔軟の中庸レベルにおいては，ほとんどの回答者が同じ回答をする項目は弁別性に乏しい。そこで各次元の中庸レベル（レベル3〜6）で全被験者の95％以上が「はい」か

「いいえ」のどちらかに偏って回答した項目は削除した。一方，極端レベル（レベル1・2および7・8）については極端な家族機能を測るために，反応通過率を用いた項目の削除は行なわなかった。この段階で，父親版3項目，母親版2項目が削除された。

6) 双対尺度法による項目類似性の分析

FACESKG Ⅲ の開発時と同様に，項目間の一貫性について検討するために，双対尺度法による回答パターンの分析を行なった。たとえば，きずな次元が低い回答者は，バラバラ・サラリ項目を一貫して選択することが予想される。と同時にベッタリやピッタリ項目は一貫して選択しないことが予想される。双対尺度法によって重みづけられた各項目の尺度値を検討することで，項目間の類似性を数量的に判断することが可能となった。分析の結果，きずな次元ではきずな低水準（1点から4点）に正の値，きずな高水準（5点から8点）に負の値が付与された。同様に，かじとり次元では両極端（超低水準の融通なし1・2点，および超高水準のてんやわんや7・8点）に正の値が，かじとり中庸水準（キッチリ3から柔軟6まで）に負の値が与えられた。したがって，たとえばバラバラ1を想定した項目は正の値を与えられるべきであり，実際には負の値が与えられているような場合は削除した。この結果，父親版はきずな2項目・かじとり3項目を削除し，母親版はきずな21項目・かじとり6項目を削除した。この段階で父親版はきずな45項目，かじとり30項目，母親版はきずな27項目，かじとり27項目となった。

7) 因子構造の安定性への貢献度に基づく項目の精選

内的妥当性をより高めるために，FACESKG Ⅲ 開発時と同様の手法で，父きずな・父かじとり・母きずな・母かじとりの4変数について，探索的因子分析を行ない項目の精選を行なった。項目精選は，以下の3点の基準に基づいている。1) ある項目を削除すると結果的にきずな・かじとりの2因子構造以外，すなわち1因子や3因子構造が出現する，2) ある項目を削除する前と後を比較すると4つの変数のコミュナリティが下がる，3) 当該因子での因子負荷量が小さくなる，の以上3点である。また，きずな次元，かじとり次元ともに，各レベ

表11-6 父・母のきずな・かじとり得点の多特性・多方法行列
(横山ら, 1997)

	母きずな	母かじとり	父きずな	父かじとり
母親きずな	1.0000			
母親かじとり	-.05	1.0000		
父親きずな	.58***	-.05	1.00	
父親かじとり	.07	.40***	-.05	1.0000

(注) $N = 221$ *** $p < .001$

表11-7 父・母きずな・かじとり得点の因子分析の結果
(横山ら, 1997)

	因子1	因子2	コミュナリティ
母親きずな	.8920	.0415	.7973
父親きずな	.8835	-.0654	.7849
父親かじとり	.0485	.8413	.7101
母親かじとり	-.0710	.8295	.6932

ルの項目がほぼ同数になるように配慮した。その結果，父親版のきずな27項目・かじとり14項目，母親版のきずな11項目・かじとり12項目を削除した。以上の手続きで，父親版はきずな18項目・かじとり16項目の合計34項目，母親版はきずな16項目・かじとり15項目の合計31項目が残った。この最終項目に基づく多特性・多方法行列，および探索的因子分析の結果は**表11-6**と**表11-7**の通りである。

8) 最終項目のきずな・かじとり得点の分布

項目精選の一連の段階を経て，最終的に残った項目に基づく得点の分布は以下に示す通りである。父親版きずなでは，平均値が1.5(標準偏差5.8)で，ほぼ正規分布であった(**表11-8，図11-1**)。父親版かじとりは，平均値が-1.9(標準偏差が3.1)で，これもほぼ正規分布であった(**表11-9，図11-2**)。母親版きずなは，平均値が0.9(標準偏差5.5)で正規分布であった(**表11-10，図11-3**)。母親版かじとりは，平均値が-0.1(標準偏差3.0)であった。他の得点と比べて，分布の幅が狭いのが特徴であった(**表11-11，図11-4**)。

表11-8　父親版・きずなの分布

N	221	Sum Wgts	221
Mean	1.506787	Sum	333
Std Dev	5.77071	Variance	33.30109
Skewness	-0.56359	Kurtosis	0.681096

```
Stem Leaf                                                    #
  16 5                                                        1      0
  14 0                                                        1
  12 055                                                      3
  10 0005555                                                  7
   8 0005555500000555                                        16
   6 000055555555000000005                                   21
   4 000000000055550000000000000000005555                    36    +-----+
   2 00005555555555555555005555555                           30    *-----*
   0 00000000000000055555500055555555                        33    |  +  |
  -0 55555555555500000005555                                 21    +-----+
  -2 555555550000                                            12
  -4 555500005550000000                                      18
  -6 505555000                                                9
  -8 505                                                      3
 -10 0550                                                     4
 -12 00                                                       2      0
 -14 05                                                       2      0
 -16 0                                                        1      0
 -18 0                                                        1      0
     ----+----+----+----+----+----+----+-
```

図11-1　父親版・きずなの分布図

表11-9　父親版・かじとりの分布

N	221	Sum Wgts	221
Mean	-1.94344	Sum	-429.5
Std Dev	3.096217	Variance	9.586559
Skewness	-0.34238	Kurtosis	1.262929

```
                   Histogram                                 #
   6.5+**                                                    3      0
      .*                                                     2
   4.5+**                                                    3
      .**                                                    4
   2.5+**                                                    4
      .*******                                              14
   0.5+****************                                     32    +-----+
      .*******                                              14    |     |
  -1.5+************************************                 71    *--+--*
      .***                                                   6    |     |
  -3.5+**************                                       27    +-----+
      .******                                               11
  -5.5+******                                               12
      .**                                                    4
  -7.5+****                                                   7
      .**                                                    3
  -9.5+**                                                    2
      .
 -11.5+*                                                     1      0
      .*                                                     1
 -13.5+
     ----+----+----+----+----+----+----+-
* may represent up to 2 counts
```

図11-2　父親版・かじとりの分布図

表11-10 母親版・きずなの分布

N	221	Sum Wgts	221
Mean	0.88914	Sum	196.5
Std Dev	5.456245	Variance	29.77061
Skewness	-0.60295	Kurtosis	0.889485

```
Stem Leaf                                                    #    Boxplot
 14 0                                                        1       0
 12 000                                                      3
 10 0055                                                     4
  8 000000005500                                            12
  6 000000055555550055                                      18
  4 000005555555555500055555555                             27    +-----+
  2 00000000005555555555500000000000000055555               39    |     |
  0 000000055555555555555500000000055555                    39    *-----*
 -0 5555555500005555555555                                  22    |     |
 -2 5555055500000000                                        16    +-----+
 -4 555000050000000                                         15
 -6 5555005000                                              10
 -8 55550                                                    5
-10 55550                                                    5
-12 0                                                        1       0
-14 00                                                       2       0
-16 55                                                       2       0
    ----+----+----+----+----+----+----+----
```

図11-3 母親版・きずなの分布図

3. 確認的因子分析モデルを用いた構成概念妥当性の検証

FACESKG Ⅳ父版および母版の最終項目セットに基づく多特性・多方法行列に対して，FACESKG Ⅲのときと同様に，確認的因子分析モデル (Widaman, 1985) に基づく構成概念妥当性の検定を行なった。特性の構造と方法の構造を入れ子状に階層化させたモデルの適合度は，表11-12に示す通りである。本研究の場合，方法因子は母親および父親の報告であり，特性因子はきずな・かじとりとなる。

1) 確認的因子分析

最も適合度のよかったモデルは2'Bであった。図11-5は，これをパス図で表現したものである。モデル2'Bでは，方法因子から父きずなに出ている因果係数と，方法因子から母かじとりに出ている因果係数が有意ではなかった。そこで，再度それを取り除き適合度を見た。その結果をパス図で表現したのが図11-6である。この結果，さらに適合度が高くなった (表11-12の最下行参照)。この最終モデルのパラメーターの推計値は，t値がすべて1.96以上で有意となっ

表11-11　母親版・かじとりの分布

N	221	Sum Wgts	221
Mean	-0.13348	Sum	-29.5
Std Dev	3.019868	Variance	9.119601
Skewness	-0.1725	Kurtosis	3.410381

```
Histogram                                         #   Boxplot
 13.5+*                                           1     *
     .
     .*                                           1     *
     .*                                           1     *
  8.5+
     .*                                           1     0
     .*                                           1     0
     .***                                         3     0
     .***                                         3
  3.5+***                                         8
     .**                                          5
     .*****************************************  99   +-----+
     .***                                         9    |     |
     .*********                                  25    |  +  |
 -1.5+********                                   24   +-----+
     .******                                     16
     .*                                           2
     .*                                           6
     .***                                         7
     .*                                           3     0
 -6.5+*                                           3     0
     .*                                           1     0
     .
     .*                                           2     *
-11.5+
     ----+----+----+----+----+----+---
* may represent up to 3 counts
```

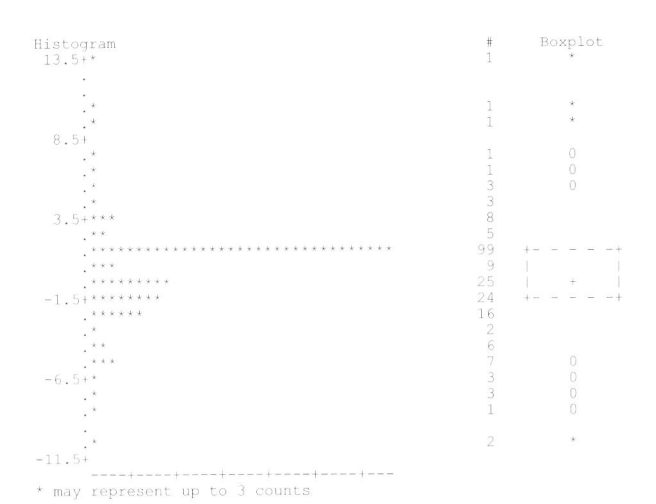

図11-4　母親版・かじとりの分布図

た（表11-13参照）。

2）尺度の信頼性の推定

　父・母のきずな・かじとり得点のR_2値を基に尺度の信頼性を検討した。決定係数（R_2値）は0から1の間で決定され，1に近いほど誤差が少ないことを示す。なお，一般化最小自乗解によって解を求めるために，父母間において，きずな・かじとりそれぞれの測定誤差は等しいという仮定を置いた。そのため，表11-14で得られた決定係数の推定値はあくまで参考でしかないことを断っておく。FACESKG Ⅳの信頼性については，テスト・再テスト法や折半法などによる調査を，今後進める必要がある。

表11-12 FACESKG Ⅳ 多特性・多方法行列データの確認的因子分析モデルの適合度の比較

	適合度 χ^2	自由度	確率	GFI	AGFI	AIC
特性因子・方法因子なしモデル (1A)	133.56	9	.0001	.80	.78	115.56
特性因子なし 1つの方法因子 (1B)	90.82	5	.0001	.82	.65	80.82
特性因子なし 3つの方法因子,因子間相関なし (1B')	132.49	5	.0001	.80	.60	122.49
特性因子なし 父母報告因子間相関あり (1C)	収束せず					
1つの共通特性因子のみ 方法因子なし (2A)	収束せず					
1つの共通特性因子 1つの方法因子 (2B)	収束せず					
1つの共通特性因子のみ 2つの方法因子,相関なし (2B')	37.83	1	.0001	.93	.27	35.83
1つの共通特性因子のみ 2つの方法因子,相関あり (2C)	22.75	1	.0001	.95	.54	20.75
2つの特性因子,因子間相関なし 方法因子なし (2'A)	12.73	5	.0261	.973	.945	2.73
2つの特性因子,因子間相関なし 1つの方法因子 (2'B)	.72	1	.3954	.998	.984	-1.28
2つの特性因子,因子間相関なし 3つの方法因子,相関なし (2'B')	収束せず					
2つの特性因子,因子間相関なし 父母報告因子相関あり (2'C)	1.22	1	.2699	.997	.973	-.78
2つの特性因子,因子間相関あり 方法因子なし (3A)	12.57	6	.0136	.973	.932	4.57
2つの特性因子,因子間相関あり, 1つの方法因子 (3B)	77.22	2	.0001	.876	.381	73.22
2つの特性因子,因子間相関あり, 2つの方法因子,因子間相関なし (3B')	.96	1	.3273	.998	.978	-1.04
2つの特性因子,父母報告因子間に相関あり (3C)	収束せず					
最終モデル	0.036	2	0.9824	0.9999	0.9996	-3.965

(注) 1. 母数の推定に当たって,父・母のきずな得点における測定誤差はすべて等しく σ_1 に,かじとり得点における測定誤差はすべて等しく σ_2 とする制約条件(仮定)を設けた。

2. 適合度 χ^2 値は,その値が小さくなるほどモデルの適合度が高いことを意味する。したがって,適合度 χ^2 値の確率は通常の頻度のノンパラメトリック χ^2 検定とは逆に, p 値が.05 を超えれば,データへの適合度が有意に高いことを意味する。

3. GFIおよび自由度調整GFI（AGFI）は0〜1の間の値を取る。値が大きいほど適合度が高い。GFI値とAGFI値に開きがある場合には，モデルに改善の余地が残されていることを示す。

4. AIC値も，その値が小さい方が，モデルとの適合度が高い。

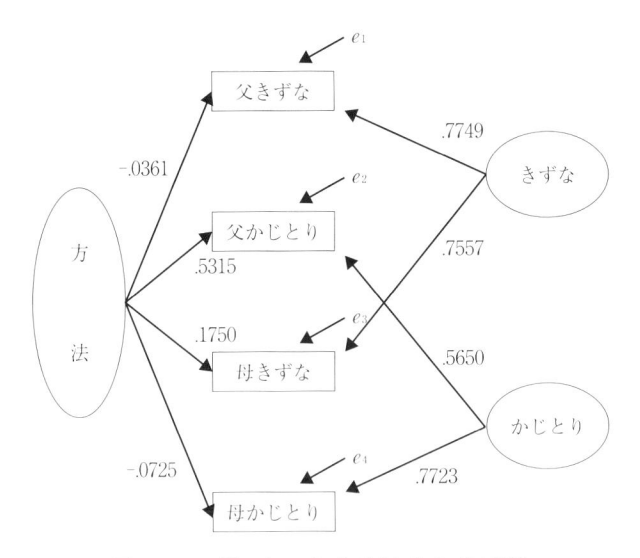

図11-5 モデル2′Bのパス図とそのパス係数

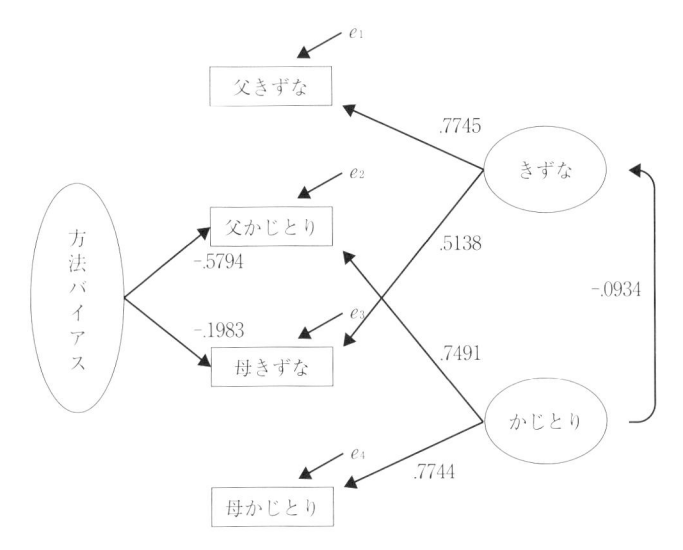

図11-6 最終モデルのパス図とそのパス係数

第11章　FACESKG Ⅳの開発と構成概念妥当性およびカーブリニア仮説の検討

表11-13 最終モデルの因果係数の有意性

特性因子→観測変数	因果係数（推定値）	標準誤差	t値	標準化解
きずな→父きずな	.7745	.0619	12.5151	.7745
きずな→母きずな	.7498	.0631	11.8818	.7491
かじとり→父かじとり	.5138	.0803	6.3945	.5138
かじとり→母かじとり	.7743	.0658	11.7592	.7744

表11-14 父親版・母親版のそれぞれのきずな・かじとりのR^2

	R^2
父きずな	.5997
父かじとり	.5996
母きずな	.6004
母かじとり	.5996

(注) 父親と母親のきずな・かじとりの測定誤差を同一のものに固定している。

4. FACESKG Ⅳの外的妥当性（カーブリニア仮説）の検討

　FACESKG Ⅳの開発では，内的・構造的検討に加えて，カーブリニア仮説の検証に重きを置いた。そのために，本調査ではFACESKG Ⅳ予備尺度と併せてASTWA (Addiction Screening Test for Wives of Alcoholics) を実施した。ASTWAは三重県立高茶屋病院の猪野亜郎が中心となって開発したスクリーニング用の質問紙尺度（猪野・大越・杉野・志村，1992；猪野・杉野・志村，1994）で，アルコール依存症者を夫に持つ妻の共依存傾向を測定する。ASTWAの下位尺度は1.（夫への）支配傾向，2.（夫への）巻き込まれ傾向，3.（夫への）世話焼き傾向，4.完全主義傾向，5.自尊心の低い傾向である。本調査では，一般サンプルを対象とはするものの，ASTWAの総得点の高い人ほど，共依存傾向（家族病理度）が高くなると考えた。

　ASTWAを実施したのは，本調査の対象である被験者のうち母親版の回答者221名である。母親の報告に基づくきずな4水準（バラバラ，サラリ，ピッタリ，ベッタリ）ごとのASTWA得点の平均値と中央値は表11-15に示した。同じく母親の報告に基づくかじとり4水準（融通なし，キッチリ，柔軟，てんやわんや）ごとのASTWA得点の平均値と中央値は表11-16に示した。また，図11-7では，

表11-15 家族のきずなと妻の共依存傾向の関係

きずな	人　数	平均点	中央値
バラバラ	45	36.7	35.0
サラリ	41	35.4	35.0
ピッタリ	65	35.3	34.0
ベッタリ	70	37.2	37.0

表11-16 家族のかじとりと妻の共依存傾向の関係

かじとり	人数	平均点	中央値
融通なし	30	38.4	39.0
キッチリ	63	37.4	37.0
柔軟	117	35.2	34.0
てんやわんや	11	34.5	35.0

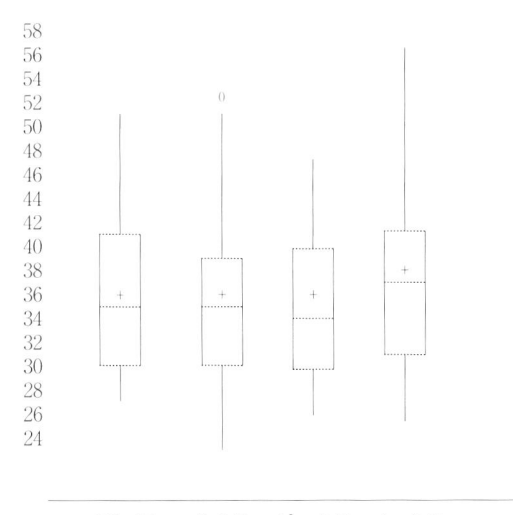

図11-7　母きずな得点とASTWA得点の箱ひげ図

　母親の報告によるきずなの各水準ごとのASTWA得点の分布を箱ひげ図で比較した。一方，**図11-8**は，母親の報告によるかじとりの各水準ごとのASTWA得点の分布を箱ひげ図を用いて比較している。

　FACESKG Ⅳ実年版のきずな・かじとりとASTWAの関係は，きずな次元では明瞭なU字型のカーブリニア関係が認められた（**図11-7**参照）。すなわち，

[図: 母かじとり得点とASTWA得点の箱ひげ図。横軸カテゴリ: 融通なし、キッチリ、柔軟、てんやわんや。縦軸: 24～58]

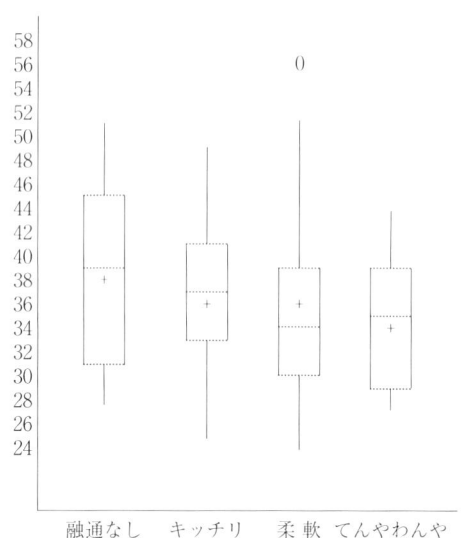

図11-8 母かじとり得点とASTWA得点の箱ひげ図

きずながサラリ・ピッタリの水準にある場合に，ASTWA得点が低く，両極端の場合ASTWA得点が高くなるトレンドが見て取れる。一方，かじとり次元については，各水準ごとの中央値の変化や（**表11-16**）や，箱ひげ図（**図11-8**）による分布の位置を比較すると，融通なしからキッチリ，柔軟とリニアに低下してきたASTWA得点が，てんやわんや水準で反転する傾向が認められた。しかしながら，この反転傾向はASTWAの得点を，一方の極の融通なし水準と同程度の高さまで引き上げるほど明快なものではなかった。

5. まとめと考察

　FACESKG IV実年版を用いた一般サンプル調査では，きずなのカーブリニア仮説がASTWA得点との関係で実証された。つまり，FACESKG IVは，家族のサポート度や暖かさを問うこれまでのFACESシリーズやFACESKGの初版や第2版とは異なり，きずなの超高水準状態であるベッタリ（enmeshment）家族の特徴を明快に捉えることができたためであると考える。すなわち，家族成

表11-17　FACESKG Ⅳ実年版のベッタリ項目

父親版	私の生活の中では家族とすごす時間が非常に多い
	何かで妻が苦しんでいるのをみると妻以上に自分が苦しくなる
	誰かの帰りが遅い時には，その人が帰るまでみんな起きて待っている
	子どもと腕を組んで買い物にいくことがある
	休日はいつも家族全員で一緒にすごす

母親版	休日は家族といるのが一番だ
	家族はお互いの体によくふれ合う
	休日はいつも家族全員で一緒にすごす
	わが家は親子でよくお風呂に入る

員間の境界があいまいであり，互いにからみ合い (intertwined)，織りまぜ合い (interwoven)，過剰な巻き込まれ (overinvolved)，気を取られている (preoccupied) 家族像 (Sauer. 1982) が尺度の射程に入ったのである。

　また，アイテムプール作成の段階で，ベッタリ状態の定義に基づき，観察可能な行動上の用語で具体的な記述を心がけたことも有効であった。ベッタリの状態とは，逸脱した特殊な状態を示す項目内容となるため，被験者はたとえその状態に当てはまったとしても，「はい」とは答えにくいことが予想された。ここに，自己報告式の測定尺度の難しさがある。したがって，項目作成の段階で被験者の価値観や感情などを問う項目は避け，行動上の用語で具体的な場面を記述することに努めたことで，被験者の回答バイアスの問題を最小限に抑えることができたと考える。

　最終的な精選を経たベッタリ項目は**表11-17**の通りである。長子が20歳代から30歳代の家族にとってみれば，「家族とすごす時間が非常に長い」，「家族の誰かが帰るまでみんな起きて待っている」，「親子で腕を組んで買い物にいく」，「休日はいつも家族とすごす」，「互いの体によく触れる」，「一緒にお風呂にはいる」，「妻が苦しんでいるのをみると妻以上に自分が苦しくなる」という行動や反応は，きずなの極端状態として内容妥当性が高いと同時に，反応バイアスをあまり刺激しない内容となった。

　かじとり次元とASTWAの関係は，きずなほど明快なカーブリニア関係が見出せなかった。すなわち，融通なしからキッチリへと，さらにキッチリから

柔軟へと，かじとりの水準が高まるにつれて，ASTWAの中央値はリニアに下降した。この下降トレンドは，かじとり・てんやわんやで反転するものの，その形状はU字型というよりは，むしろ逆J字型の反転であった。これは，てんやわんやと判定された家族の数(11家族)が他のレベルと比べて極端に少なかったことが一因かもしれない。

FACES IIを用いて全米規模のコーホート比較調査を行なったオルソンらによれば，家族のかじとりは，新婚時代に最も高くなり，第1子が成長するにつれてしだいに低下する。そして，子どもが自立を迎える巣立ち期にかじとり水準は最も融通がなくなるとしている。その後，夫婦だけの世帯に戻るとかじとりは再び柔軟度を増すという(Olson, Russell, Sprenkle, 1989)。今回の本調査サンプルは，20代後半から30代の関西学院大学社会学部同窓生の両親であり，ライフサイクル上はかじとりが最も低下する巣立ち期層に相当する。そのために，てんやわんや状態の家族を十分に集めることは，そもそも困難であったと考えられる。

この点で，震災ストレスの対処における家族要因の影響を検討した前章の震災調査の結果は，改めて考えてみると示唆に富むものである。震災期に乳幼児を抱えた家族では，家族システムのきずなが上昇することに，ほとんど例外は認められなかった。逆にいえば，きずなの超低水準家族をこの時期にサンプリング採取することはきわめて困難であったと考えてよい。

以上のように，家族システムのきずな・かじとりと家族病理度とのU字型のカーブリニア仮説を検証するには，どちらの次元についても，各水準の家族が豊富にサンプリングできることが大切な前提となることが明らかになったと考える。

また，外的変数として共依存傾向だけに注目したことも，明快なU字型のカーブリニア関係がかじとり次元では見出せない原因となったのかもしれない。妻の夫への共依存傾向を探るASTWAは，成員相互が極度に，慢性的に関与し合った状態のスクリーニングを目的としている。つまり，かじとりの超高水準という不安定状態と，共依存が想定する慢性(固定)的状態とは，理論的に相容れない側面があった。今後，共依存傾向以外の家族病理度尺度も併用しながら，カーブリニア仮説を検証していくことも必要だろう。

父親と母親の回答バイアスについて：最終モデルによると，父親はかじとり次元について実際よりも融通なし方向に低く回答する傾向があり，母親はきずな次元について実際よりも低めに回答する傾向が存在する。これは，父親が家長としてリーダーシップを取り，母親は感情的な反応を控えるといったステレオタイプ的な家族像に影響されているからだと解釈できる。これらのバイアスは，ハンプソンとビーバーズ (Hampson & Beavers, 1987) の指摘にあるように，女性と男性の社会化のされかたに由来するのだろう。女性は感情表出を抑えて控えめに振る舞うことが，一方男性は家長的な機能を果たすことがよりよい家族関係を保つ秘訣だと見なすように社会化されているのである。このような回答バイアスの存在をあらかじめ知って個々の被験者家族のきずな・かじとり水準を推定することは，臨床上きわめて有用であると考える。

第IV部　家族システムと外部社会との関係

第12章

平時と災害時の家族システムの研究

1. 家族システム論的アプローチによって家族の何が明らかになるのか

　心は，まわりに誰もいない真空の中に漂っているのではない。生きるということは，人と人とのつながりを通してのみかなえられる。だから心の問題も，つながりを持つまわりの人とのやりとりを基に理解し，その変化を考えていく必要がある。私たちにとって最も基本的なつながりである家族を，相互に作用し合うシステムとして捉える。その視点から私たちの心がどのように支えられ，成長していくのか，そしてどのようにして私たちは大人になっていくのかを考える。これが家族システム論のそもそもの分析視角である。

　伝統的に心の変化や成長は，精神の内界の現象と考えられてきた。これに対して家族システム論は，より社会化された臨床の基礎理論を提供する。つまり，家族成員個々の安定や変化，成長というミクロで臨床的な問題を，本人を取り巻く直接の環境としての家族との相互作用の文脈の中で捉え直すのが第1の特徴である。

　家族のつながりに支えられて，私たちは大人になる。そのとき，家族システムはより広い社会に私たちを結びつけるための土台にもなる。私たちはやがて慣れ親しんだ身内とのつながりから離れ，未知の他者と出会い，信頼をはぐくみ，なかまになり，社会的な仕事や地域のつとめのためにことを起こす。だから，仕事やつとめも，その根は家族のつながりにある。市民社会の発酵装置として家族関係を捉える。これが家族システム論の第2の特徴である。

理論化の経緯

　発端：家族システム論は，父・母・子からなる家族全員を治療の1単位として面接をする家族療法の臨床から生まれた。1960年代の初め，家族全員を合同で治療することは精神医学界の常識を逸脱する暴挙だった。当時の体制的な見解は精神分析学である。精神分析的治療では，相談者と治療者間の転移感情を重視する。転移とは，相談者が実の父や母に対するのと同じほど深い信頼の感情を，治療者に対して抱く現象である。ところが，もしその場に実在の両親が同席すればどうなるだろう。転移感情など形成できるはずがない。このように合同家族面接とは，当時の臨床的常識を真っ向から否定する行為だったのである。

　理論的には言語道断な行為だった。が，不思議なことに合同家族面接の成果は劇的であった。数回，時には1回の面接で症状を訴える患者 (Identified Patient) の問題が消失した。そんなうわさ話が，全米の臨床家たちに流布した。やがて，西海岸・中西部・東海岸のそれぞれの土地で，家族療法を実践するセンター的な場所が生まれ，独自の訓練プログラムが開発されるようになった。家族システム論は，家族を合同で治療することに合理的な説明を行なうというさしせまった事情が契機となって生まれたが，このような全米各地のセンター的機関が理論化に拍車をかけたのである。

　展開：1960年代後半から1970年代を通じて，全米各地のセンター機関で個々独自に家族システムの理論モデル (仮説) が提案された。たとえば，統合失調症家族の家族因説に関する研究からベイトソンのダブルバインド，ウィンの疑似相互性，ボーウェンの未分化自我塊といった仮説が生まれた。アルコール依存症者とその家族の相互作用研究は，ムースの家族環境尺度，スタイングラスの相互作用システムモデルを生んだ。思春期・青年期の成長に影響を与える家族要因の研究から，ヴァン・ダ・ヴィーンの家族概念テスト，エプスタインのマクマスター・モデル，ミニューチンの構造論的家族システムモデルが生まれた。また，行動 (オペラント条件づけ) 理論に基づいた親子や夫婦のコミュニケーション訓練の研究はパターソンらによる社会的学習理論のモデル構築を促した。

　統合：1970年代中葉までには，家族システムに関する理論的仮説 (モデル)

は百花繚乱の状態となった。やがて，これらの仮説やモデルを統合化する試みが盛んになる。このような研究上の潮流の中で，バージェスやエンジェルといった家族社会学者の先行研究が再評価されるようになる。たとえばバージェスは，すでに1926年に出版した家族社会学の古典的著作の中で，家族研究の中心課題として以下の3点を設定した。すなわち，1) 家族を1つのまとまった研究対象として概念化する，2) 成員個々のパーソナリティとそれらの相互関係に注目する，3) 家族相互作用パターンや役割を重視する，といった視点である。さらに，心理社会的臨床（主としてケースワーク）と家族相互作用の関連性や，家族生活に対する社会・生態学的影響にさえ言及していた (Burgess, 1926)。

大恐慌時代の家族生活に関するエンジェルの古典的実証研究 (Angell, 1936) は，家族システム理論の統合化に，より直接的な影響を与えた。それはヒルやマッカバンらによる実証的な家族ストレス論（本書第2章参照）へと展開された。家族ストレス論では，外的なストレッサーに対する対処資源の宝庫として，家族システムを想定する。その意味で家族ストレス論は，どのような家族システムがより機能的で健康であるのかを，家族システムの対処の視点から捉える一種の家族システム論と見なすこともできる。

パーソンズとベールズは，小集団過程の研究の出発点として，家族役割や課題遂行を取り上げた。彼らは，小集団過程の研究で課題遂行を担う手段的役割と，関係維持を担う表出的役割の2つに注目した。また，そのための方法論として小集団の問題解決過程を直接観察するという方法論上の基本的な枠組み（規範）を作り上げた (Parsons & Bales, 1955)。家族内の問題解決過程の実証的な研究は，シュトラウスとトールマンによる家族内勢力の実証研究へと引き継がれる (Straus, 1968; Tallman, 1970; Straus & Tallman, 1971; Tallman & Miller, 1974)。彼らは小集団としての家族の機能を，手段的役割を実現する「勢力（パワー）」と，表出的役割を実現する「支持（サポート）」の2次元から捉える実証モデルを提案した。そして，米国やインド家族の問題解決過程の実証研究を基に，勢力と支援が相互に独立する2次元構造を提唱した。

上述のような，バージェス，エンジェル，パーソンズやベールズに始まる社会学的研究は，やがてブロデリックによって定式化される。ブロデリックは家族システム論に立脚した家族分析の視角を以下のようにまとめた (Broderick &

Smith, 1979)。

1. **境界はどのように定義されているか**：環境内の任意の要素間で相互作用がより活発であるなら，それらの要素を一まとまりに包み込む半透膜を想定する。これが境界である。通常は同居世帯親族の周囲に境界が設定されるが，より広い友人ネットワークまでも境界内に取り込む，あるいは逆に夫婦や親子といった特定の家族成員間の周囲に境界を設定することも可能である。境界をまたぐ相互作用は選択的に選別されるが，その選別の程度によって家族システムは開かれたものにも，閉じられたものにもなりうる。
2. **何を基本構成要素にするか**：家族システムを構成する要素として，家族員個々か，家族システム内の標準化された役割や機能を基にするのかで2通りの指定の仕方がある。家族員を構成要素とする視角は一見明快なように見えるが，1日というミクロな時間でも，あるいは家族ライフサイクルといったマクロな時間の流れからも，その場に居合わせる構成員が変動する——構成要素を標準化できないという問題を抱える。これに対して「手段的」対「表出的」や「リーダー」対「フォロワー」といった理念的な家族システム機能を基礎的構成要素とすれば要素の流動性の問題は解消できる。しかしまさにそれゆえに，ミクロ・マクロな時間軸上における家族員の個別の変動に対する分析の感度が鈍くなるという難点を抱える。
3. **要素間の相互作用の性質はどのようなものか**：システムの境界外から刺激が入力されると，内部の構成要素間には独特の相互作用が展開して，システム外に出力される。その出力の一部を入力に戻してやる操作（フィードバック）を通じてシステムは安定も変化も自己組織化できる。たとえば出力情報を基に既定の目標からのズレが検知されるなら，ズレを補正（形態維持）する修正が要素間に生じるかもしれない。あるいは，予見も予期もできなかった危機状況に陥ったときには，むしろズレを増幅させてシステムのゆらぎを高め局面の打開をはかる相互作用が生じるかもしれない。システムがどの程度柔軟に形態維持や形態変容の相互作用が行なえるかによってシステムの機能度が決まる。

以上のようなブロデリックの分析視角の定式化を受け，カンターとレアー (Kantor & Lehr, 1975) あるいはオルソンら (Olson, Sprenkle & Russell, 1979) は一

見して相互に矛盾する家族臨床家の諸仮説やモデルを，一般システム理論に準拠した骨組みの上に肉づけし，実証的な知見とのすり合わせを行ない，家族システムに関する中範囲の実証理論の構築を試みた。

2. 夫婦・家族システムの円環モデル——基本的概念枠組み

　家族システム円環モデルは，米国における過去40年間にわたる家族研究の成果から演繹的に構築された家族システムに関する中範囲理論仮説である（立木，1999）。円環モデルは，きずな（family cohesion）・かじとり（family adaptability）・コミュニケーション（communication）という3つの次元が家族機能度を決定すると考える。[1] きずなは，ブロデリックの提唱する分析視角の第1点目，「境界はどのように定義されているか」を操作的に実証するための概念である。一方，かじとりは，同じく第3点目の分析視角，「相互作用の性質はどのようなものか」を実証するための概念である。また分析視角の第2点目，「家族システムの構成要素を何に置くのか」という問題は，円環モデルの実証的研究方法が洗練される中で解決策が練り上げられた。円環モデルに関する第1論文は1979年に*Family Process*誌に掲載されたが，それ以来現在に至るまで，ブロデリックによれば「国際的に見て最も幅広く研究者や実務者の関心や論争を引き起こし，（理論的・実証的・実践的な）検討が加えられてきた」（Broderick, 1993, p. 31）実証理論の代表例である。

　円環モデルではきずなを「家族の成員が互いに対して持つ情緒的結合」と定義する。きずなは，情緒的結合，境界，連合，時間，空間，友人，意思決定への参加，趣味とレクリエーションなどの変数から測定される。具体的には，これら個々の変数を基に，成員が持つ情緒的ベクトルのバランスを測定する。1つのベクトルは内向きで，家族メンバーを感情的に同一化させ，きずなを極端に強い段階（ベッタリ enmeshed）に追いこむ。もう1つは外向きのベクトルで，家族の成員を家族システムの外に追いやる。外向きのベクトルはきずなを極端に弱い段階（バラバラ disengaged）に導く。この2つのベクトルのバランスが取れたとき（ピッタリ connectedとサラリ separated）に家族システムは最もうまく機能し，個人の成長も促進される。

バランスの取れた家族でも，きずなは常に中庸な段階にあるとは限らない。必要とあれば，状況的ストレスや発達的変化に応じて，どのような関係を基りうる。その幅が広いと推測されるのである。一方，きずなが極端な家族では，それ以外の情緒的かかわりはありえない。ただ，文化的な規範の違いなどによって極端な家族でも，危機を問題なく乗り越えることは可能かもしれない。しかし長期的には問題がより発生しやすいと考える。

　円環モデルは夫婦・家族システムのかじとりを「状況的・発達的ストレスに応じて家族（夫婦）システムの権力構造や役割関係，関係規範を変化させる能力」と定義する。この次元に関係する具体的な変数は，家族の権力構造（自己主張と支配）や交渉（話し合いや処理）のスタイル，役割関係，関係規範などである。家族のかじとりは形態変容（変化に対して肯定的）と形態維持（変化に対して否定的）という2つのフィードバックのバランスからなる。最も健康な家族システムは，かじとりの次元のまん中の段階（キッチリ structured と柔軟 flexible）に位置し，形態維持と形態変容のバランスが保たれている。そこでは，コミュニケーションを通じてお互いに言いたいことが言え，リーダーシップは民主的であり，交渉をうまく進めることができる。また，役割を共有し，必要ならば新しい役割を作ることもできる。隠れたきまりはなく，すべて明快に示されている。反対に，非機能的な家族システムはこれらの変数がいずれかの形で極端（融通なし rigid とてんやわんや chaotic）である。

　円環モデルはきずなとかじとりの2つの独立する次元が作る空間上で，家族システムの機能度を診断評価する。家族がこの空間の中央部（バランス部分）に布置されれば健康であると考える。逆に，きずなもかじとりも極端で，空間の辺縁部に布置された場合，問題が生じやすいと考える（図12-1参照）。

3. 円環モデル仮説と実証研究

1) 円環モデル仮説

　家族システムと1) 家族機能，2) 家族コミュニケーション，3) 家族ライフサイクルという3種類の外的変数との関わりについて円環モデルは7つの仮説を立てた。

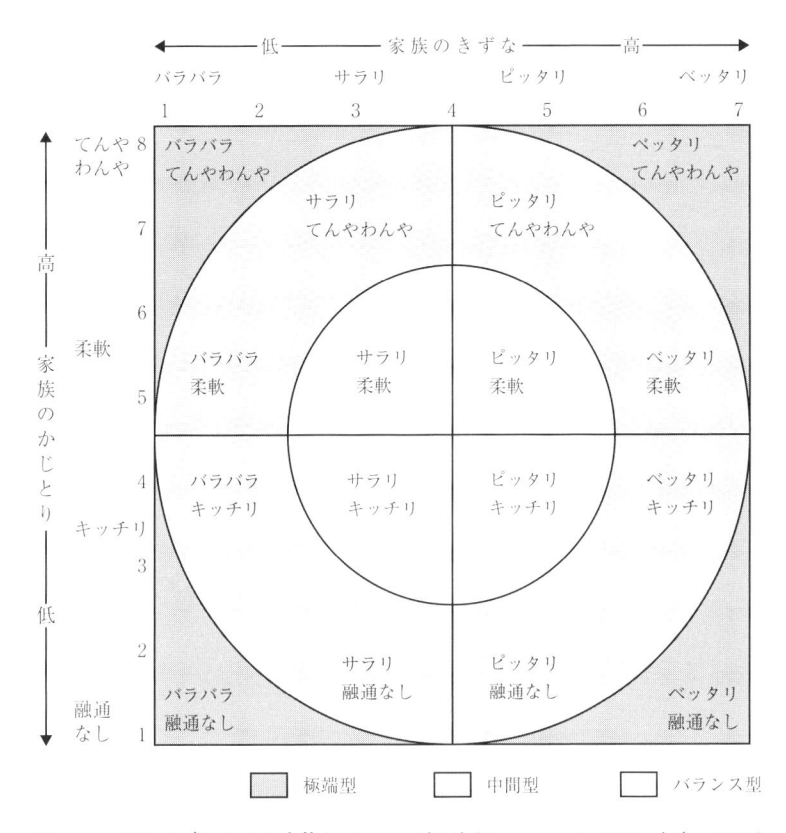

図12-1 円環モデルによる家族システムの類型（Olson et al., 1988；立木，1999）

〈家族システムと家族機能との関係〉
1. きずなとかじとりの両次元でバランスの取れた段階に位置する夫婦・家族システム（バランス型）は，極端の段階に位置するシステム（極端型）よりも，家族ライフサイクルの各段階でよりうまく機能する。
2. バランス型の家族は極端型の家族よりも多様な行動様式を持ち，変化に対して柔軟に対応できる。
3. 夫婦・家族の持つ規範が，円環モデルの両次元，あるいはどちらかの次元の極端な段階での行動を支持していれば，家族成員がそれを受け入れる限り家族システムはうまく機能する。
4. 夫婦・家族システムは，家族成員が報告する現実像と理想像が一致すれば

するほど機能的になる。

〈家族システムと家族コミュニケーションとの関係〉
 5. バランス型の夫婦・家族は極端型の夫婦・家族よりも，より好ましいコミュニケーションの技術を持つ傾向がある。
 6. 好ましいコミュニケーションの技術を用いる場合，バランス型の家族は，極端型よりも簡単にきずな・かじとりの段階を変化させることができる。

〈家族システムと家族ライフサイクルとの関係〉
 7. 家族ライフサイクルの各発達段階で状況的ストレスや変化に対処する際，バランス型の家族はきずな・かじとりを変化させるが，極端型の家族は変化に抵抗し現状を維持しようとする。

2) 円環モデルの実証研究

(1) 「妻たちの家族社会学」問題

　質問紙尺度を用いて実証的に家族システムを研究する場合，「妻たちの家族社会学」問題 (Thomson & Williams, 1982; Fisher, 1982) は避けて通れない。家族システム理論は，家族を1つの分析の単位とするにも拘わらず，質問紙を用いた実証調査での回答者は家族成員個人（そして通常は妻たち）が単位となる。理論の水準（家族システム）と方法の水準（家族成員個人）の間で分析単位の離齬が生じるという問題は，ブロデリックが家族システム理論の分析視角の第2点目として定式化して以来の問題であり，理論面でも実証面でも家族研究者の頭を長年にわたって悩ますものであった。

　「妻たちの家族社会学」問題を解決する伝統的な方法は，きずな・かじとりという家族システムの特性（多特性）を，質問紙法に加えて家族システムの直接行動観察法や評定法など（多方法）を併用して測定し，その結果を多特性・多方法行列にまとめて，相関係数の高低のパターンを検討することである (Cromwell, Klein & Wieting, 1975)。もし家族システムの直接行動観察・評定法と質問紙法の結果が一致し（収束的妥当性），さらに異なった概念間の測定値は（その方法が同じであれ異なったものであれ）相関が低いこと（弁別的妥当性）をも併せて実

証できるならば，個人の回答に基づくとはいえ質問紙には家族システムのきずな・かじとりを推定する方法としての妥当性（構成概念妥当性）が確保される（立木, 1999）。しかしながら，直接行動観察は時間や労力のコストがきわめて高い調査法であるために，計量的な分析に耐えうるだけの十分な量の調査対象家族を確保することが難しい。立木 (1999) は，オルソンらが開発したオリジナルの家族システム評価尺度 (Family Adaptability and Cohesion Evaluation Scales, FACES) シリーズについて構成概念妥当性を検討した研究9例を展望しているが，このうち行動計測や評定を含めていた6例の研究の標本数は20家族から240家族で，中央値は42家族と少数であった。しかもこれら6例における多特性・多方法行列実験はFACESシリーズの構成概念妥当性を反復的に再現するものではなかった。

「妻たちの家族社会学」問題を一気に解決する目処が立ったのは共分散構造分析の手法 (Bollen, 1989; 豊田, 1992.) が一般の研究者にも簡単に利用できるようになった1990年代になってからである。1つの家族から父・母・子それぞれ別個に回答を得る。そして共分散構造分析の特殊形である確認的因子分析の手法を用いれば，父・母・子の測定値をそのまま用いるのではなく，その上位に家族システム単位の因子を想定して構成概念妥当性を検討できる。いわば，直接観察や評定法などに代わって，父・母・子の回答を基に家族システムの機能度が測定可能だと実証する方法が提案されたのである (Tatsuki, 1993)。

栗本かおりは，きずな・かじとりの各水準に対応させて8段階（各水準をさらに2段階に分割）のサーストン（等現間隔）尺度（井上・井上・小野・西垣, 1995）を作成し，大阪府下の私立男子校と女子校の1・2・3年生とその保護者1,200家族を対象に実施した。質問紙は父回答用・母回答用・子回答用の3種類からなるが，質問項目はすべての版で共通である。その結果，317家族から有効回答が得られた（栗本, 1995）。

父・母・子の回答のそれぞれについて別個に実証的な項目分析を行ない項目の精選を行ない，父親版（きずな15項目，かじとり16項目），母親版（きずな11項目，かじとり15項目），子ども版（きずな12項目，かじとり14項目）のFACESKG Ⅲ (Family Adaptability and Cohesion Evaluation Scales at Kwansei Gakuin Version 3) が完成した。

FACESKGⅢ父親・母親・子ども版のきずな・かじとり得点を基に多特性・多方法行列を作成し，共分散構造分析によってモデルの比較を行なった。**図12-2**は最も適合度の高かったモデルをパス図にして示したものである。このモデルの適合度 χ^2 値は7.55（自由度6，$p = 0.27$），GFI（適合度指標）.99，$AGFI$（自由度調整済み適合度指標）.97，AIC（赤池の情報量基準）-4.45であり，**図12-2**に示すパス図はほぼ完璧に実証データと適合した。パス図から明らかなように，父・母・子という家族員の回答を基にしたきずな・かじとり得点が，対応する家族システムのきずな・かじとり機能（因子）を強力に反映し（収束的妥当性），かつ対応しない概念の因子は反映していないこと（弁別的妥当性）が併せて実証され，父・母・子版の構成概念妥当性が実証されている（栗本，1999）。これはシステム分析において基礎的構成要素を家族員に置くか，家族システム機能に置くのかという問題に対する統一的な解決策（Tatsuki, 1993）の具体化でもある。さらに，きずな・かじとり次元が互いに独立する（統計的に有意な相関はない）というオルソンの家族システム円環モデル（**図12-1**）の基本的な枠組みを，日本社会の家族生活の実情に沿う独自の日本語尺度を用いて実証するものであった（立木，1999）。

(2)カーブリニア仮説

　オルソンらが開発したオリジナルの家族システム評価尺度（Family Adaptability and Cohesion Evaluation Scales, FACES）シリーズの問題点として，研究者の間でより広く知られているのは，「カーブリニア仮説」問題である。円環モデルは，通常の家族生活ではきずな・かじとりの両次元とも，中庸でバランスの取れた段階にあるときに家族機能度が最も高くなり，成員個人のパーソナリティの成長や心理的安定がもたらされるとする。したがって，タテ軸に家族の機能（健康）度を取り，ヨコ軸にきずなやかじとりを取ると，ヨコ軸（きずな・かじとり）のまん中（中庸な）あたりで家族機能が最適となり，それを越えてもあるいはその手前でも機能度が下がり，左右両極端のあたりでは機能度が最低となる∩型（タテ軸に家族の病理度を取った場合にはU字型）の形状を想定する。オルソンらのFACESシリーズ最大の難点は，初版から第3版に至るまで，この仮説の実証にことごとく失敗している点にある。カーブリニア仮説は，1970

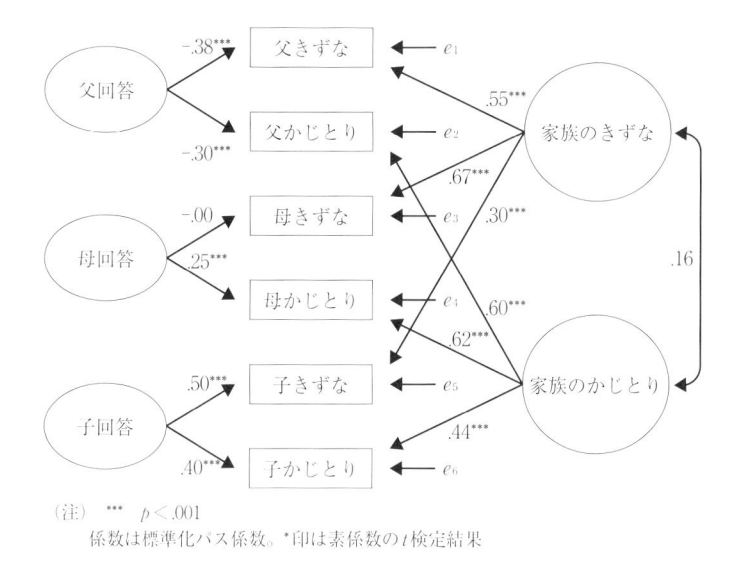

図12-2　FACESKG Ⅲ父親版・母親版・子ども版の多特性・多方法行列のパス図表現

年代までに出尽くした百家争鳴の家族臨床の言説を，きずな・かじとりというたった2つの構成概念だけを使って矛盾なく説明するための根本的なしかけである。したがって，その仮説実証の失敗はモデルとしての致命的な欠陥として受けとめられた。事実，北米では1990年代後半以降，FACESだけでなく家族システム円環モデルそのものに関する基礎研究が下火になっていった（立木，1999）。

　以上のような北米の流れに対して，日本社会や文化に即した円環モデルに基づく日本社会版家族システム評価尺度を開発してきた立木らのグループは異なる立場を取った。円環モデルそれ自体の妥当性には問題がないが，「妻たちの家族社会学」問題と同様にカーブリニア仮説問題についてもオルソンらの尺度開発手続きには問題があったとする立場である。前述の栗本かおりがプロジェクト・リーダーとなったFACESKG Ⅲ開発は，この点がそもそもの研究の出発点であった。その後，カーブリニア関係の実証は，横山・橋本・栗本・立木（1997）によるFACESKG Ⅳ（Family Adaptability and Cohesion Evaluation Scales at Kwansei Gakuin Version 4）父親版・母親版開発の研究に引き継がれた。そし

て最終的にFACESKG Ⅳの父・母・子の各版から共通項目を抽出した家族成員共通版であるFACESKG Ⅳ-32 (きずな・かじとりの各段階に2項目を配置) やFACESKG Ⅳ-16 (きずな・かじとりの各段階に1項目を配置) などのサーストン (等現間隔) 尺度を用いた兵庫県における標本調査 (兵庫県, 1999), さらにFACESKG Ⅳ-32の変形版である強制4択式サーストン尺度FACESKG Ⅳ-8を用いた兵庫県三田市における標本調査 (三田市, 2000) に結実していった。

　兵庫県は京都大学防災研究所に委託して, 1995年の阪神・淡路大震災から4年を経過した時点で, 被災者の居住地の変化と暮らしの実情に関する社会調査を実施した。林春男京都大学教授をリーダーとする調査研究班には拙者も参加し, 被災後の家族関係の変化が震災4年後における被災者のストレスや生活復興に与える影響について検討した (兵庫県, 1999; Tatsuki & Hayashi, 2000)。調査対象は, 1) 震災時に兵庫県南部地震震度7地域もしくは都市ガス供給停止地域に在住していた世帯主で, 住民台帳を基に確率比例抽出した2,500名と, 2) 兵庫県が送付する県外在住の被災者向け広報紙「ひょうご便り」読者名簿から無作為抽出した県外在住者800名, 合わせて計3,300名である。有効回答は県内在住者623名 (有効回答率24.9％), ひょうご便り読者292名 (有効回答率36.5％) である。調査期間は1999年3月であった。

　兵庫県調査ではFACESKG Ⅳ-16を利用し, 1995年1月の震災から2〜4日後, 2カ月後, 半年後における家族関係のあり方 (図12-3から図12-8はきずな, 図12-9から図12-14はかじとり) が, 1999年3月の調査時点における心身のストレス症状や震災からの生活復興度とどのように関係しているのかを調べた。いずれの図でもタテ軸はストレス度や生活復興度を, ヨコ軸はFACESKG Ⅳ-16の得点を基に家族のきずな・かじとりを「極めて高い」から「極めて低い」の4水準で示している。これを見ると震災直後 (2〜4日目) における緊急対応的な家族関係が, 2カ月, そして半年と時間が経つにつれて日常的な家族関係に戻っていった様が観察される。

　家族のきずなについては, 震災直後にはきずなが高めで, 成員間の物理的・心理的距離が近く緊密化・一体化するほど調査時点でのストレスが低く (図12-3), 生活復興度も高い (図12-6) 傾向が見られた。しかし2カ月後・半年後とその傾向は低減し, 半年後では成員個々の自立性や個別性への配慮が戻り,

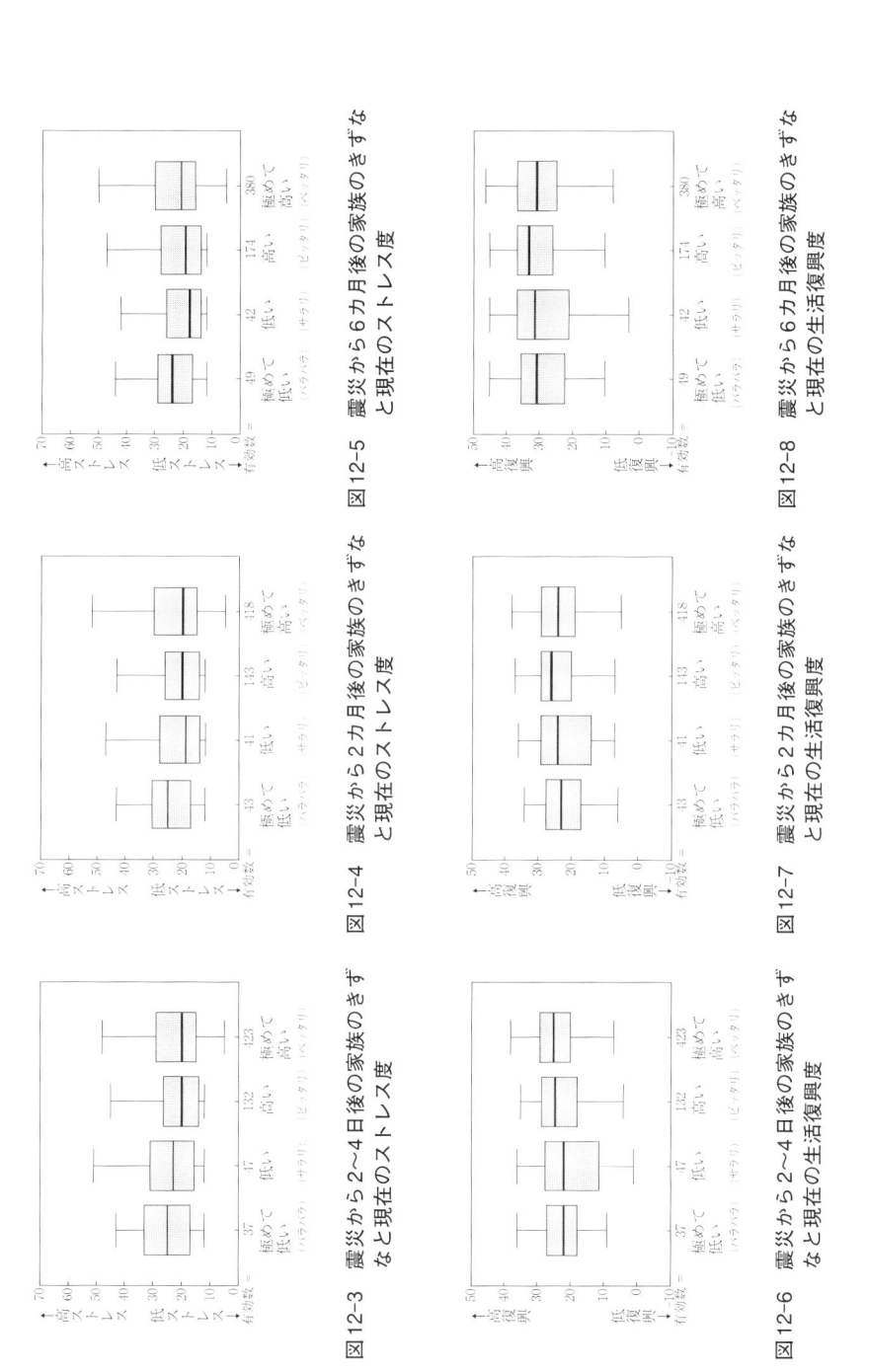

図12-3 震災から2〜4日後の家族のきずななど現在のストレス度

図12-4 震災から2カ月後の家族のきずななど現在のストレス度

図12-5 震災から6カ月後の家族のきずななど現在のストレス度

図12-6 震災から2〜4日後の家族のきずななど現在の生活復興度

図12-7 震災から2カ月後の家族のきずななど現在の生活復興度

図12-8 震災から6カ月後の家族のきずななど現在の生活復興度

第12章 平時と災害時の家族システムの研究

家族への一体感と同時に成員個々の個別性の尊重にもバランスよい配慮がされているほどストレス度が下がり（図12-5），生活復興度が高い（図12-8）ことが明らかになった。

一方かじとりについては，震災直後はかじとりが低めで，家族リーダー主導型の明快なリーダーシップ構造であるほどストレスが低く（図12-9），現在の生活復興度が高い（図12-12）傾向が見られた。しかし2カ月後・半年後になると，成員個々の意思を尊重するより民主的でバランスの取れたリーダーシップスタイルであるほどストレスが下がり（図12-11），生活復興度が高い（図12-14）ことが分かった。

震災直後のようにライフラインが寸断され，通常の社会的交換活動が困難な場合には，血縁などの家族内成員の持つネットワークを通じて人的・物的資源を入手する方が効果的・効率的であったが，交通・運輸サービスが復旧し通常の経済活動が再開した半年後では，さまざまな2次集団と「弱い紐帯」（Granovetter, 1973）を幅広く横断的に維持できる中庸な家族関係の方が「機会費用」（山岸，1998）が低下したという解釈が，この結果から成り立つかもしれない（Tatsuki & Hayashi, 2000）。

山岸の理論というのは，「信頼の解き放ち理論」といわれるものである。他人を信頼するかどうかは，置かれた交換関係の状況や構造によって，広く他人を信頼するのか，特定の人とだけ安心できるコミットメント関係を結ぶのか，それらがマーケットの性質によって左右されるというものである。

相手が確実な品物を提供してくれるかどうか，その不確実性を低減させるときには，2つの方法が使われる。1つは信頼によるもの，もう1つはコミットメント関係によって不確実性を低減させるものである。それぞれの場合には次のようなコスト（費用）が発生する。信頼の場合は，相手が信頼に足るかどうか調べる費用，すなわち取引費用がかかり，コミット関係の場合は，コミットすることによる機会費用が生まれる。機会費用とは，たとえば，あるブランドAで買ったセーターと同じものが，近所の安売り店に行くと，5分の1の価格で売られていた。つまり，ブランドAにコミットすることで，5分の4分の価格を損しているわけである。特定の人との取引だけにコミットすると，たしかに品質については安心できようが，価格は高くなる可能性がある。ほかを当たっ

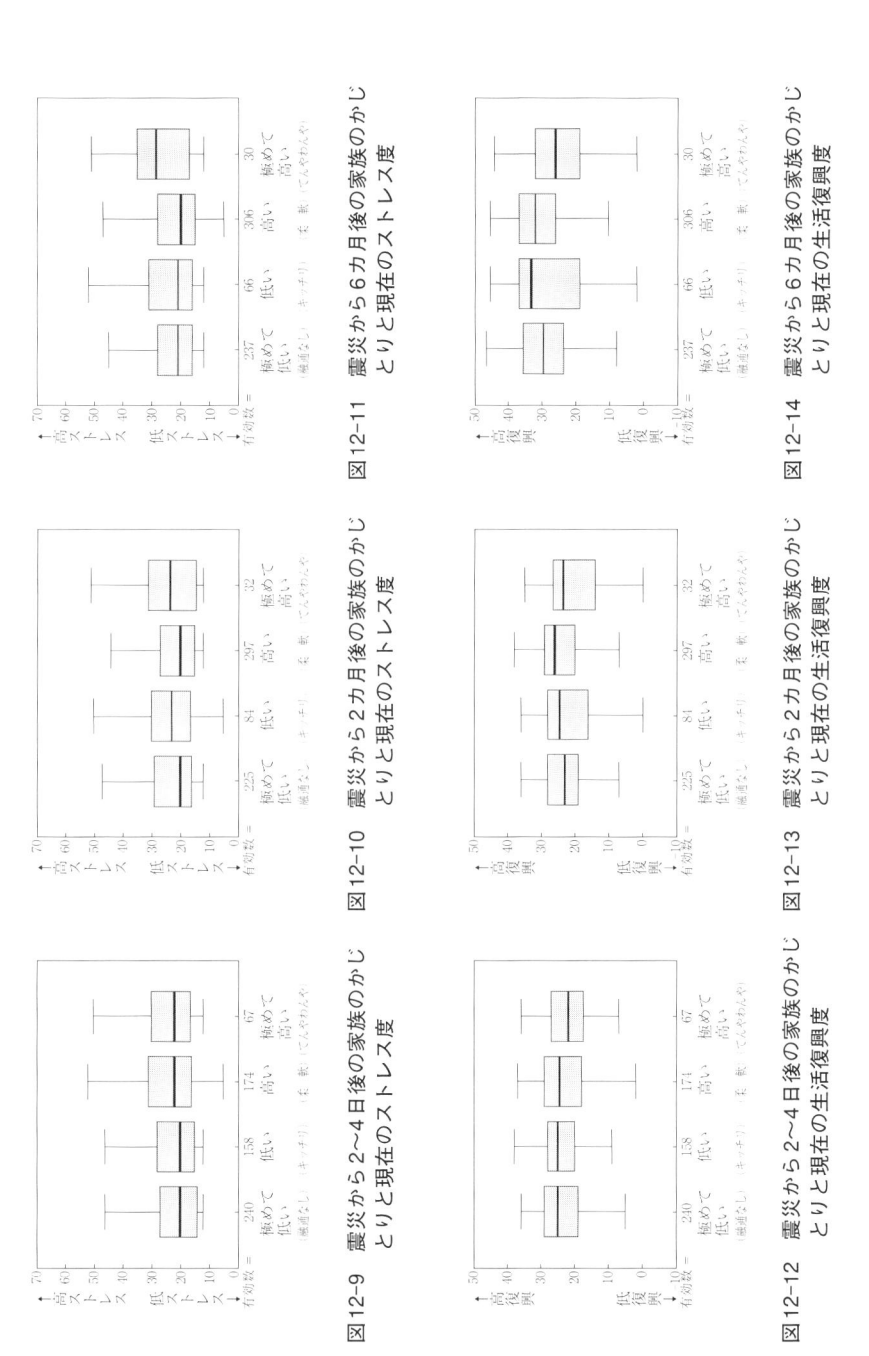

図12-9　震災から2～4日後の家族のかじとりと現在のストレス度

図12-10　震災から2ヵ月後の家族のかじとりと現在のストレス度

図12-11　震災から6ヵ月後の家族のかじとりと現在のストレス度

図12-12　震災から2～4日後の家族のかじとりと現在の生活復興度

図12-13　震災から2ヵ月後の家族のかじとりと現在の生活復興度

図12-14　震災から6ヵ月後の家族のかじとりと現在の生活復興度

て安く上げられたかもしれないのに，特定の人から買うことで高くつく分の費用，これが機会費用である．こうして，不確実性を低減させるための費用として，取引費用と機会費用の2種があるというのが前提である．

具体例があった方が説明しやすいので，山岸がその例として挙げている，東南アジアのゴムと米の取引の事例を見てみよう．

まずはゴムの取引の場合である．生ゴムの原料は，製品化されるまで生ゴムの原料に不純物が入っているかどうか分からず，製品になるまで品質が不確定であるため，粗悪品を売りつけられる可能性がある．こうした場合は，特定の生産者や特定の仲買人との間で，その子や孫までにわたって，長期的にコミットメント関係が継続した方が有利である．これは不確実性低減による利益，コミットメント関係によって得られる利益の方が，別の安い生産者から品質の低いものを売られるかもしれないという不確実性に対する対策の費用，すなわち取引費用よりも大きいことによる．

それでは，米はどうか．米の場合，その場で見れば品質が分かる．市場の中で，一番よい条件で取引できる取引相手を見つける方が有利になる．市場を通して不特定の相手同士で取引をすれば，一番安く，クオリティの高い米を入手できる．こうした場合はコミット関係ではなく，市場を通じた不特定の一般的な他者への信頼による取引の方が合理的である．したがって，市場を維持するのに必要な取引に関わる費用，品質がよいかどうかを見る取引費用は高くない．したがって，ゴムの場合とは違い，不特定多数の他者への信頼によって得られる利益の方が取引費用よりも大きくなるので，信頼による取引が成立する．

他者と関わるときにこの機会費用と取引費用の概念を使うと，家族システムの震災後の変化も説明できる．

震災直後の2，3日の状況というのは，ライフラインも止まり，通信も交通も遮断されている．たとえばある家族に，マキさんという娘がいるとする．マキさんは震災で不安なときに，本当ならば彼氏に慰めてもらいたい．ところが，彼氏に会いに行く取引費用が非常に高くなる（2，3日歩かなければならない）．心配だ，どうしたらよいのだろうという不確実性は非常に大きいし，自分のストレスを和らげたい気持ちはあるが，親友や彼氏に会いに行こうと思うと，そのための取引費用は莫大である．一方，家族関係へのコミットメントに関する機

会費用は低い。親友や彼氏の代わりに父に慰めてもらおうとするとき，家族コミットメント関係への費用，つまり機会費用は小さくなるからである。だから，震災直後は家族関係にコミットすることは，理にかなっていた。この状況を生み出した原因は，ライフラインや通信・交通の途絶という，家族の外の状態にある。つまり，震災直後には，家族の外の状態が家族関係を規定していたといえる。その中にあって被災家族は，家族関係へのコミットメントをすることで，社会的な不確実性を低減させていたのである（図12-3，図12-5）。

では，半年後になるとどうか。流通が戻り，ライフラインや通信，交通も戻る。そういうときに不安感を覚えたらどうするか。この時点で家族関係は円環モデルでの中庸な状態に戻っている。今度はすぐに友人や彼氏に会いに行ける状態になっており，この場合には父に慰めてもらうというのは機会費用を増すことになる。もっとほかに慰めてもらえる人がいるのに父とベッタリだと損をするからである。しかも，そのために発生する取引費用は，震災後とは違って小さくなる。つまり，不特定他者への信頼によって不確実性を低減させる方が合理的となり，交通や流通，通信が戻り，家族外の条件が改善することで，家族関係も中庸である方が必要なものを手に入れやすいということになる。家族の中でも，家族の外からも，適度に必要なものを手に入れられるということである。

こうして山岸の機会費用，取引費用という概念を用いて分析すると，結果として，どういう家族関係が最適だったのかは，家族自体ではなく，その時々の環境・条件が規定していたことが分かる。

改めてまとめると，震災直後は高コミット関係の家族の方がストレスが低く，生活復興度が高かった。半年後は中庸な関係の家族の方がストレスが低く、生活復興度が高かった（図12-5，図12-8）。それは，家族を取り巻く資源の，社会環境の流通の性質に左右されている。

ということで，市場が機能しない状態では特定個人との顔の見えるコミットメント関係が不確実を低減させ，半年後には取引相手の信頼性をチェックする市場機能が回復していたので，信頼性を容易に確認できた（取引費用小）。機会費用を抑えて他者との関係を維持する家族関係とは，中庸なものであった。この中庸な関係に移行できた家族ほど，適応力が高かったといえる。

これによって，震災直後は家族のきずながベッタリな家族ほどストレス感が低く，半年後には両極端の家族の方がストレス感が高かったこと（中庸な家族ほどストレス感が低かったこと），家族のかじとりについては直後は融通なしの方がコミットメント関係が維持されていて，半年後には中庸な家族の方が生活復興感が高くなっていたということも説明できる。

　家族システムの機能度は，きずな・かじとりのそれぞれでバランスが取れているときに最適になり，逆にきずなもかじとりも極端な場合問題が生じやすい。ただ，バランスの取れた家族でも，常に中庸な段階にあるとは限らず，震災直後のような状況的ストレスが極端に高い場合には，それに応じて一時的に家族関係を極端状態に近づけることもできる。以上のような円環モデルのカーブリニア仮説は，FACESKG Ⅳ-16を用いた兵庫県調査によって実証的に支持されたのだった（Tatsuki & Hayashi, 2000）。

⑶市民社会と家族システム

　家族成員個々の心の安定や成長，回復という臨床的な問題を，家族内相互作用の文脈から捉え直すのが家族システム論の第1の特徴である。それに対して家族システム論の第2の特徴は，個人をより大きな社会システムに結びつける有力な装置として家族システムを捉える点にある。個人が起こす社会的な活動も家族のつながりに根があり，その根が豊かに広がってこそ，多様な社会関係の実が結ぶ。

　市民社会の理念について語ったルソーは，「あらゆる社会の中で最も古く，またただ1つ自然なもの」である家族が，子どもの社会化の後も「相変わらず結合している（のは，家族関係が）自然だからではなく……（成員の）意思にもとづいてで（あり）……家族そのものも約束によってのみ維持されている」（ルソー，1954/1762, p. 16）と，市民社会における家族像の本質について語った。1人ひとりが「自分にしか服従しない」（ルソー，1954/1762, p. 29）という意味で自律した成員が，自らの意思により約束を通じて結合あるいは連帯する市民社会の基礎的単位が家族なのである。

　自律と連帯に根ざした市民社会の発酵装置としての家族システムという視点は，兵庫県三田市からの委託を受けて1999年12月に実施した新三田市男女共

同参画計画の指針づくりのための市民意識調査の基本フレームに組み込まれた。この調査では，三田市内在住の20歳以上の男女を住民基本台帳に基づき無作為に2,000名を抽出し調査用紙を郵送し，うち1,060名から有効回答（有効回答率53.2%）を得た（三田市，2000）。

　三田市調査では，個人が地域社会と関わるときの市民的態度に注目し，家族システムとの関係を調べた。たとえば，他人をどの程度信頼できると思うか（社会的信頼度）（山岸，1998），社会生活における自律と連帯の意識（市民性）（Tatsuki & Hayashi, 2000），「男は仕事，女は家庭」といった固定的な性役割観からどの程度自由であるか（ジェンダーフリー度）（伊藤・江原・川浦，1996）などは，他者に対する信頼，個の確立と協力関係の形成，対等性といった市民社会の基本構成要素（Putnam, 1993）に対する個人の態度を測るものである。これらの態度の醸成に家族システムがどのような影響を与えているのかを検討した。家族システムの評価にはFACESKG Ⅳ-8を用いており，「極めて低い」・「低い」・「高い」・「極めて高い」からなるきずな・かじとりのそれぞれの水準に対応する4段階のサーストン尺度項目から1項目だけを選択する設問が8問並ぶ形式になっている。**表12-1**は，きずな・かじとりについてその一例を示している。その**表12-1**に示されたきずな（問4）とかじとり（問1）について，市民的態度への影響をみたのが，それぞれ**図12-15**・**図12-16**（社会的信頼），**図12-17**・**図12-18**（市民性），および**図12-19**・**図12-20**（ジェンダーフリー度）である。

　社会的信頼とは，個人が身内以外の人間に対してどの程度信頼する気持ちを持つかを意味し，高信頼者ほど多様な人々と人間関係のネットワークを結び，より多くの情報や資源の交換を効率的に行なうことが知られている。高信頼者が多数派を占める社会では，犯罪率が低く，子どもを育む力が高く，行政の遂行能力も高い（Putnam, 2000）。いわば市民社会の基礎的な資産が高信頼者なのだが，高信頼者の出自は中庸でバランスの取れたきずな・かじとりの家族システムにあることが明らかになった（それぞれ**図12-15**，**図12-16**）。

　市民性尺度は，ルソーのいうような「自分にしか服従しない」という意味で1人ひとりがどの程度自律し，また社会契約を通じた連帯をどれほど志向するかを調べるものである。市民性尺度は，前述の兵庫県調査のためにもともと作成されたもので，阪神・淡路大震災被災者の間では，震災前と比べて震災後で

表12-1　FACESKG Ⅳ-8の設問の例

問1. 家族での話し合いについて（かじとり） 　　　困ったことが起こった時，いつも勝手に判断を下す人がいる（融通なし） 　　　わが家では，特定の誰かが命令的に言うことも多いが，話し合うこともできる（キッチリ） 　　　問題が起こると家族みんなで話し合い，決まったことはみんなの同意を得たことである（柔軟） 　　　わが家では何か問題があってもとことん追いつめられないと，問題の解決方法さえ話し合われない（てんやわんや） 問4. 一緒にすごしたり，話し合ったりすることについて（きずな） 　　　家族のものは必要最低限のことは話すが，それ以上はあまり会話がない（バラバラ） 　　　たいがい各自好きなように過ごしているが，たまには家族一緒に過ごすこともある（サラリ） 　　　大事なことは家族みんなでよく話し合う方だ（ピッタリ） 　　　家族はお互いの体によくふれあう（ベッタリ）

は自律・連帯の意識が高まったことが確認されている。これは，大震災という未曾有の出来事を前にして，自律・連帯意識が社会生活を営む上でいかに大切かを多数の市民が実感したためであると考えられた (Tatsuki & Hayashi, 2000)。震災を直接体験していない三田市民の間でも市民性の高い人々が今回の調査で確認されたが，そのような自律・連帯志向市民の出自はやはり中庸なきずな・かじとりの家族システムにあった（それぞれ図12-17, 図12-18）。

　政治的な対等性について，最も身近なジェンダーの視点から問うのがジェンダーフリー度尺度である。国連は1994年の国際家族年に「家族から始まる小さな民主主義」という標語を掲げたが，男女間の平等こそ市民社会の達成度を見る重要な指標である。三田市調査は，まさにジェンダーにおける対等性意識も中庸なきずな・かじとりの家族システムから生まれることを実証するものであった。

　家族システム論の第2の視点は，個人を市民社会に効果的に結びつける装置として捉える点である。1999年に実施した三田市調査の結果は，この第2の視点の有効性を実証するものであった。中庸でバランスの取れた家族システムは個人の心理社会的な発達を促すだけではなく，民主的で効率の高い市民社会を形成する上での基本的な発酵装置の働きも併せて担っていたのである。

図12-15 きずなと社会的信頼

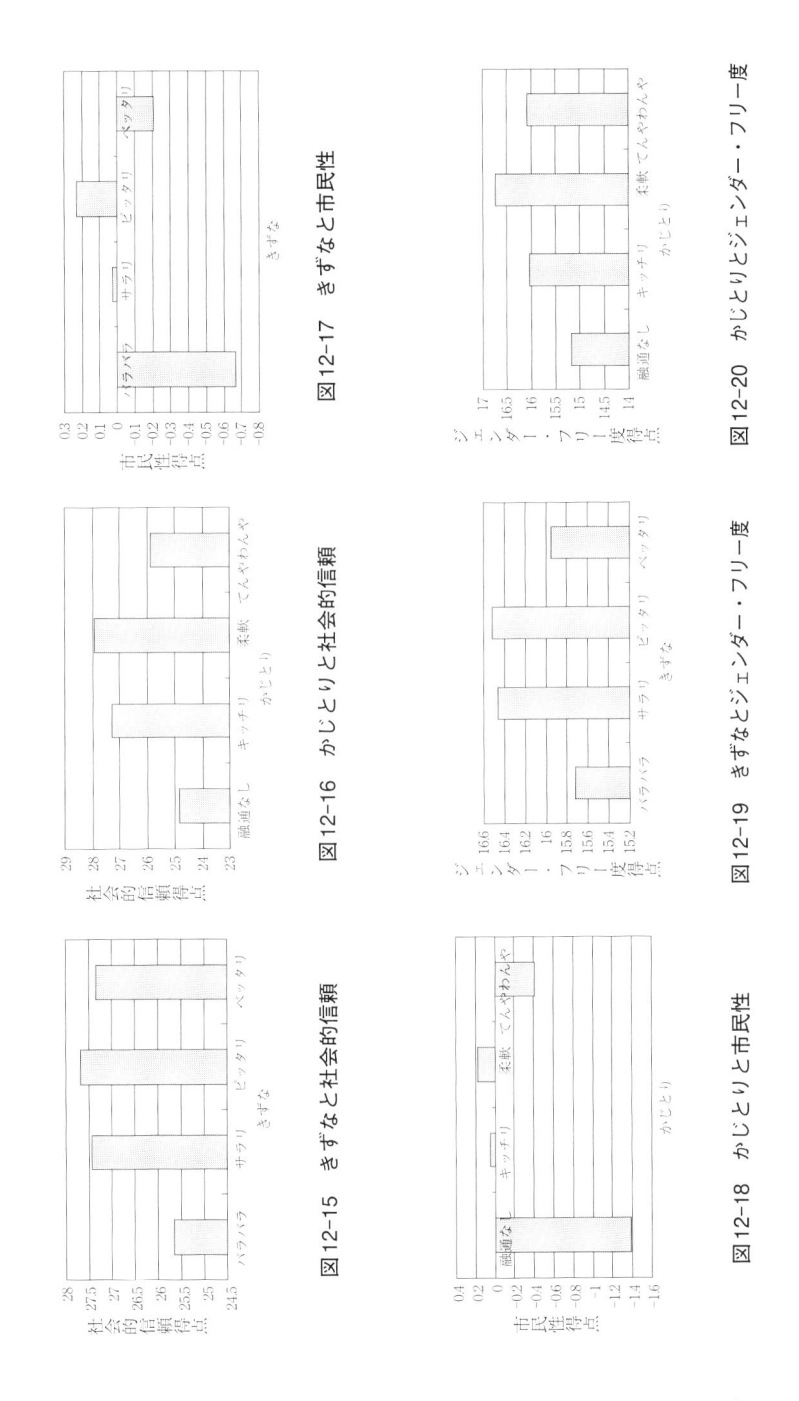

図12-16 かじとりと社会的信頼

図12-17 きずなと市民性

図12-18 かじとりと市民性

図12-19 きずなとジェンダー・フリー度

図12-20 かじとりとジェンダー・フリー度

第12章　平時と災害時の家族システムの研究　237

4. 今後の課題

1) 理論的課題

　家族システム円環モデル研究のさきがけは，1960年代におけるシュトラウスとトールマンの実験家族研究にある。彼らは模擬的に危機状況を演出し，その際の家族相互作用を直接観察した。その結果を米国とインドや，米国内のホワイトカラー層とブルーカラー層の家族の間で比較した。それによると，民主的なリーダーシップは米国のホワイトカラー層に特徴的であった。しかし，家族システムと社会システムとの関係，いわば家族システムの外延に注目する研究はその後低調になった。それに代わって，オルソンらの円環モデル研究に代表されるように，個人の心理社会的発達や安定を家族システム内の相互作用の文脈から捉えるミクロで家族システムの内包に関する研究が有力になった。この視点では，どのような文化や地域にあっても中庸な家族システムが最も機能的であるという点が暗黙の前提とされたために，比較研究への動機づけが高まらなかった。

　家族システム論の今後の理論的課題は，初期のシュトラウスらの研究に見られたような家族システムの外延への関心を復活させることにある。前述したように，兵庫県調査の結果によると，成員の心理社会的安定を保つには，震災直後は高きずな・低かじとり，半年後ではきずな・かじとりとも中庸な水準に移動した家族システムが最適であった (本章第3節参照)。

　さらに，なぜ中庸な家族システムが市民社会に適した市民意識を醸成させるのかについては，市民社会や地域社会に関する社会理論と家族システム論のリンケージが必要となるだろう。市民社会における「社会的関係資本」(Putnam, 1993) に社会的信頼がある。これは互酬性の規範や参加型の人的ネットワークから生まれる。さらに，ネットワークにはタテ型とヨコ型があるが，「ただ乗り」的依存志向を生みやすいタテ型に比べて，ヨコ型ネットワークは常に互恵的である。互酬性の規範もヨコ型のネットワークも，その手本を繰り返し観察し学習することや，しつけなどの社会化を通じて培われるが，その最もよい学習の舞台こそ家族システムである。

　以上のような理論仮説を実証的に検証するには，たとえば災害時と平常時，

あるいは高信頼社会と低信頼社会では機能的な家族システムには相違があるか，といった点を検討する比較研究などが今後の有力な研究課題となってくるだろう。

2) 実践上の課題

　家族システム機能の測定尺度開発の背景には，家族との臨床場面で，実証的家族調査の現場で，あるいは家族支援の政策・施策の立案や評価の実務で，普遍的に通用する理論に基づき，繰り返しの使用に耐えうる標準的尺度が必要とされてきたという事情がある。これまでにも，注目すべき試みはなされたが（清水・高梨，1990；野口・斉藤・手塚・野村，1991），構成概念妥当性が保証された尺度の不在が家族機能の実証研究や，ミクロな臨床からマクロな家族政策・施策に至る効果測定研究などの前進を阻んできたことは否めない。その意味で，一連の内的・外的妥当性の検討に耐えてきた円環モデルとその実証尺度である日本社会版家族システム評価尺度は1つの選択肢を提供するものであり，今後の家族システムの内包や外延に関する家族調査の実務の場での幅広い利用が望まれるところである。

●注

1) 家族社会学においては円環モデルを構成する2つの次元としてfamily cohesionには「家族凝集性」が，family adaptabilityには「家族適応力」などの訳語が提案されてきた（森岡・望月，1997）。が，「家族凝集性」は集団力学における集団凝集性概念のようにきわめて狭義なものとして誤解されかねない。また「家族適応力」は，家族機能度との間でリニアな関係を喚起させる，といった不具合を持つ。立木らは，1987年以来神戸市児童相談所を中心として，家族アセスメントのワークショップや，思春期の子を持つ父親・母親講座，不登校児童・生徒の母親教室などのプログラムを展開する中で，「きずな」における「バラバラ・サラリ・ピッタリ・ベッタリ」や「かじとり」における「融通なし・キッチリ・柔軟・てんやわんや」といった用語を参加者との相互交流を通じて練り上げてきた。これまでの十数年にわたる市民交流の重さを考え，立木らの開発してきた円環モデルに基づく家族システム評価尺度では，これら草の根のコトバをあえて採用している。
2) 立木らが開発してきた円環モデルに基づく日本社会版家族システム評価尺度はインターネット上で自由に利用可能であり，http://www.tatsuki.org/ から入手可能である。

第13章

家族と公共性

　本章では,「家族と公共性」の連関性を歴史的に概括するとともに, 2004年に近畿圏6都市で実施した社会調査結果[1]を利用して両者の関係を実証的に検証し, 今後あるべき政策・施策の方向性について枠組みの提示を行ないたい。

　家族のありようは時代とともに変化してきたことはすでに多くの論者が指摘しているところであるが, 本章では「家族と家族を取り巻く社会との関係のありようも時代とともに変化してきた」点に注目する。

　家族の変動過程ついて, たとえば野々山久也 (2007) は, ①戦前までの規範志向的な直系制家族, ②戦後昭和期における性役割分業を中心とした社会集団としての夫婦制家族, ③現在から将来にわたる個人の合意に基盤を置くライフスタイルとしての家族, という3時期に時代区分したが, 家族と家族以外の社会との連関性についても, 同様の時代区分を援用して整理することができる。

1. 家連合とオオヤケ

　家制度における家と共同体との関係について, 有賀喜左衛門は以下のように述べている (有賀, 1969, p. 176)。

　　家は非常に小さな生活集団であるから, 単独で生存することは困難である。そしてこれは生活共同体であるゆえに, その生存を完うするために他の家と生活関係を持たなければならない。家が存在すればかならず何らかの形態の

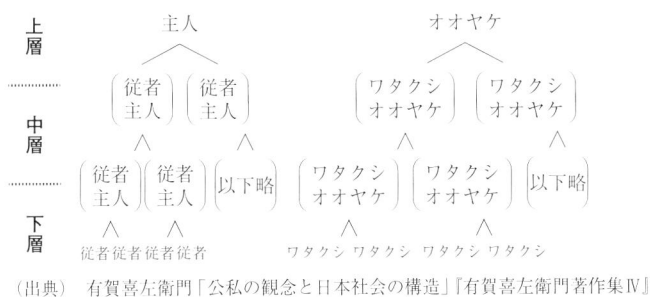

```
上層         主人              オオヤケ
      ┌──┴──┐         ┌──┴──┐
      従者  従者       ワタクシ ワタクシ
      主人  主人       オオヤケ オオヤケ
中層    ∧    ∧          ∧     ∧
     ┌┴┐ ┌┴┐       ┌┴┐  ┌┴┐
     従者 従者 以下略  ワタクシ ワタクシ 以下略
     主人 主人        オオヤケ オオヤケ
下層   ∧  ∧           ∧    ∧
     従者従者従者従者  ワタクシ ワタクシ ワタクシ ワタクシ
```

(出典) 有賀喜左衛門「公私の観念と日本社会の構造」『有賀喜左衛門著作集Ⅳ』
（第2版）未来社，1967年，p.232。

図13-1 近世日本社会における公私の相対性

家連合が生ずる所以である。

　以上のような観点から有賀（1969）は，本末の系譜関係によって結ばれる「同族団」と，家同志が対等平等の関係において結合する「組」という2種類の家連合の存在を主張した。

　では家制度下において公共性あるいは公（オオヤケ）はどのような仕組みで形成されていたのだろう。有賀（1967）はベネディクト（2005/1954）の『菊と刀』に触発される形でオオヤケとワタクシについて論考を深めている。それによれば，日本においてオオヤケとは義理であり，ワタクシとは人情を意味した。義理とは日本の社会を規制している諸集団の生活標準及び規範である。たとえば親子であっても義理を欠いてはいけないというのがその社会の標準である。一方，人情は，生活標準や規範に対する個人の立場や意識，感情である。日本社会の運営の根本原理は，義理であるオオヤケが人情というワタクシに優先することにある。

　ベネディクトが指摘した恩や義理といった鍵概念を使いながら，有賀（1967a）は日本における公共の形成や維持の仕組みを**図13-1**のようにモデル化する。

　有賀モデルの興味深い点は，社会の中間構造部分における公私の相対性にある。たとえばここに1つの家があるとする。家の成員の1人ひとりはワククシであるが，家を代表する立場にあるゆえに家の中において家長はオオヤケとな

第13章　家族と公共性　　241

る。その家長が同族団の会合に参加すると，ここではワタクシに転じる。一番頂点のオオヤケ以外の中間の部分では，上に対してはワタクシとして従属し，下に対してはオオヤケとして振る舞う。このような仕組みで公共性が形成されてきたというのである。

　組による家連合でも，輪番でオオヤケである代表者を自分たちの中から決めて，村のことについては自分たちで決定していた。しかし，そのオオヤケもさらにその上の上層部に対しては，ワタクシとなって従属するという構造になっていた（鳥越，1994）。

　以上のように近世日本社会では，同族団であれ，組であれ家連合が公共性形成の主体であると同時に，より上位のオオヤケからの公共的決定を上意下達式に媒介する客体であった。ここで注視すべきことは，家連合に家が従属する構造にあっては，公共性は上位のオオヤケあるいは家連合によって規定され，家を介して個人は一方的に公共への従属が求められていたという点である。

　明治維新は，それまでさまざまな形態を取っていた相続の制度を，当時人口のほぼ10％程度でしかなかった武士（関山，1958）の長子単独相続制に一本化し，家父長を中心にした長幼の序や男女の務め，良妻賢母思想（小山，1991）など，家庭内における基本的な行動規範を，公教育における修身教科書を通じて標準化していった（牟田，1996）。同時に，これまでのオオヤケの最上位に位置していた幕府（ご公儀）や各藩の藩主を排除すること，また明治22年の市制・町村制（明治の大合併）を通じて，これまで地域の最も規定的なまとまりである村を行政制度の範囲外に置くこと（鳥越，1994）などにより**図13-1**の階層性をより単純化し（有賀b，1967），明治近代国家による臣民の中央集権的な管理，すなわち個人の公共あるいは「国体」への従属を推進することが意図された（ウォルフレン，1990/1989）。しかしながら市制・町村制施行後も多くの旧村は区を設立し，区の下には組を置くことにより実質的には現代の単位自治会につながる住民組織は維持された（鳥越，1994）。結果として，明治の近代化が進行する中でも，地域社会にあっては同族団や組といった家連合の機能は温存され，集権的な力を高めた中央政府からの統制や圧力を緩衝しながら媒介しつつ，同時に家連合が直接関与する領域において公共性を主体的に形成する中間構造の性格は保たれ，個人が家を介して中間構造に従属する構造は維持された。

2. 夫婦制家族の定着と地方自治制の確立

　戦後の占領軍による日本社会の民主化は家族や地域共同体のありようを制度的に変革した。家族制度は，憲法や民法の改正を通じて直系制家族から夫婦制家族へと大きく変わった（野々山，2007）。同時に，町内会・部落会といった社会の中間構造の部分は，戦時中の翼賛体制への組み込み，個人への介入・拘束といった負の経緯もあり，占領期にはGHQにより解散を命じられることになる（高木，2005）。

　朝鮮戦争の勃発を契機として戦後の占領軍による民主化政策は変更され，占領後に町内会・自治会はいち早く復活する。しかしながら復活した町内会・自治会では戦前のように家族を（そしてその成員である個人を）従属させる中間構造としての機能は弱体化していった。1つには公民館を拠点とした町内会・婦人会などの民主化活動などの影響もあるが（益川，2005），地方自治の開始に伴う市町村の強化を目的として進められた昭和の大合併は，これまで地域共同体に委ねられていた共用物の維持や管理も地方自治体という公が担当する新たな現実を出現させ，結果として地域で公共性を形成してきた町内会や自治会を弱体化させることになる（高坂，1998；中川，2003）。

　同時期に家族のありようも大きく変化した。これは戦後の民主化政策に続き60年代の高度経済成長により都市化や産業構造が変化したこと（山根・野々山，1967），さらに戦前からすでに始まっていた近代化による人口構造の変化——多産・少死世代の結婚・出産による世帯数と核家族割合の増加（落合，1994）——によってもたらされたものであり，結果として日本型近代家族モデルに基づく夫婦制家族が定着した。

　日本型近代家族モデルは，個々の家族を中間構造である共同体から分離する家内制を強化させ，家族を私秘化し，家族の集団性や親密性を強化するとともに，近隣や知人との社交を衰退させるなどの特徴を有していた。ただし，その一方で男はサラリーマンとして外に働きに出て，妻は専業主婦として育児・家事に専念する固定性役割パターンにはめ込まれるという問題も併せ持っていた（落合，1985）。

　60年代の高度経済成長は，しかしながら，急激な都市化や公害問題などの

諸矛盾を精鋭化させる。その一方で,個人や家族は孤立し,社会的存在としての人間性の維持や回復の基盤としての地域性・共同性の再生は,急務の課題となった。このような中から国民生活審議会 (1969) は,自発的な個人や家庭を構成主体にして,地域性と共通目標を持った開放的で民主的な人のつながりとして「コミュニティ」形成の必要性を訴えた。70年代に入ると旧自治省主導による住民参加型コミュニティ施策が展開され,小学校区ごとに交通,環境,文化,保健,スポーツ・レクリエーションに関わるコミュニティ施設 (木村,1970;磯村,1978) をナショナル・ミニマムとして整備するモデル事業が全国展開されることになった。

70年代のコミュニティ運動の内実は,しかしながら,コミュニティ・ボンド発行などによる丸山地区のコミュニティづくりなどの先進事例 (大河原,1972) を除けば,コミュニティ・センターなどの「箱モノ」の設置や誘致を「公」としての行政に求める陳情運動であったとも総括される (森田,2001)。さらに行政主導による地域への接近は,教育・福祉・防犯分野にも広がったが,これは縦割り・分野別の行政部局ごとの課題別地域団体形成を促進し,町内会・自治会といった原則全世帯参加で総合的に地域の公共性を共同体自らが形成する機能は,逆に衰弱化していった (中川,2003)。結論として,家内制・私秘性・親密性を特徴とする日本型近代家族モデルが「私」の拠点となり,自由・平等・健康で文化的な生活といった市民的権利の実現を行政 (公) の責務と見なす公私の役割分担観は70年代・80年代の家族と公共のありようとして自明のことになっていった。

3. 合意制家族と公共性

ポスト産業社会化・情報社会化が90年代以降のキーワードである。この動きに呼応して家族の個人主義化 (ミッテラウアー,1994/1990) は先進工業国に共通の現象としてわが国にも出現するようになった。たとえば野々山 (2007) は,90年代以降のマクロ統計資料や個人を対象とした社会調査結果から,多様な家族のあり方が読み取れるようになった事実に注目し,その背景には,伝統的な規範や固定性役割意識から自由に,家族成員個々が自律・自立した個人とし

て，交渉や共感，配慮などのコミュニケーションを通じて，任意のライフスタイルとして家族のあり方を合意の上で選び取っているとためだと仮説化し，このような家族のあり方を「合意制家族」と命名した。

　夫婦制家族から合意制家族へと家族のありようが変動するとき，家族と家族以外の社会との関係はどのようなものになるのだろうか。落合（1997）は，戦後の夫婦制家族を特徴づけてきた基本的な特徴である家内制・私秘性・親密性について，以下のような変動の方向性を提示した。すなわち，家内制については家族が再び公共領域と関わるようになること，私秘性については開放化・共有化されていくこと，親密性についてはその源泉を家族以外の多様・多層な集団へと求め脱境界化していくこと，などである。事実，児童虐待の防止等に関する法律（2000年施行，2004年改正・施行）や配偶者からの暴力の防止及び被害者の保護に関する法律（2001年施行，2004年改正・施行）は，夫婦・家族関係がもはや家内制や私秘性によって公共から切り離されたものではないことを示すものである。

　親密性の脱家族境界化についてはどうか。ジンメル（1970/1890）は『社会分化論』の中で，以下のように語っている。

　ところで，公的な精神の発達が示されるのは，何らかの客観的な形式と組織化を備えた圏が十分に多数存在し，それが多様な素質を持った人格のそれぞれの本質的側面を結合させて，それに共同的な活動を許すということにおいてである（ジンメル，1970/1890, p. 125）。

　これによって集合主義の理想と個人主義の理想への均衡均整の取れた接近が与えられる。進歩した文化は，われわれが，われわれの全人格で所属する社会圏をますます拡大させるが，しかしそのかわりに個人をますます自立させる（ジンメル，1970/1890, p. 126）。

公的な精神は多層で多重な異なった複数の圏に分属する個人が集まり，その場で互恵・対等・開放なやりとりをしていると，その中から形成される，というのである。これはまさに，近世以降の伝統的な日本社会が持っていたような，

権威の上意下達式の公共性の作り方と異なり，個人が多重・多層な社会圏へ分属することによってボトムアップ式で公共性が紡ぎ出されうることを示唆するものである。

親密性の脱境界化は，家族成員個々が複数の社会圏に分属しながら自律・自立した個人として，交渉や共感，配慮などの問題解決過程を通じて，それ自身が1つの社会圏である家族を維持・運営していくライフスタイルのありようにつながる。ジンメルの論に耳を傾けるなら，このような家族の決定は必然的に合理的，民主的，公共的なものになるはずである。「家族から始まる小さな民主主義」は，国際家族年の単なる標語ではなく，合意性家族と公共性との関係を端的に表現するものである。

4. 家族機能と公共性に関する実証研究

1) 方　　法

調査対象：本章で用いる6都市調査比較データは，岩崎信彦神戸大学教授を代表とする市民性研究会（鰺坂学・小松秀雄・杉本久未子・西村雄郎・立木茂雄）が滋賀県彦根市，京都府京都市（中京区・東山区・左京区・伏見区本所地域，西京区洛西地域），大阪府摂津市，兵庫県尼崎市，兵庫県三田市，兵庫県篠山市で2004年に実施した社会調査から得られたものである。調査は選挙人名簿（彦根市・尼崎市・京都市），住民基本台帳（摂津市・三田市），電話帳（篠山市）を用いて無作為抽出した対象者への郵送調査である。全体で7,369票が郵送され，有効回収数は2,976票（有効回収率40.4％）であった。

合意制家族機能の測定：合意制家族は家族成員個々が自律・自立した個人として，交渉や共感，配慮などのコミュニケーションを通じて，どの程度効果的に合意形成を行なえているかによって，その機能度が測定できる。そこで，家族の合意形成能力を数量的に把握するためにオルソンらが開発した家族システム円環モデル（**図2-1**）に準拠し，日本社会の家族に適用できるように独自に開発した家族システム評価尺度（立木，1999）を用いた。家族システム円環モデルは，きずな（family cohesion）・かじとり（family adaptability）という2つの基本的な次元が家族機能度（多元的社会圏への分属の程度や民主的な合意形成能力）を決定

表13-1　一緒に過ごす時間について（きずな）

設問番号	項　目	尺度値
5	家族の間で，用事以外の関係はまったくない	-3.5
6	家族のものは必要最低限のことは話すが，それ以上はあまり会話がない	-2.5
2	子どもが落ち込んでいる時はこちらも心配になるが，あまり聞いたりしない	-1.5
1	たいがい各自好きなように過ごしているが，たまには家族一緒に過ごすこともある	-0.5
7	休日は家族で過ごすこともあるし，友人と遊びに行くこともある	0.5
3	悩みを家族に相談することがある	1.5
8	誰かの帰りが遅い時には，その人が帰るまでみんな起きて待っている	2.5

表13-2　家族の中でのそれぞれの役割や振る舞いについて（かじとり）

設問番号	項　目	尺度値
3	困ったことが起こったとき，いつも勝手に決断を下す人がいる	-3.5
7	問題が起こると家族で話し合いがあるが，物事の最終決定はいつも決まった人の意見がとおる	-2.5
5	家のきまりは皆が守るようにしている	-1.5
2	家でのそれぞれの役割ははっきりしているが，皆でおぎないあうこともある	-0.5
1	問題が起こると家族みんなで話し合い，決まったことはみんなの同意を得たことである	0.5
4	わが家ではそれぞれの家での役割を気軽に交代することができる	1.5
6	わが家はみんなで約束したことでもそれを実行することはほとんどない	2.5
8	わが家では家族で何か決めても，守られたためしがない	3.5
4	家族はお互いの体によくふれあう	3.5

（注）　6都市比較調査共通質問紙では，設問番号8「わが家では家族で何か決めても，守られたためしがない」（尺度値3.5）は，実施上の問題で本調査では割愛している。

すると考える。

　きずな（図2-1円環モデルのヨコ軸）は「家族の成員が互いに対して持つ情緒的結合」のことで，本章の視点からは家族境界の開放性の程度の指標として利用した。家族成員の情緒的結合がきわめて強く家族境界がきわめて閉鎖的な段階

「ベッタリ (enmeshed)」から，逆にきわめて開放的な段階「バラバラ (disengaged)」の両極の間で，家族境界の外部と内部とのバランスが取れた状態（ピッタリconnectedとサラリseparated）にあるとき，家族成員は親密性の源泉を家族と家族以外の社会圏にバランスよく求めることができ，私秘性は開放化・共有化の方向に向かい，家内制の壁を越えて公共との関わりが進む，と考える。

かじとり（図2-1円環モデルのタテ軸）は「状況的・発達的ストレスに応じて家族（夫婦）システムの権力構造や役割関係，関係規範を変化させる能力」である。家族成員個々が権威や集団規範に準拠するのではなく，交渉や共感，配慮などの問題解決過程を通じて，自分たちのあり方をどの程度民主的に合意しているかを測る指標とした。民主的な合意形成は，かじとりの次元が中庸な段階（キッチリstructuredと柔軟flexible）にあるときに促進されると考える。一方，かじとりが極端（融通なしrigidとてんやわんやchaotic）な状況では合意形成は困難になると考える。

本章では家族システムのきずな・かじとりを操作的に測定する尺度として家族システム評価尺度第4版改訂版（FACESKG Ⅳ-16 version 2)[2]を使用した。この尺度は，きずな・かじとりをそれぞれ8項目のサーストン尺度により測定する。きずな，かじとりのそれぞれの8項目のうち，「自分の家族に一番当てはまる」と思う項目を選択することにより，当該選択項目に付与された尺度値をもって家族の測定値とするものである。**表13-1**は今回利用した家族システム評価尺度（FACESKG Ⅳ-16 version2）のきずな項目，**表13-2**はかじとり項目を尺度値順に並べたものである。

公共性意識の測定：個人が多重・多層な社会圏へ分属することによって紡ぎだされる公共性の指標としては，市民性尺度を利用した。この尺度で市民性は自律と連帯という2軸から構成されると想定する。自律・連帯は，阪神・淡路大震災からの被災者の生活再建の草の根検証作業の一環として実施した市民参画ワークショップから抽出された概念で，個人が市民として地域活動などに参画する上で核心にある価値規範であることが示された（立木，2004a，2004b）。この知見を基に，1999年の兵庫県復興調査で尺度開発を行ない（Tatsuki, 2000），以後2001年・2003年・2005年の兵庫県復興調査（Tatsuki & Hayashi, 2002; 立木・林・矢守・野田・田村・木村，2004; 兵庫県，2006）や，2002年の参画と協働に

表13-3　市民性尺度項目

(1)　しあわせなことが立て続けに起こると，
　1．ずっとこの幸運が続いて欲しいと思う。（非自律）
　2．この幸運に酔ってはいけないと，心を引き締める。（自律）
(2)　わたしは，
　1．自分がしてほしくないことは，他人にもしない。（連帯）
　2．他人がどういおうと，自分のしたいことが一番だ。（非連帯）
(3)　わたしは，
　1．いつ子どもに見られても，誇れる自分がある。（連帯）
　2．わたしの日頃のおこないは，できれば子どもに見せたくない。（非連帯）
(4)　地域のみんなが困っていることがある時，
　1．みんなが困っていることなら，みんなで考えることで解決の糸口が見えると思う。（連帯）
　2．みんなが困っていることでも，誰かがうまく解決してくれると思う。（非連帯）
(5)　わたしは，
　1．自分で決めたことは，最後まで守る方だ。（自律）
　2．自分で決めたことでも，守らないことがよくある。（非自律）
(6)　うそも方便といわれていますが，
　1．たとえ方便でも人にうそをつくのはいやだ。（自律）
　2．必要であれば，方便としてうそも許されると思う。（非自律）
(7)　わたしは，
　1．用事があっても，近所の人には，自分から話しかけたりはしない方だ。（非連帯）
　2．用事があれば，近所の人にも，自分からきっかけを作って話しかける方だ。（連帯）
(8)　苦労について，
　1．苦労は，将来役に立つ試練と考える。（自律）
　2．苦労は，なるべく避けて通る。（非自律）

関する神戸市1万人アンケート調査（立木，2004b）などで繰り返し市民社会的公共性意識を測定する尺度として利用されてきたものである。市民性尺度は，下記のそれぞれの双極的な選択肢を選ぶことにより，「自律」対「非自律」，あるいは「連帯」対「非連帯」のいずれかの名義尺度値を付与する（**表13-3**参照）。

　市民性尺度の自律・連帯概念とコミュニティ研究における成果との関連性について述べると，自律は奥田道大（1971）の市民的責任に誘発された個人の「主体的行動体系」に，連帯は自由を尊重する戦後民主主義という「普遍的価値意識」に相当するものである。

　社会圏の測定：本研究では，社会圏の多様性を指標化するために，パーソナル・ネットワーク研究（Wellman, 1979）の成果を活用して近隣パーソナル・ネ

ットワークの規模（大谷, 1995）を用いた。具体的には，(1) いつもあいさつをする近所の人，(2) 立ち話をよくする近所の人，(3) おすそわけをしたり，おみやげをあげたりもらったりする近所の人，(4) 近所に限らず，趣味やスポーツを一緒にする親しい人，(5) 近所に限らず，先月1カ月の間に一緒に出かけたり，買い物や食事などに行ったことのある人，(6) 家に遊びに行ったことがある近所の人，という6項目で実人数を尋ねた。

検定の有意水準の決定：上述のように，合意制家族の機能度として，きずな・かじとり，市民的公共性意識として自律・連帯，社会圏への分属の指標としてパーソナル・ネットワーク規模という以上5つの変数間の因果関係についてパス解析により検定を行なうことにする。なお，本テーマに関する先行的な実証研究が少なく，「本当は棄無仮説が偽であるのに，検定で棄無仮説が棄却されない（因果関係が本当は存在するが，それが検定で見落とされる）」第2種の過誤の確率を下げることが重要であると判断したため，統計的有意性の検定の危険率は10％とした。なおパス解析にはAMOS5.0を使用した。

2) 結　果

各変数の記述統計量：表13-4は，パス解析で最終的に使用した変数の平均，標準偏差，各変数間の相関を示したものである。合意制家族における家族を含む多元的な社会圏への分属の指標としてはFACESKG Ⅳ-16 (version 2) のきずな得点をそのまま利用した。民主的なコミュニケーションを通じた合意形成能力については，FACESKG Ⅳ-16 (version 2) のかじとり得点の偏差平方（平均からの偏差の2乗）を使用した。円環モデルではきずな・かじとりの両次元とも中庸であれば機能度が高く，逆に中心から正負いずれの方向へ逸脱すれば逆機能的であると想定する。したがって，かじとり偏差平方は，民主的な合意形成の困難さの指標として捉えることができる。

パーソナル・ネットワーク規模については，「あいさつ」，「立ち話」，「おすそ分け」，「趣味やスポーツ」，「一緒のお出かけ」，「遊びに行ったこと」のある人数を四分位値によってカテゴリー化し，最適尺度法（林の数量化Ⅲ類）によって，各カテゴリー値を求めた後に，各回答者のパーソナル・ネットワーク得点（平均0, 標準偏差1に正規化）を求めた。

表13-4 きずな，かじとり偏差平方，パーソナル・ネットワーク，自律，連帯の相関，平均，標準偏差

変数	相関係数					平均値	標準偏差
	きずな	かじとり偏差平方	パーソナルネットワーク	自律	連帯		
きずな	1.000					1.021	2.567
かじとり偏差平方	-0.059 ***	1.000				2.755	5.397
パーソナルネットワーク	0.181 ***	-0.042 **	1.000			0.000	1.000
自律	-0.012	-0.054 ***	0.105 ***	1.000		0.007	1.013
連帯	0.158 ***	-0.003	0.236 ***	0.008	1.000	0.008	1.003

(注) $N = 2,976$　 *** $p < .01$　 ** $p < .05$

市民的公共性意識の指標とした市民性尺度については，各設問への回答をダミー変数化し，全回答に対する主成分分析を実施後，バリマックス回転を行なった。その結果，第1因子には，「連帯」項目が高い負荷量を得た。一方，第2因子では「自律」項目が高い負荷量を得た。これらの負荷量行列を基に，各回答者について連帯と自律の程度について因子得点（平均0，標準偏差1に正規化）を求めた。

変数間のパス解析の結果：合意制家族の機能度の指標として，きずな，かじとり偏差平方，パーソナル・ネットワーク規模，市民的公共性意識を構成する自律および連帯の間の因果構造についてモデル化を行ない，**表13-4**のデータ（分散・共分散行列に変換）と適合度が最も高いモデルとして**図13-2**に示す結果が得られた。このモデルの適合度 χ^2 値は4.585（$df = 3$, $p = .205$），GFI値は0.999，AGFI値は0.997，CFI値は.996ときわめて高く，逆にモデルとデータの残差（適合の悪さ）指標であるRMR値は0.029，RMSEA値は0.013と大変低く，本モデルがデータに対して非常に高く適合していることが分かった。さらに変数間の個別の因果係数はあらかじめ設定した10％水準の危険率以下ですべて有意であることが確認された。

5. 合意制家族機能と公共性に関する実証研究に基づく考察

図13-2で示されたように，合意制家族の持つ家族境界の維持機能（きずな）

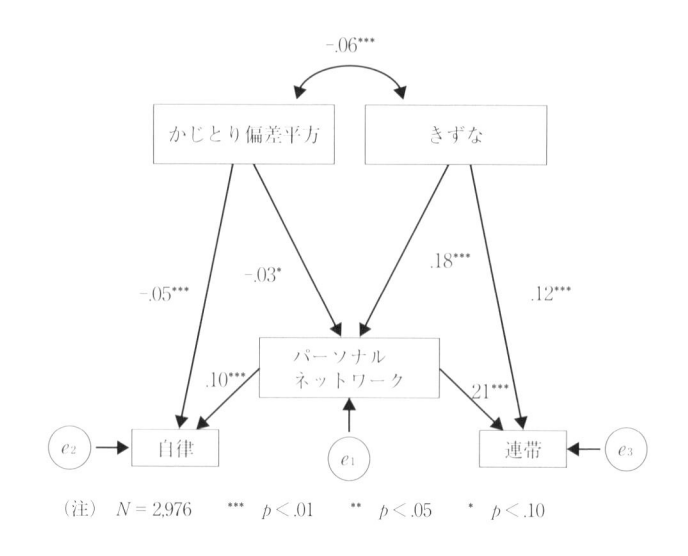

図13-2 合意制家族の機能度（きずな・かじとり），パーソナルネットワーク規模，市民的公共性意識（自律・連帯）間のパス解析結果

（注）$N=2,976$　*** $p<.01$　** $p<.05$　* $p<.10$

や民主的問題解決機能（かじとり）は，社会圏（パーソナル・ネットワーク）の規模に間接的に媒介され，あるいは直接的にも市民的公共性の鍵となる自律や連帯意識を高めていることが確認された。以下では，合意制家族のきずな・かじとり機能が直接・間接に市民的公共性意識とどのように関連するのかについて，検討を行なう。

きずなと公共性：合意制家族における家族を含む多元的な社会圏への分属の指標としてはFACESKG Ⅳ-16 (version 2)のきずな得点の素点を基に，-2点未満はバラバラ，-2以上0未満はサラリ，0点以上2点未満はピッタリ，2点以上はベッタリとカテゴリー化し，それぞれに対応するパーソナル・ネットワーク規模得点の平均値を**図13-3**に示した。パス解析の上では，きずな得点とパーソナル・ネットワーク規模は有意なパス係数が得られたが，両者の関係は「ピッタリ」段階で最もパーソナル・ネットワーク規模の平均値が高くなり，極端な「ベッタリ」型ではむしろ規模が低下する傾向にあることが読み取れる。つまり全体の傾向としてはきずなが高まればパーソナル・ネットワーク規模が高まる関係にはあるが，その関係の形状は直線的（リニア）なものだけでなく，カ

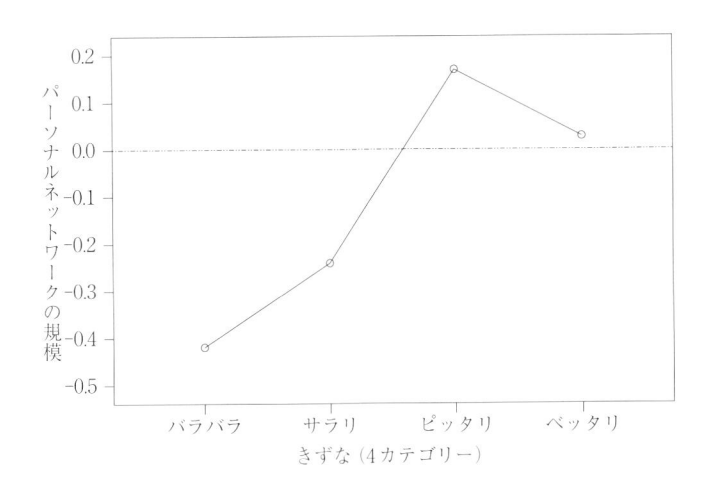

図13-3　きずなとパーソナル・ネットワーク規模の関係

ーブリニアな要素も含まれていることが示唆されている。なお図3の因果モデルによれば，家族のきずなは市民的公共性のうち特に連帯意識を高めることが確認されている。つまり，家族のきずなはパーソナル・ネットワーク規模を媒介として連帯を高まる間接的効果が認められた。

家族のきずなと連帯意識の直接的な因果関係も図13-2の因果モデルでは統計的に有意であった。その関係の形状を図示したのが図13-4である。きずなと連帯との関係のありようも，パーソナル・ネットワーク規模同様に，直線的な関係に加えて，やはり中庸な状態（ピッタリ）にあるときに最高となり，極端な状態（ベッタリ）ではむしろ連帯得点が負になることが示されている。

本章では，家族システム円環モデルを援用して，合意制家族の向かうべき1つの方向性である個人化あるいは親密性の源泉の脱家族境界化の指標として家族のきずな得点を用いたが，家族の脱家族境界化とは，決して家族境界の喪失を意味するのではなく，多様な社会圏の成員となりつつも社会圏としての家族にも同時に分属するバランスの取れた家族の境界維持（家族境界がないバラバラでも，家族境界が固く閉鎖的なベッタリでもない）ができる家族ほど，成員の市民的公共性意識である連帯意識が高まることが確認された。

かじとりと公共性：図13-2のパス図に示すように，因果モデルを構築する

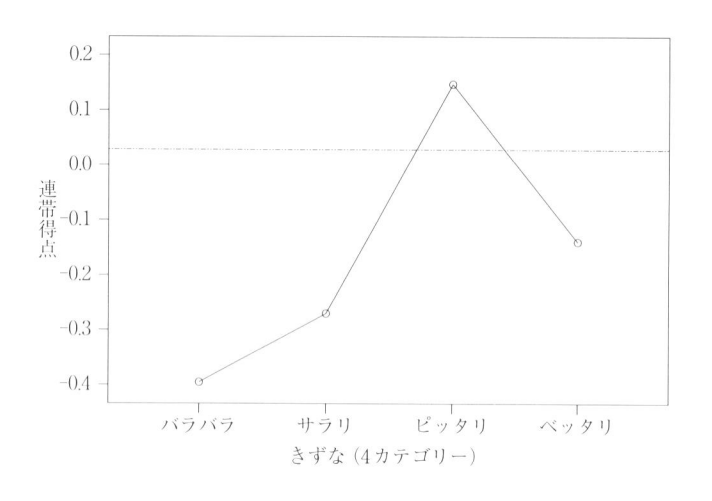

図13-4　きずなと連帯の関係

に当たってかじとり機能については，円環モデルが想定するカーブリニア仮説（中庸な水準ほど機能的で，いずれかの方向で極端な場合には逆機能的となる）に基づき，偏差平方得点をもって民主的合意形成機能の弱さの指標とし因果モデルに組み込んで分析を行なった。ここでは，合意制家族における民主的な合意形成機能の指標としてはFACESKG Ⅳ-16 (version 2) のかじとり得点の素点を基に，-2点未満は融通なし，-2以上0未満はキッチリ，0点以上2点未満は柔軟，2点以上はてんやわんや，とカテゴリー化し，それぞれに対応するパーソナル・ネットワーク規模得点の平均値を示すことにより，関係の形状を視覚的に表示した（図13-3参照）。その結果，家族の意思決定が行きあたりばったり，衝動的であったり，あるいはまったく意思決定が行なえない状態（てんやわんや）であるときにのみ，パーソナル・ネットワーク規模が極端に低下する関係にあることが明らかになった。さらに図13-3の因果モデルは，パーソナル・ネットワーク規模は，市民的公共性の自律得点に対しても有意な正の効果を持つことが示されている。つまり家族のかじとりが極端ではない（この場合には家族としての意思決定が少なくとも何らかの形でできる）ことは市民的公共性の自律意識を間接的に高める効果があることが示されている。

　家族のかじとりのバランスと自律意識の直接的な因果関係も図13-3の因果

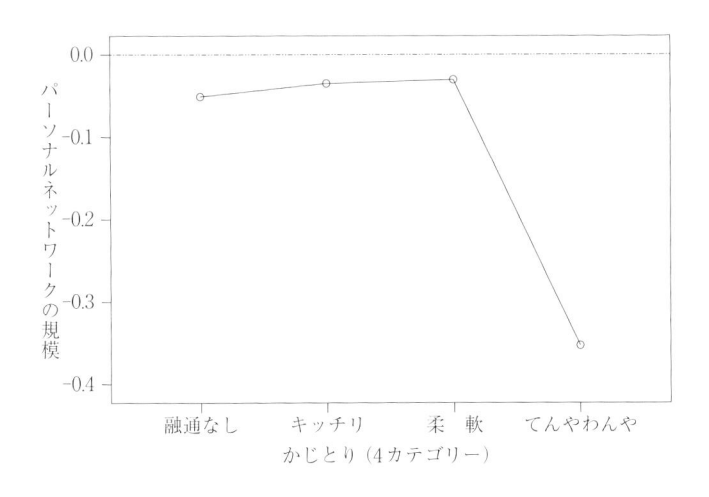

図13-5　かじとりとパーソナル・ネットワーク規模の関係

モデルでは統計的に有意であった。その関係の形状を図示したのが図13-6である。かじとりと自律のありようは，中庸な状態（キッチリ）にあるときに最高となり，両極端（てんやわんや，融通なし）では得点が大きく負に傾くことが示されている。

合意制家族の本質的な側面は，成員個々が自律した個人として，交渉や共感，配慮などのコミュニケーションを通じて，任意のライフスタイルとして家族のあり方を合意の上で選び取っていく点にある。そこでは家族内での民主的な合意形成能力が日常的に問われるのであるが，このような能力に秀でた家族成員は，結果的に多元的な社会圏への分属も容易であり，そして何よりも日頃からの自立・自律した個人として相互を尊重しながら合意形成を行なっている経験が豊富であるがゆえに，市民的な公共性の鍵となる自律意識も高くなると考えることができる。

6. 市民社会としての家族

本章は合意制家族の営みと多元的な社会圏への分属や市民的公共性意識との間には密接な関連性があることを指摘した。さて，市民社会における家族のあ

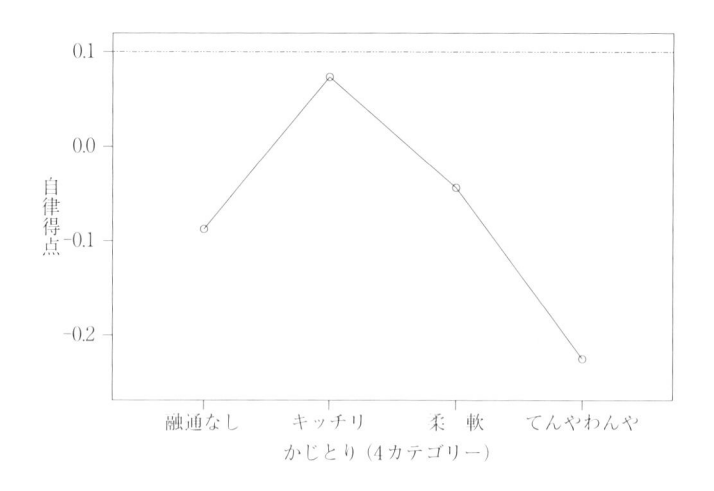

図13-6　かじとりと自律の関係

り方について，ルソー (1974/1762) は『社会契約論』の中で以下のように語っている。

　あらゆる社会の中で最も古く，またただ1つ自然なものは家族という社会である。ところが，子供たちが父親に結びつけられているのは，自分たちを保存するのに父を必要とする間だけである。この必要がなくなるやいなや，この自然の結びつきは解ける。子供たちは父親に服従する義務をまぬがれ，父親は子供たちの世話をする義務をまぬがれて，両者ひとしく，ふたたび独立するようになる。もし，彼らが相変わらず結合しているとしても，それはもはや自然ではなく，意志にもとづいてである。だから家族そのものも約束によってのみ維持される（ルソー，1974/1762, p. 16)。

ルソーは市民社会における家族は，成員個々が独立した人格として，相互の約束（合意形成）に基づいて維持される関係に立脚すると述べている。そのルソーが想定する市民社会とはどのようなものか。彼はグロチウスやホッブズのように，人類をいくつかの家畜の群に分け，より優れた本性を持った牧人（主人）によって支配されることにより社会秩序を維持する見方に異を唱えた。それで

は，どのような形で民主的な支配は可能となるのか。ルソーはギリシャ時代の都市国家における民主主義のありようをモデルとして以下のように述べる。

> 身を労するかわりに，金を出してみるがよい。やがて諸君の手には鉄鎖が返ってくるであろう。あの《財政（ファイナンス，finance）》という語は，もと奴隷の言葉であって，都市国家においては知られていなかった。本当に自由な国では，市民たちは万事自分の手で行い，何1つ金ずくではすまさない。彼らは自分の義務を免れるために金を払うどころか，金を払ってもいいから自分の義務は自分で果たしたいと思うだろう（ルソー，1974/1762, pp. 124-125）。

民主的な支配は市民自身が制御主体としての義務や道義を重視することによって成り立つ。そして制御主体としての市民の判断に基づき，政府が担当した方が質的によければ政府が，市民が担う方が質的によければ市民が担えばよい，とするのがルソー流の市民社会像である（岡本，1997）。

本章は，合意制家族の時代における家族と公共性の連関性のありようを実証的に提示するとともに，両者の連関の含意する点について検討を進めてきた。そこから得られた1つの結論は，合意制家族にあっては，家族は決して公共から切り離されたり，私秘化されるべきものではなく，成員が家族以外の社会圏にも分属することも当然のこととして見なされる。また市民的義務の履行は，生活の質を基準にして，市民（家族）か政府かを決めればよいというものである。

以上のような視角は，家族と公共に関する政策・施策に具体的にどのような示唆を与えるだろうか。1つの事例として2001年8月に尼崎市内で発生した児童虐待死亡，死体遺棄事件を受けて2001年11月にまとめられた児童虐待防止専門家会議の最終提言を取り上げることにする。この会議には筆者もメンバーとして参加し，これからの地域での虐待予防体制づくりの基本的な視点を提案した。

提言の第1の視点は，私秘化や親密さの源泉として家族を捉える夫婦家族制のしばりが結果的に児童虐待の温床となっている現実に光を当てる。

第13章 家族と公共性　257

児童虐待は，地域や親類・縁者から，また同じような子育て世代からも孤立し，閉塞状況におちいった環境のなかで発生する。その背景には，本来社会的であるはずの子育ち・子育てが，地域から切り離された私秘（わたくしごと）化した家族の中だけで営まれがちな現実がある。親密な人間関係を家族との身内の中だけに求めようとする態度も，結果的に孤立化を助長させてきた。

　戦後民主化の成果でもある近代家族モデルに立脚した夫婦制家族が持つ家内制・私秘性・親密性の拠点という特徴が結果的には児童虐待を助長している構造を上記の提言は総括するものである。
　第2の視点は，子どもの養育は私的なものではなく公共的な責務であるということを強調する。

　けれども家族生活の全てが「わたくしごと」の営みなのではない。子どもを育て，大人にしていくことは，親たちが世の中から委託された大切なしごとと考えてはどうか。子どもは私物ではなく，「世の中からのあずかりもの」と考える。やがて大人になった子どもたちは，世の中に「戻っていく」のだ，と。

　子どもは「私物」ではく，「世の中からのあずかりもの」と説くことにより，なぜ社会が家族境界を越えて子育てに踏み込んでよいのかの根拠としているのである。
　第3の視点は，家族と公共が連関していることをより明確に示すことに重点を置く。そこで明記されたのが「家族は市民社会」という考え方である。

　ならば家族とは社会から切り離された特殊な人間関係ではなく，市民社会そのものであり，私の側から公共性を紡ぎだす現場なのである。家族が一般の社会関係となんら違いがないのであれば，わたしたちはより自由に家族の垣根をこえて親密な人間関係を多層に，多重に取り結んでいくこともできるだろう。

多層で多重な社会圏への分属により公的精神が高められるというジンメルに発する視点が家族と市民社会の媒介概念としての中間構造の重要性をこの視点に盛り込んだのである。

　以上のように，児童虐待防止専門家会議(1991)の提言は，子育ちや子育てに，地域の大人たちみんながなぜ関わらなくてはならないか，という問いに，「こどもは世の中からのあずかりもの」，「家族は市民社会」，「家族の垣根を越えた親密な人間関係の形成」という原理を提示して応えようとしたものである。

　本章は，家族と家族以外との社会の連続性を歴史的に概略し，これからの合意制家族と公共性の連関性に関する計量的分析によってその妥当性を確認するとともに，この新しい知見の持つ政策・施策的な意味について，児童虐待防止を事例に検討を行なった。

　なお，本章の射程は，家族と公共性意識までに限定したものであるが，その公共性意識が地域共同体のガバナンスにどのように連関するかの議論は別の機会に譲りたい。

●注
1) 本章で用いる6都市調査比較データは，岩崎信彦神戸大学教授を代表とする市民性研究会（鰺坂学・小松秀雄・杉本久未子・西村雄郎・立木茂雄）が滋賀県彦根市，京都府京都市，大阪府摂津市，兵庫県尼崎市，兵庫県三田市，兵庫県篠山市で2004年に実施した社会調査から得られたものである。家族と公共性に関するデータの使用をご許可いただいた岩崎信彦教授を始め同研究会のみなさまに心よりお礼申し上げます。
2) オルソンの円環モデルモデルに準拠しつつ日本社会の家族のありように注目して項目の精選を行ないオリジナルなサーストン尺度として開発したものが家族システム評価尺度である。同尺度や関連文献は，http://www.tatsuki.org/ より入手可能である。学術・研究目的で同尺度を利用したい場合は，本Webページ上の尺度の利用申し込みボタンをクリックしてメールを送信することにより無償で利用が可能である。

引用・参考文献

Abramson, D. M., Park, Y. S., Stehling-Ariza, T., and Redlener, I. (2010). Children as Bellwethers of Recovery: Dysfunctional Systems and the Effects of Parents, Households, and Neighborhoods on Serious Emotional Disturbance in Children After Hurricane Katrina, Disaster Medicine and Public Health Preparedness, Published online August 23, 2010, E1-E11.

Angell, R. C. (1936). *The Family Encounters the Depression*. New York: Charles Scribner & Sons.

有賀喜左衛門 (1967a)「一　公と私──義理と人情」『有賀喜左衛門著作集Ⅳ』(第2版) 未来社, pp. 187-277.

有賀喜左衛門 (1967b)「七　日本社会の階層構造──日本の社会構造における階層性の問題──」,『有賀喜左衛門著作集Ⅳ』(第2版) 未来社, pp. 328-353.

Ashby, W. (1960). *Design for Brain*. London: Champan & Hall.

馬場謙一 (1976)「自我同一性の形成と危機── E. H. エリクソンの青年期論をめぐって」笠原嘉, 清水将之, 伊藤克彦編『青年の精神病理』弘文堂, pp. 111-128.

Bahr, S. J., & Rollins, B. C. (1971). Crises and conjugal power. *Journal of Marriage and the Family*, 33, pp. 360-367.

Balswick, J. O., & Macrides, C. (1975). Parental stimulus for adolescent rebellion. *Adolescence*, 10, pp. 253-266.

Barker, P. (1993). *Basic Family Therapy*. Oxford University Press, New York. (中村伸一, 信国恵子監訳 (1993)「家族療法の諸学派」,『家族療法の基礎』金剛出版, pp. 88-114)

Barnes, H. L., & Olson, D. H. (1985). Parent adolescent communication and the circumplex model. *Child Development*, 56, pp. 438-447.

Barnhill, L. R. (1979). Healthy family systems. *The Family Coordinator*, 28 (1), pp. 94-100.

Bateson, G. (1979). *Mind and Nature*. New York: E. P. Dulton.

Beavers, W., & Voeller, M. N. (1983). Family models: comparing and contrasting the Olson circumplex model with the Beavers system model. *Family Process*, 22, pp. 85-98.

Beavers, W. A. (1976). Theoretical basis for family evaluation. In J. Lewis, W. Beavers, J. Gassett, & V. Phillips (Eds.) (1976). *No Single Thread: Psychological Health in Family Systems*, NY: Brunner/Mazel. (米田裕, 国谷誠郎他訳 (1979)『織りなす綾』国際医書出版)

Bell, L. O., & Bell, D. C. (1982). Family climate and the role of the family adolescent: Determinants of adolescent functioning. *Family Relations*, 31, pp. 519-527.

Bell, R. O. (1983). Parent-adolescent interaction in runaway families. Unpublished Doctoral Dissertation, University of Minnesota.

ベネディクト, R. ／長谷川松治訳 (2005/1954)『菊と刀──日本文化の型』講談社文庫.

Benjamin, L. S. (1974). Structural Analysis of Social Behavior. *Psychological Review*, 81, pp. 392-425.

Bergtson, V., & Black, K. (1973). Solidarity between parents and children: Four perspectives on theory development. Paper presented at the annual meeting of the National Council of the Family Relations.

Birchler, B., Weiss, R., & Vincent, J. (1975). Multimethod analysis of social reinforcement exchange between maritally distressed and non-distressed spouse and stranger dyads. *Journal of Personality and Social Psychology*, 31, pp. 349-360.

Bloom, B. L. (1985). A factor analysis of self report measures of family functioning. *Family Process*, 24, pp. 225-239.

Bollen, K. A. (1989). Structural Equations with Latent Variables. NY: Wiley.

Bonk, J. (1984). Perceptions of psychodynamics during a transitional period as reported by families affected by alcoholism. Unpublished Doctoral Dissertation. University of Arizona, Tucson, Arizona.

Boss, P. G. (1980). The relationship of psychotherapy, father absence, wife's personal qualities and wife/family dysfunction in families of missing fathers. *Journal of Marriage and the Families*, 45, pp. 541-549.

Boss, P., McCubbin, H., & Lester, G. (1979). The Corporate executive wife's coping patterns in response to routine husband-father absence: Implications for family stress theory. *Family Process*, 18, pp. 79-86.

Bowen, M. (1960). The family as the unit of study and treatment. *American Journal of Orthopsychiatry*, 31, pp. 40-60.

Bowerman, C. E., & Bahr, S. J. (1973). Conjugal power and adolescent identification with parents. *Sociometry*, 36, pp. 366-377.

Broderick, C. B. (1993). *Understanding Family Process: Basics of Family System Theory*. Ca: SAGE Publications.

Broderick, C. B., & Schrader, S. S. (1981). The history of professional marriage and family therapy. In A. S. Gurman & D. P. Kniskern (Eds.) *Handbook of Family Therapy*, NY: Brunner/Mazel.

Broderick, C., & Smith, J. (1979). The general systems approach to the family. In W. R. Burr, R. Hill, F. I. Nye, & I. L. Reiss (Eds.) *Contemporary Theories about the Family: General Theories/Theoretical Orientations. Vol. II*, NY: Free Press, pp. 112-129.

Buckly, W. (1967). *Sociology and Modern Systems Theory*. NJ: Prentice-Hall.

Burgess, E. W. (1926). The family as a unity of interacting personalities. *The Family*, 7, pp. 3-9.

Burisch, M. B. (1984). Approaches to personality inventory construction: A comparison of merits. *American Psychologist*, 39, pp. 214-227.

Byles, J. A. (1986). A personal communication, July, 1986.

Campbell, D. T., & Fiske, D. W. (1959). Convergent and discriminant validation by the multitrait-multimethod matrix. *Psychological Bulletin*, 56, pp. 81-105.

Campbell, D. T., & Stanley, J. C. (1966). *Experimental and Quasi-experimental Designs for*

Research. Chicago, Ill: Rand McNally.

Carisse, C. (1975). Family leisure: A set of contradictions. *Family Coordinator*, 24, pp.191-197.

カーマイン, E. G., ツェラー／R. A.水野欽司, 野嶋栄一郎訳 (1983)『テストの信頼性と妥当性』朝倉書店.

Carnes, P. (1985). *Counseling Sexual Abusers*. Minneapolis, Minnesota: Comp Care Publications.

Carter, E., & McGoldrick, M. (1980). *The Family Life Cycle: A Framework for Family Therapy*. New York. Gardner.

Cartwright, D., & Zander, A. (Eds.) (1962). *Group Dynamics: Research and Theory*. Evanston, IL: Row, Peterson, 1962. (D・カートライト, A・サンダー (1970)『グループダイナミクス』誠心書房)

Clarke, J. (1984). The family types of schizophrenics, neurotics and 'normals'. Unpublished doctoral dissertation. *Family Social Science*, University of Minnesota, St. Paul, Minnesota.

Coopersmith, S. (1967). *Adolescents of Self-esteem*. San Francisco: W. H. Freeman and Company.

Cromwell, R. E., Klein, D. M., & Wieting, S. G. (1975). Family power: A multitrait-multimethod analysis. In R. E. Cromwell and D. H. Olson (Eds.), *Power in Families*. NY: John Wiley & Sons.

Cromwell, R. E., Olson, D. H., & Fournier, D. G. (1976a). Tools and techniques for diagnosis and evaluation. *Family Process*, 15, pp. 1-49.

Cromwell, R. E., & Peterson, G. W. (1983). Multisystem-multimethod family assessment in clinical contexts. *Family Process*, 22, pp. 147-163.

Cromwell, R., Olson, D. H., & Fournier, D. G. (1976b). Diagnosis and evaluation in marital and family counseling. In D. H. Olson (ed.) *Treating Relationships*, Lake Mills, Ia: Graphic.

Cronbach, L. H., & Meehl, P. E. (1955). Construct validity in psychological testing. *Psychological Bulletin*, 52, pp. 281-302.

Dell, P. (1980). Researching the family theories of schizophrenia: An exercise in epistemological confusion. *Family Process*, 19, pp. 321-335.

Dickerson, V. C., & Coyne, J. C. (1987). Family cohesion and control: A multitrait-multimethod study. *Journal of Marital and Family Therapy*, 13, pp. 275-285.

Dignan, M. H. (1965). Ego identity and maternal identification. *Journal of Personality and Social Psychology*, 1, pp. 476-483.

Doherty, W. J., & Hovader, D. (1991). Why don't family measures of cohesion and control behave the way they're supposed to? *The American Journal of Family Therapy*, 18 (1), pp. 5-18.

土肥伊都子, 立木茂雄 (1993)「家族の機能とジェンダースキーマ——共分散構造分析による因果モデルの検討——」(未発表原稿).

Druckman, J. A. (1979). Family oriented policy and treatment program for juvenile status

offenders. *Journal of Marriage and the Family*, 41, pp. 627-636.
Dundas, I. (1994). The family adaptability and cohesion scale Ⅲ in a Norwegian sample. *Family Process*, 33, pp. 5-18.
遠藤辰雄編（1981）『アイデンティティの心理学』ナカニシヤ出版.
Epstein, N. B., & Santa-Barbara, J. (1975). Interpersonal perceptions and stable outcomes of conflict behavior in clinical couples. *Family Process*, 14, pp. 51-66.
Epstein, N. B., Bishop, D. S., & Levin, S. (1978). The McMaster model of family functioning. *Journal of Marriage and Family Counseling*, 40, pp. 19-31.
Epstein, N. B., Bishop, D. S., & Baldwin, L. M. (1982). McMaster model of family functioning: A view of the normal family. In F. Walsh (Ed.) *Normal Family Processes*. NY: Guilford Press.
Epstein, N. B., Baldwin, L. M., & Bishop, D. S. (1983). The McMaster family assessment device. *Journal of Marital and Family Therapy*, 9, pp. 171-180.
Erikson, E. H. (1950). *Childhood and Society*. NY: Norton（仁科弥生訳『幼児期と社会』みすず書房, 1977）.
Erikson, E. H. (1959). *Identity and the Life Cycle: Selected Papers*. NY: International University Press（小此木啓吾訳（1973）『自我同一性』誠信書房）.
Erikson, E. H. (1968). *Identity: Youth and Crisis*. NY: Norton（岩瀬庸理訳（1969）『アイデンティティ――青年と危機』北望社）.
Ferreira, A. (1963). Decision-making in normal and pathological families. *Archives of General Psychiatry*, 8, pp. 63-67.
Feereira, A., & Winter W. (1965). Family Interaction and decision-making. *Archives of General Psychiatry*, 13, pp. 214-223.
Feereira, A., & Winter W. (1966). Stability in interaction variables in family decision-making. *Archives of General Psychiatry*, 14, pp. 352-355.
Festinger, L., Schachter, S., & Back, K. (1950). *Social Pressures in Informal Groups*. New York: Harper.
Fiedler, F., & Neuwese, W. (1965). Leader's contribution to task performance in cohesive and non-cohesive groups. In I. Steiner & M. Fishbein (Eds.), *Current Studies in Social Psychology*. New York: Holt, Rinehart & Winston.
Fisher, B. L. (1982). Transactional theories but individual assessment: A frequent discrepancy in family research. *Family Process*, 21, pp. 313-320.
Fisher, B. L., & Sprenkle, D. H. (1977). Assessment of healthy family functioning and its relation to goals of family therapy. Unpublished Manuscript, Purdue University.
Fisher, B. L., & Sprenkle, D. H. (1978). Therapists' perceptions of healthy family functioning. *International Journal of Family Counseling*, pp. 1-10.
Fisher, B. L., Gibbin, P. R., & Hoopes, M. H. (1982). *Journal of Marital and Family Therapy*, 3, pp. 273-282.
Fristad, M. A. (1989). A comparison of the McMaster and Circumplex family assessment

instruments. *Journal of Marital and Family Therapy*, 15, pp. 259-269.
Fuhr, R., Moos, R., & Dishotsky, N. (1981). The use of family assessment and feedback in on-going family therapy. *American Journal of Family Therapy*, 9, pp. 24-36.
藤永保,梅本堯夫,大山正編 (1981)『心理学事典〔新版〕』平凡社.
藤崎宏子 (1985)「家族ストレス論の新たな展開:マッカバン(McCubbin)の場合」森岡清美,青井和夫編『ライフコースと世代:現代家族論再考』垣内出版,pp. 238-270.
古沢頼雄 (1968)「青年期における自我同一性の形成と親子関係」依田新編『現代青年の人格形成』金子書房,pp. 67-85.
Garbarino, J., Sebes, J., & Schellenbach, C. (1985). Families at risk for destructive parent-child relations in adolescents. *Child Development*, 55, pp. 174-183.
Glueck, S., & Glueck, E. (1950). *Unraveling Juvenile Delinquency*. Cambridge, MA: Harvard University Press.
Goldstein, H. K., & Kling, F. (1975). The measurement of family solidarity. Unpublished manuscript, Florida State University.
Gottman, J. M. (1979). *Marital Interaction: Experimental Investigations*. NY: Academic Press.
Gottman, J. M., Markman, H., & Notarius, C. (1977). The topography of marital conflict: A study of verbal and nonverbal behavior. *Journal of Marriage and the Family*, 39, pp. 461-477.
Gottman, J. M., & Levenson, R. W. (1986). Assessing the role of emotion in marriage. *Behavioral Assessment*, 8, pp. 31-48.
Granovetter, M. S. (1973). The strength of weak ties. *American Journal of Sociology*, 78, pp. 1360-1380.
Green, R. G., Kolevzon, M. S., & Vosler, N. R. (1985). The Beavers-Timberlawn model of family competence and the Circumplex model of family adaptability and cohesion: Separate, but equal? *Family Process*, 24, pp. 385-398.
Green, R. G. (1989). Choosing family measurement devices for practice and research: SFI and FACES Ⅲ. *Social Service Review*, 63, pp. 304-320.
Green, R. G., Harris, R. N. Jr., Forte, J. A., & Robinson, M. (1991a). Evaluating FACES Ⅲ and the Circumplex model: 2440 families. *Family Process*, 30, pp. 55-73.
Green, R. G., Harris, R. N. Jr., Forte, J. A., & Robinson, M. (1991b). The wives data and FACES Ⅳ: Making things appear simple. *Family Process*, 30, pp. 79-83.
Grotevant, H. D. (1983). The contribution of the family to the facilitation of identity formation in early adolescence. *Journal of Early Adolescence*, 3, pp. 225-237.
Grotevant, H. D. (1986). Individuation in family relationships: A perspective on individual differences in the development of identity and role-taking skill in adolescence. *Human Development*, 29, pp. 82-100.
Grotevant, H. D., & Cooper, C. R. (1985). Patterns of interaction in family relationships and the development of identity exploration in adolescence. *Child Development*, 56, pp.

415-428.
Group for the Advancement of Psychiatry (1970). *Treatment of Families in Conflict*. New York: Science House.
Guttman, L. (1954). A new approach to factor analysis: The radex. In Lazarsfeld, P. F. (Ed.) *Mathematical Thinking in the Social Sciences*. Glencoe, Ill: the Free Press, pp. 258-348.
Haggerty, J. J. (1983). The psychosomatic family : An overview. *Psychosomatics*, 24 (7), pp. 615-623.
Haley, J. (1959). The Family of the schizophrenic: A model system. *Journal of Nervous and Mental Disorders*, 129, pp. 357-374.
Haley, J. (1962). Family experiments: A new type of experimentation. *Family Process*, 1, pp. 265-293.
Haley, J. (1963). *Strategies of Psychotherapy*. New York: Grune & Stratton.
Haley, J. (1976). *Problem Solving Therapy*. Jassey, Bass, Inc.(佐藤悦子訳 (1985)『家族療法──問題解決の戦略と実際』川島書店)
Haley, J. (1980). *Leaving Home*. New York: McGraw-Hill.
Hampson, R. B., & Beavers, W. R. (1987). Comparing males' and females' perspectives through family self-report. *Psychiatry*, 50, pp. 24-30.
Hampson, R. B., Beavers, W. R., & Hulgus, Y. F. (1988). Commentary: Comparing the Beavers and Circumplex models of family functioning. *Family Process*, 27, pp. 85-92.
Hawkins, J. L. (1968). Association between companionship, hostility and marital satisfaction. *Journal of Marriage and the Family*, 30, pp. 647-650.
Hawkins, J. L., Weisberg, C., & Ray, D. (1980). Spouse differences in communication style: Preference, perception, behavior. *Journal of Marriage and the Family*, 42, pp. 585-593.
林知己夫, 鈴木達三 (1986)『社会調査と数量化』, 岩波書店.
Hempel, C. G. (1965). Aspects of scientific exploration. NY: Free Press.
Hess, R., & Handle, G. (1959). *Family Words: A Psychological Approach to Family Life*. Chicago: University of Chicago Press.
Hill, R. (1949). *Families Under Stress*. New York: Harper.
Hill, R. (1971). Modern systems theory and the family: A confrontation. *Social Science Information*, 10, pp. 7-26.
Hill, R., Moos, J., & Wirths, C. G. (1953). *Eddyville's Families*. Chapel Hill: University of North Carolina.
Hill, R., & Rodgers, R. (1964). The Developmental approach. In H. T. Christensen (Ed.), *Handbook of Marriage and Family*. Chicago: Rand McNally.
平尾桂, 福永英彦, 松岡克尚, 立木茂雄 (1992)「オルソン円環モデルの構成概念妥当性に関する理論的・実証的研究 (Ⅵ)：FACESKGⅡとSIMFAMKGの開発にいたるまでの研究展望」,『関西学院大学社会学部紀要』, 66, pp. 97-117.
Hodgson, J. W., & Lewis, R. A. (1979). Pilgrim's progress: III. A trend analysis of family

therapy and methodology. *Family Process*, 18, pp. 163-173.
Hoffman, L. (1975). Enmeshment and the too richly cross-jointed system. *Family Process*, 14, pp. 457-468.
Hoffman, L. (1981). *Foundation of Family Therapy*. New York: Basic Books.
Hunt, D. G. (1974). Parental permissiveness as perceived by the offering and the degree of marijuana usage among offspring. *Human Relations*, 27, pp. 267-285.
兵庫県 (1999)「震災後の居住地の変化と暮らしの実情に関する調査調査結果報告書」兵庫県
茨木俊夫 (1986)「自験例による登校拒否症状の経年比較と複合事例に対する治療パラダイム」『行動療法研究』11巻, pp. 91-95.
池田央 (1973)「妥当性の諸概念」,『心理学研究法 8』東大出版会.
池埜聡 (1988)「登校拒否に対するシステム家族療法の実証的研究:双対尺度法による家族相互作用分析」, 1987年度関西学院大学大学院社会学研究科修士論文.
池埜聡, 武田丈, 倉石哲也, 大塚美和子, 石川久展, 立木茂雄 (1990)「オルソン円環モデルの理論的・実証的検討:構成概念妥当化パラダイムからのアプローチ」,『関西学院大学社会学部紀要』, 61, pp. 83-122.
稲村博, 斎藤環, 打木悟, 池上恭司, 倉本英彦, 山登敬之, 菊池章, 米沢宏 (1990)「青年期の無気力・社会的ひきこもり事例の発生要因と対策に関する研究」『研究助成論文集(健全育成関連分野)』(財団法人安田生命社会事業団), 26, pp. 1-10.
井上文夫, 井上和子, 小野能文, 西垣悦代 (1995)「測定尺度の構成」,『よりよい社会調査をめざして』, 創元社, pp. 106-116.
猪野亜朗, 大越崇, 杉野健二, 志村正美 (1992)「アルコール依存症の夫を持つ妻と嗜癖傾向」『アルコール研究と薬物依存』, 27 (3), pp. 313-333.
猪野亜朗, 杉野健二, 志村正美 (1994)「アルコール依存症の夫を持つ妻と嗜癖傾向」『アルコール研究と薬物依存』, 29 (2), pp. 121-138.
石原邦雄「家族ストレス論──社会学からのアプローチ」, 加藤正明, 藤縄昭, 小此木啓吾編 (1982)『講座・家族精神医学4──家族の診断と治療・家族危機』弘文堂, pp. 343-371.
石川久展 (1988)「Circumplex Modelの理論的・実証的研究:構成概念妥当化過程による家族評価尺度関学版FACES (FACESKG) の作成過程」, 1987年度関西学院大学大学院社会学研究科修士論文.
磯田朋子, 清水新二, 大熊道明 (1987)「円環モデルをめぐる諸問題──モデルの生成・発展の過程──」,『家族療法研究』, 4 (1), pp. 27-39.
磯村英一編著 (1978)『コミュニティと地方自治』ぎょうせい.
板倉真紀, 井上朋子, 今津幸枝, 岸伸江, 沢野朝子, 平明子, 前田圭子, 森田尚和 (1992)「多特性・多方法行列による構成概念妥当性の検証:FACESKGとSIMFAMKGを用いて」1991年度関西学院大学社会学部卒業論文.
伊藤裕子, 江原由美子, 川浦康至 (1996)「性差意識の形成環境に関する研究」東京女性財団.
岩田知子, 中村史子, 中村三保, 中山英美, 長谷川千絵, 原陽子, 久山清子, 福井操代, 本佳織, 安田瞳, 山本寛子 (1992)「FACESKG Ⅱの作成」1991年度関西学院大学社会学部卒業論文.

Jackson, D. N. (1967). *Manual for the Personality Research Form*. Goshen, NY: Research Psychologists Press.

Jackson, D. N. (1970). A sequential system for personality scale development. In C. D. Spilberger (Ed.) *Current Topics in Clinical and Community Psychology*. Vol.2, NY: Academic Press.

Jackson, D. N. (1971). The dynamics of structured personality tests: 1971. *Psychological Review*, 78, pp. 229-248.

Jackson, D. (1957). The question of family homeostasis. *Psychiatric Quarterly Supplement*, 31, pp. 79-90.

児童虐待防止専門家会議（2001）『児童虐待防止のための最終提言』兵庫県.

海保博之（1985）「変数間の関係の構造を探る」,『心理・教育データの解析法10講』, 福村出版.

亀口憲治, 浦部雅美, 池田純子（1990）「家族システム図法による家族療法の効果測定」,『家族心理学研究』, 第4巻第1号, pp. 25-36.

神谷有美子, 小松みどり, 重本美枝（1990）「円環モデルにもとづくClinical Raring Scaleの実験と考察」1989年度関西学院大学社会学部卒業論文.

Kamptner, N. L. (1988). Identity development in late adolescence: Causal modeling of social and familial influences. *Journal of Youth and Adolescence*, 17, pp. 493-514.

Kantor, D., & Lehr, W. (1975). Inside the Family: Toward a Theory of *Family Process*. San Francisco: Jossey-Bass.（カンター・レアー／野々山久也訳（1988）『家族の内側：家族システム理論入門』垣内出版）.

Karpel, M. (1976). Individuation: From fusion to dialogue. *Family Process*, 15, pp. 65-82.

笠原嘉（1988）『退却神経症――無気力・無関心・無快楽の克服』講談社現代新書.

笠原嘉（1989）「登校拒否を巡って」,『児童青年精神医学とその近接領域』第30巻3号, pp. 242-251.

Kaufman, E. (1985). Family systems and family therapy of substance abuse: An overview of two decades of research and clinical experience. *The International Journal of the Addictions*, 20 (6 & 7), pp. 897-916.

Kenkel, W. F. (1957). Influence differentiation in family decision-making. *Sociology and Social Research*, 42, 1, pp. 18-25.

Kenny, D. A. (1976). An empirical application of confirmatory factor analysis to the multitrait-multimethod matrix. *Journal of Experimental and Social Psychology*, 12, pp. 247-252.

Kieren, D., & Tallman, I. (1972). Spousal adaptability: An assessment of marriage competence. *Journal of Marriage and the Family*, 34, pp. 247-256.

Kieren, D., & Tallman, I. (1971). *Adaptability: A Measure of Spousal Problem-solving* (Tech. Rep.1). Minneapolis: Family Study Center.

Killorin, E., & Olson, D. H. (1984). The chaotic flippers in treatment. In E. Kaufman (Ed.), *Power to Change: Alcoholism*. Gardner Press Inc.

木村仁（1970）「コミュニティ対策――新しい近隣社会の創造――」『地方自治』昭和45年10月号, pp. 10-21.

Klugman, J. (1976). Enmeshment and fusion. *Family Process*, 15, pp. 321-323.

Kog, E., Vertommen, H., & Vandereycken, W. (1987). Minuchin's psychosomatic family model revised: A concept-validation study using a multitrait-multimethod approach. *Family Process*, 26, pp. 235-253.

高坂昌子 (1998)「「地方主権」時代における市町村合併のあり方」『Japan Research Review』1998年01月号 (https://www.jri.co.jp/page.jsp?id=16261) (2015年8月現在).

国民生活審議会 (1969)『コミュニティ――生活の場における人間性の回復――』大蔵省印刷局.

小山静子 (1991)『良妻賢母という規範』勁草書房.

Kuehl, B. P., Schumn, W. P., Russell, C. S., & Jurich, A. P. (1988). How do subjects interpret items in Olson's Family Adaptability and Cohesion Evaluation Scale (FACES)? *Educational and Psychological Measurement*, 48, pp. 247-253.

国谷誠郎 (1985)「アメリカにおける家族研究, 家族療法」,『臨床精神医学』14号 (1), pp. 57-63.

栗本かおり (1995)『FACESKG Ⅲ作成の試み』, 関西学院大学大学院社会学研究科修士論文.

栗本かおり (1999)「Olsonの円環モデルに基づく家族機能度測定尺度作成の試み」『岩手県立大学社会福祉学部紀要』, 2, pp. 51-59.

黒川潤 (1990)「家族関係記述尺度の尺度化について (2)」,『日本家族心理学会第7回大会発表論文集』, 23.

黒川潤, 中原弘之 (1989)「家族関係記述尺度:家族満足度, 親――青年期の子どものコミュニケーションの標準化について」,『日本家族心理学会第6回大会発表論文集』.

Kvebaek, D. J. (1979). *The Kvebaek Family Sculpture Technique*. Vikersund, Norway, 1979.

Leary, T. (1957). *Interpersonal Diagnosis of Personality*. NY: Ronald Press.

Lederer, W., & Jackson, D. (1968). *Mirages of Marriage*. New York: W. W. Norton.

Lee, C. (1988). Theories of family adaptability: Toward a synthesis of Olson's Circumplex and Beavers systems models. *Family Process*, 27, pp. 73-85.

Lennard, H., & Bernstein, A. (1969). *Patterns in Human Interaction*. San Francisco, Ca: Jossey-Bass.

Levinger, G. (1965). Marital cohesiveness and dissolution: An integrative review. *Journal of Marriage and the Family*, 27.

Lewis, J. M., Beavers, W. R., Gossett, J. T., & Phillips, V. A. (1976). *No Single Thread; Psychological Health in Family Systems*. NY: Brunner/Mazel. (本田裕, 国谷誠郎ら訳 (1979)『織りなす綾:家族システムの健康と病理』, 国際医書出版).

Loevinger, J. (1957). Objective tests as instruments of psychological theory. *Psychological Reports* (*Monograph supplement 9*), 3, pp. 635-694.

Lorr, M., Klett, C. J., & McNair, O. M. (1963). *Syndromes of Psychosis*. NY: Macmillan.

Marcia, J. E. (1966). Development and validation of ego identity status. *Journal of Personality and Social Psychology*, 3, pp. 551-558.

Marsh, H. W., & Hocevar, D. (1983). Confirmatory factor analysis of multitrait-multimethod matrices. *Journal of Educational Measurement*, 20, pp. 231-248.

Maruyama, M. (1963). The Second cybernetics: Deviation-amplifying, mutual causal processes. *American Scientist*, 51.

正木直道 (1987)「家族機能モデルの実証的研究」1986年度関西学院大学社会学研究科修士論文.

正木直道, 立木茂雄 (1991)「臨床評定尺度を用いた家族機能のプロセスモデルの実証的検証」,『関西学院大学社会学部紀要』, 第64号, pp. 211–222.

益川浩一 (2005)『戦後初期公民館の実像──愛知・岐阜の初期公民館』大学教育出版.

McCubbin, H. I. (1979). Integrating coping behavior in family stress theory. *Journal of Marriage and the Family*, 41, pp. 237–244.

McCubbin, H. I., Dahl, B., Lester, G., & Ross, B. (1975). The returned prisoner of war: Factors in family reintegration, *Journal of Marriage and the Family*, 37, pp. 471–478.

McCubbin, H. I., Dahl, B., Lester, G., Benson, D., & Robertson, M. (1976). Coping repertoires of wives adapting to prolonged war-induced separations. *Journal of Marriage and the Family*, 38, pp. 461–471.

McCubbin H. I., & Lester, G. (1977). Coping behaviors in the management of the dual stressors of family separation and reunion. Paper presented at the military family research conference, San Diego.

McCubbin, H. I., Boss, P., Wilson, L., & Lester, G. (1979). Developing family invulnerability to stress: Coping strategies wives employ in managing separation. In Jan Trost (Ed.), Proceedings of World Congress of Sociology. Beverly Hills, CA: Sage.

McCubbin, H. I., & Olson, D. H. (1982). Beyond family crisis: Family adaption. In O. Hultaker & J. Trost (Eds.) *Families in Disaster*. Uppsala, Sweden: International University Library Press.

McCubbin, H. I., & Patterson, J. M. (1982). Family adaptation to crisis. In H. McCubbin, A. Cauble, & J. Patterson (Eds.) *Family Stress, Coping and Social Support*. Springfield, IL: Charles C. Thomas.

McCubbin, H. I., Gauble, A. E., & Patterson, J. M. (Eds.) (1982). *Family Stress, Coping, and Social Support*. Springfield, Ill: Charles C Thomas.

Messick, S. (1981). Constructs and their vicissitudes in educational and psychological measurement. *Psychological Bulletin*, 89, pp. 575–588.

Miller, S. (1969). Family crisis Intervention and Growth, Unpublished Manuscript, University of Minnesota.

Miller, S. L. (1974). Couple communication patterns and marital satisfaction. Visiting scholars seminars, Home economics centers for research, University of North Carolina, pp. 13–34.

Miller, D., & Westman, J. (1966). Family teamwork and Psychotherapy. *Family Process*, 5, pp. 49–59.

Minuchin, S. *Families and Family Therapy*. Cambridge, MA: Harvard University Press, 1974. (S・ミニューチン著／山根常男監訳 (1984)『家族と家族療法』誠心書房)

Minuchin, S., Montalvo, B., Guerney, B. G., Rossman, B. L., & Schumer, R. (1967). *Families of the Slums*. New York: Basic Books.

ミッテラウアー，M.／若尾祐司他訳（1994/1990）『歴史人類学の家族研究——ヨーロッパ比較家族史の課題と方法』新曜社．

水島恵一，草田寿子，大平英樹，岡本かおり（1990）「図式的投影法による家族関係の研究（1）」『日本家族心理学会第7回大会発表論文集』18.

文部省編（1992）『我が国の文教施策——平成4年度』大蔵省印刷局．

Moos, R. H. (1974). *Family Environment Scale form R*. Consulting Psychologists Press.

Moos, R. H., Insel, P. M., & Humphrey, B. (1974). *Combined Preliminary Manual: Family, Work and Group Environment Scales*. Palo Alto CA: Consulting Psychologists Press.

Moos, R. H., & Moos, B. A. (1976). A typology of family social environments. *Family Process*, 15 pp. 357-371.

Moos, R. H., Bronet, E., Tsu, V., & Moos, B. S. (1979). Family characteristics and the outcome of treatment for alcoholism. *Journal of Studies on Alcohol*, 40, pp. 78-88.

森田拓也（2001）「ボランティア元年から市民社会の構築へ」『都市政策』，102，pp. 25-37.

森田洋司（1991）『「不登校」現象の社会学』学文社．

牟田和恵（1996）『戦略としての家族』新曜社．

中川幾郎（2003）「市町村自治体におけるNPO政策の課題と展望」都市問題研究，55（10），pp. 13-23.

西出隆紀（1993）「家族アセスメントインベントリーの作成——家族システム機能の測定——」『家族心理学研究』7巻，pp. 53-65.

西川京子（1995）『断酒継続に影響を与える家族要因の研究——家族機能，共依存，家族グループ参加，自助集団参加などの要因を中心に——』，関西学院大学大学院社会学研究科修士論文．

西川京子，立木茂雄，橋本直子（1998）．「家族機能度に影響を与える家族システムのきずな・かじとり因子の計量的研究：アルコール依存症者とその妻に対する質問紙調査の結果から」『家族療法研究』，15，pp. 39-50.

野口裕二，斉藤学，手塚一郎，野村直樹（1991）「FES（家族環境尺度）日本版の開発：その信頼性と妥当性の検討」『家族療法研究』13，pp. 147-158.

野々山久也（2007）『現代家族のパラダイム革新——直系制家族・夫婦制家族から合意制家族へ』東京大学出版会．

Novak, A. L., & Van der Veen, F. (1970). Family concepts and emotional disturbance in the families of disturbed adolescents with normal siblings. *Family Process*, 9, pp. 151-171.

Nye, F. I., & Rushing, W. (1969). Toward family measurement research. In J. Hadden & E. Borgatta (Eds.), *Marriage and Family*, IL: Peacock.

落合恵美子（1985）「近代家族の誕生と終焉」『現代思想』13巻6号（落合恵美子『近代家族とフェミニズム』勁草書房，pp.2-24に収録）．

落合恵美子（1997）『21世紀家族へ——家族の戦後体制の見かた・超えかた（新版）』ゆうひかく選書．

O'Donnell, W. J. (1975). Adolescent self-esteem related to feelings toward parents and friends. *Journal of Youth and Adolescence*, 5, pp. 179-185.

大河原徳三 (1972)「コミュニティ・ボンド発行の足跡」『地方財務』昭和47年12月号, pp. 96-108.

大平英樹, 水島恵一, 草田寿子, 岡本かおり (1990)「図式的投影法による家族関係の研究 (2)」『日本家族心理学会第7回大会発表論文集』19.

大熊道明 (1985)「夫婦・家族システムの円環モデル：調査, 理論および実践の統合をめざして」, 森岡清美, 青井和夫編『ライフコースと世代』, 垣内出版.

大熊道明, 大塚秀高, 藤田和夫 (1984)「中学・高校生の不適応行動に関する研究」『大正大学カウンセリング研究所紀要』第7号, pp. 62-78.

大礼陽子, 川西雅子, 吉澤朱生 (1993)「オルソン円環モデルの構成概念妥当性の検証：FACESKGII と SIMFAMKG を尺度として」, 1992年度関西学院大学社会学部卒業論文.

大谷信介 (1995)『現代都市住民のパーソナル・ネットワーク――北米都市理論の日本的解読』ミネルヴァ書房.

大塚美和子, 立木茂雄 (1991)「Clinical Rating Scaleによるオルソン円環モデルの実証的検証」『家族心理学研究』, 5, pp. 15-32.

岡堂哲雄編 (1992)「家族のライフ・コースと発達段階」『家族心理学入門』, 培風館, pp. 85-95.

岡本かおり, 水島恵一, 草田寿子, 大平英樹 (1990)「図式的投影法による家族関係の研究 (4)」『日本家族心理学会第7回大会発表論文集』18.

岡本仁宏 (1997)「市民社会, ボランティア, 政府」, 立木茂雄 (編著)『ボランティアと市民社会』, pp. 91-118.

小此木啓吾 (1982)「家族ライフサイクルとパーソナリティー発達の病理」, 加藤正明, 藤縄昭, 小此木啓吾編『講座・家族精神医学3――ライフサイクルと家族の病理』弘文堂, pp. 1-42.

小此木啓吾 (1983)『家庭のない家族の時代』, ABC出版.

奥田道大 (1971)「コミュニティ形成の論理と住民意識」磯村英一・鵜飼信成・川野重任編『都市形成の論理と住民』東京大学出版会

奥野アオイ (1992)「育児不安と家族関係に関する実証的研究」, 1991年度関西学院大学社会学部卒業論文.

Olson, D. H. (1986). Circumplex model VII: Validation studies and FACES III. *Family Process*, 25, pp. 337-351.

Olson, D. H. (1991). Commentary: Three-dimensional (3-D) circumplex model and revised scoring of FACESIII. *Family Process*, 30, pp. 74-79.

Olson, D. H., & Straus, M. A. (1972). A diagnostic tool for marital and family therapy: The SIMFAM technique. *The Family Coordinator*, pp. 251-258.

Olson, D. H., Bell, R., & Portner, J. (1978). *FACES: Family Adaptability and Cohesion Evaluation Scales*. St. Paul: Family social Science, University of Minnesota.

Olson, D. H., & Sprenkle, D. H. (1978). Circumplex model of marital and family systems IV: Empirical study of clinic and non-clinic couples. *Journal of Marriage and the Family*, 4, pp. 59-74.

Olson, D. H., Sprenkle, D. H., & Russell, C. S. (1979). Circumplex model of marital and family systems: Ⅰ. Cohesion and Adaptability dimensions, Family types, and clinical applications. *Family Process*, 18, pp. 3-28.

Olson, D. H., Russell, C. S., & Sprenkle, D. H. (1980). Circumplex model of marital and family systems II: Empirical studies and clinical intervention. In J. Vincent (Ed.), *Advances in Family Intervention, Assessment And Theory*. Greenwich, CT: JAI, pp. 128-176.

Olson, D. H., Portner, J., & Bell, R. (1982). *FACESII: Family Adaptability and Cohesion Evaluation Scales*. St. Paul: Family social Science, University of Minnesota.

Olson, D. H., Russell, C. S., & Sprenkle, D. H. (1983). Circumplex model IV: Theoretical update. *Family Process*, 22, pp. 69-83.

Olson, D. H., McCubbin, H. I, Barnes, H. L., Larsen, A. S., Muxen, M. J., & Wilson, M. A. (1983). *Families: What Makes Them Work*. Beverly Hills, CA: Sage.

Olson, D. H., Portner, J., & Lavee, Y. (1985). *FACESIII: Family Adaptability and Cohesion Evaluation Scales*. St. Paul: Family social Science, University of Minnesota.

Olson, D. H., & Killorin, E. (1985). *Clinical Rating Scale for the Circumplex Model of Marital and Family Systems*. St. Paul, Minn.: University of Minnesota.

Olson, D. H., Russell, C. S., & Sprenkle, D. H. (1988). (Eds.). *Circumplex Model: Systemic Assessment and Treatment of Families*. NY: The Haworth Press.

Orford, J., Oppenheiner, E., Egert, S., Hensman, C., & Guthrie, S. (1976). The cohesiveness of alcoholism-complicated marriages and its influence on treatment outcome. *British Journal of Psychiatry*, 128, pp. 318-339.

Parsons, T. & Bales, R. F. (1955). *Family, Socialization and Interaction Process*. Routledge and K. P. (橋爪貞雄ほか訳, 1981『核家族と子どもの社会化』黎明書房).

Patterson, G. R. & Reid, J. B. (1970). Reciprocity and coercion: Two facets of social systems. In C. Neuringer & J. L. Michael (Eds.), *Behavior Modification in Clinical Psychology*. NY: Appleton-Century-Crofts.

Patterson, G. R., & Hops, H. (1972). Coercion a Game for Two: Intervention techniques for marital conflict. In R. E. Ulrich & P. Mounjoy (Eds.), *The Experimental Analysis of Social Behavior*, New York: Appeton-Century-Crofts.

Popper, K. R. (1972). *The Logic of Scientific Discovery*. London: Hutchinson.

Portner, J. (1981). Parent/adolescent relationships: Interaction types and the Circumplex model, Unpublished doctoral dissertation. University of Minnesota.

Pratt, D. M., & Hanson, J. C. (1987). A test of the curvilinear hypothesis with FACESⅡ and Ⅲ. *Journal of Marital and Family Therapy*, 13, pp. 387-392.

Putnam, R. D. (1993). *Making Democracy Work: Civic Traditions in Modern Italy*. NJ: Princeton University Press.

Putnam, R. D. (2000). *Bowling Alone: The Collapse and Revival of American Community*. NY: Simon & Schuster.

Rappoport, R. (1963). Normal crises, family structure and mental health. *Family Process*, 2, pp. 68-79.

Reiss, D. (1971a). Varieties of consensual experience Ⅰ: A theory for relating family interaction to individual thinking. *Family Process*, 10, pp. 1-27.

Reiss, D. (1971b). Varieties of consensual experience Ⅱ: Dimensions of a family's experience of its environment. *Family Process*, 10, pp. 28-35.

Reiss, D. (1981). *The Family's Construction of Reality*. Cambridge, MA: Harvard University Press.

Riskin, J. (1963). Methodology for studying family interaction. *Archives of General Psychiatry*, 8, pp. 343-348.

Rodick, J. D., Henggler, S. W., & Hanson, C. L. (1986). An evaluation of family adaptability and cohesion evaluation scales and the Circumplex model. *Journal of Abnormal Child Psychology*, 14, 1, pp. 77-87.

Rollins, B. C., & Thomas, D. L. (1975). A theory of parental power and child compliance. In R. C. Cromwell & D. H. Olson (Eds.), *Power in Families*. New York: John Wiley.

Rosenberg, M. (1965). *Society and the Adolescent Self image*. Princeton: Princeton University Press.

Rosenblatt, P. C., & Cunningham, M. R. (1976). Television watching and family tensions. *Journal of Marriage and Family*, 38, pp. 105-111.

Rosenblatt, P. C. Nevaldine, A. & Titus, S. L. (1972). Farm families: Relation of significant attributes of farming to family interaction. *International Journal of Sociology of the Family*, 8, pp. 89-99.

Rosenblatt, P. C., & Budd, L. (1975). Territoriality and privacy in married and unmarried cohabiting couples. *Journal of Social Psychiatry*, 97, pp. 67-76.

Rosenblatt, P. C., & Titus, S. L. (1976). Together and apart in the Family. *Humanities*, 12, pp. 367-379.

Rosenblatt, P. C., & Russell, M. (1975). The social psychology of potential problems in family vacation travel. *Family Coordinator*, 24, pp. 209-215.

ルソー，J. J.／桑原武夫，前川貞次郎訳 (1954/1762)『社会契約論』岩波文庫．

ルソー，J. J.／井上幸治訳 (1974/1762)『社会契約論』中公文庫．

Russell, C. S. (1979). Circumplex model of marital and family systems Ⅲ: Empirical evaluation of families. *Family Process*, 18, pp. 29-45.

Russell, C. S. (1980). A methodological study of family cohesion and adaptability. *Journal of Marital and Family Therapy*, 6, pp. 459-470.

貞木隆志，梛野潤，岡田弘司 (1991)「家族機能と精神的健康――日本語版FACESⅢの作成――」,『日本心理臨床学会第10回大会発表論文集』, pp. 330-331.

三田市 (2000)「男女共同参画社会に関する市民意識調査報告書」三田市．

Sandberg, N., Sharma, V., Wodtli, T., & Rohila, P. (1969). Family cohesiveness and autonomy of adolescents in India and the United States. *Journal of Marriage and the Family*, 31, pp. 403-407.

Santa-Barbara, J., Steinhauer, P., & Skinner, H. A. (Eds.) (1981). *The Process Model of*

Family Functioning: Theory, Research and Clinical Application. An unpublished monograph, Toronto, 1981.

Santa-Barbara, J., & Steinhauer, P. (1981). The need for a model of family functioning. In J. Santa-Barbara, P. Steinhauer, & H. Skinner (Eds.) *The Process Model of Family Functioning: Theory, Research and Clinical Application.* An unpublished monograph, Toronto, 1981.

Satir, V. (1964). *Conjoint Family Therapy.* Palo Alto, CA: Science and Behavior Books.

Satir, V. (1972). *Peoplemaking.* Palo Alto, CA: Science and Behavior Books.

佐藤美和子 (1987)「家族評価に関する理論的・実証的研究」, 1986年度関西学院大学社会学研究科修士論文.

佐藤豊道 (1985)「危機における家族機能」, 石原邦雄編『家族生活とストレス』垣内出版, pp. 388-410.

Sauer, R. J. (1982). Family enmeshment. *Family Therapy,* 9-(3), pp. 299-304.

Schaffer, H. R. (1964). The too cohesive family: A form of group pathology. *International Journal of Social Psychology,* 10, pp. 266-275.

Schmid, K. D., Rosenthal, S. L., & Brown, E. D. (1988). A comparison of self-report measures of two family dimensions: control and cohesion. *The American Journal of Family Therapy,* 16, pp. 73-77.

Schwarzer, R. (1983). The evaluation of convergent and discriminant validity by use of structural equations. *Archiv fur Psychologie,* 135, pp. 219-243.

Sears, R. R. (1970). Relation of early socialization experiences to self-concepts and gender role in middle childhood. *Child Development,* 41, pp. 267-289.

関山直太郎 (1958)『近世日本の人口構造:徳川時代の人口調査と人口状態に関する研究』吉川弘文館.

芝祐順 (1978)『因子分析法第2版』, 東京大学出版会.

清水新二, 高梨薫 (1990)「アルコール依存症の家族システムとその変化」,『家族療法研究』7, pp. 3-13.

清水将之 (1989)「日本における不登校と学校教育」,『児童青年精神医学とその近接領域』第30巻3号, pp. 232-238.

清水新二, 高梨 薫 (1990)「アルコール依存症の家族システムとその変化」,『家族療法研究』, 7, pp. 3-13.

下山晴彦 (1992)「大学生のモラトリアムの下位分類の研究――アイデンティティの発達との関連で――」,『教育心理学研究』40, pp. 121-129.

Sigafoods, A., Reiss, D., Rich, J., & Douglas, E. (1985). Pragmatics in the measurement of family functioning: An interpretive framework for methodology. *Family Process,* 24, pp. 189-203.

ジンメル, G./居安正訳 (1970/1890)『社会分化論』(現代社会学大系第1巻) 青木書店.

Skinner, H. A., Santa-Barbara, J., & Steinhuer, P. (1981). The family assessment measure: Development of a self-report instrument. In J. Santa-Barbara, P. Steinhauer, & H.

Skinner (Eds.) *The Process Model of Family Functioning: Theory, Research and Clinical Application.* An unpublished Monograph, Toronto.
Skinner, H. A., Steinhauer, P., & Santa-Barbara, J. (1983). The family assessment measure. *Canadian Journal of Community Mental Health,* 2, pp. 91-105.
Skinner, H. A. (1984). Models for the description of abnormal behavior. In H. E. Adams, & P. B. Sutker (Eds.) *Comprehensive Handbook of Psychopathology,* NY: Plenum, Chapter 6, pp. 141-159.
Skinner, H. A. (1987). Self-report instruments for family assessment. In T. Jacob (Ed.) *Family Interaction and Psychopathology: Theories, Methods and Findings.* NY: Plenum, pp. 427-452.
曽田邦子, 高瀬さおり, 中安裕子 (1992)「家族システムの視点からみた中学生の無気力と家族関係：オルソン円環モデルに準拠して」『関西学院大学社会学部紀要』, 66, pp. 159-164.
曽田邦子, 高瀬さおり, 中安裕子 (1992)「家族システムの視点からみた中学生の無気力と家族関係」, 1991年度関西学院大学社会学部卒業論文.
総務庁青少年対策本部偏 (1987)『日本の子供と母親』(改訂版), 大蔵省印刷局.
Speer, D. (1970). Family systems: Morphostasis and morphogenesis, or is homeostasis enough? *Family Process,* 9, pp. 259-278.
Sprenkle, D., & Olson, D. H. (1978). Circumplex model of marital systems Ⅳ: Empirical study of clinic and non-clinic couples. *Journal of Marriage and Family Therapy,* 4, pp. 59-74.
Stanton, M. D., & Todd, C. T. (1982). *The Family Therapy of Drug Abuse and Addiction.* New York: Guilford.
Steinglass, P. (1987). A systems view of family interaction and psychopathology. *Family Interaction and Psychopathology,* New York: Plenum Press, pp. 25-65.
Steinhauer, P., Santa-Barbara, J., & Skinner, H. (1984). The process model of family functioning. *Canadian Journal of Psychiatry,* 29, pp. 77-88.
Stephens, W. (1963). *The Family in Cross-cultural Perspective.* New York: Holt, Rinehart & Winston.
Stierlin, H. (1974). *Separating Parents and Adolescents.* New York: Quadrangle.
Straus, M. A. (1968). Communication, creativity, and problem solving ability of middle- and working-class families in three societies. Reprinted in M. Sussman (Ed.), *Sourcebook in Marriage and the Family (3rd ed.).* Boston: Houghton Mifflin.
Straus, M. A. & Tallman, I. (1971). SIMFAM: A technique for observational measurement and experimental study of families. In J. Aldous et al. (Eds.) *Family Problem Solving,* Ill: the Dryden Press.
Strodtbeck, F. (1958). Family interaction, values, and achievement. In D. McClelland et al. (Eds.), *Talent and Society.* Princeton, NJ: D. Van Nostrand.
鈴木浩二 (1983)『家族救助信号』, 朝日出版社.
高木鉦作 (2005)『町内会廃止と「新生活協同体の結成」』東京大学出版会.
高橋信敬 (1985)「無気力である」,『児童心理臨時増刊』477, pp. 93-95.

高松美苗子，三田幸宏（1992）「家族関係と育児ストレス」，1991年度関西学院大学社会学部卒業論文．
武田丈（1988）「家族機能評価モデルの理解と考察」，1987年度関西学院大学社会学部卒業論文．
武田丈（1990）「円環モデルの構成概念妥当性に関する実証的研究：FACESKGとCRSによる円環モデルの構成概念妥当性の検証の外的妥当性」，1989年度関西学院大学社会学研究科修士論文．
武田丈，立木茂雄（1989）「家族システム評価のための基礎概念：オルソンの円環モデルを中心として」，『関西学院大学社会学部紀要』，60，pp. 73-97．
武田丈，立木茂雄（1991）「オルソン円環モデルの構成概念妥当性の検証に関する方法論的研究」，『家族心理学研究』，5（1），pp. 33-51．
武田建，立木茂雄（1980）『親と子の行動ケースワーク』，ミネルヴァ書房．
Tallman, I. (1970). The family as a small problem solving group. *Journal of Marriage and the Family*, 32, pp. 94-104.
Tallman, I. & Miller, G. (1974). Class differences in family problem solving: The effects of verbal ability, hierarchical structure, and role expectations. *Sociometry*, 37, pp. 13-37.
田中良久編（1972）「信頼性および妥当性の問題」，『講座心理学2』，東大出版会．
谷口泰史（1986）「登校拒否の実態理解と処遇観：第1期登校拒否群と第2期登校拒否群の相違をめぐって」『ソーシャルワーク研究』12巻，pp. 152-159．
鑪幹八郎（1977）「自我同一性の根としての自律性に関する一考察――能動的自律性と受動的自律性について」『広島大学教育学部紀要』26号，pp. 317-326．
鑪幹八郎（1989）「登校拒否と不登校――神経症的発現から境界例および登校無関心型へ――」，『児童青年精神医学とその近接領域』第30巻3号，pp. 260-264．
鑪幹八郎（1990）『アイデンティティの心理学』講談社現代新書．
鑪幹八郎，山本力，宮下一博（1984）『自我同一性研究の展望』ナカニシヤ出版．
Tatsuki, S. (1983). Multitrait-multimethod study on the Circumplex model. Unpublished manuscript.
Tatsuki, S. (1985). Critical evaluation of family functioning models and their assessment measures from construct validation paradigm, Unpublished comprehensive paper, University of Toronto.
Tatsuki, S. (1988). An exploratory analysis of sequential categorical data on marital interaction: Dual scaling approach. *Kwansei Gakuin Studies in Computer Science*, 3, pp. 1-21.
Tatsuki, S. (1989a). A formula for marital happiness: What analyses of verbal and nonverbal communication patterns can tell us. *Kwansei Gakuin Studies in Computer Science*, 4, pp. 19-54.
Tatsuki, S. (1989b). A methodological study of sample selection strategies: A comparison of self-report and behavioral measures. *Kwansei Gakuin Annual Studies*, pp. 75-98.
Tatsuki, S. (1993). The construct validity of the circumplex model of marital and family systems（Ⅶ）: Confirmatory factor analytic inter- and intra-cultural validation. 『関西学院大学社会学部紀要』，67，pp. 143-165．

Tatsuki, S., & Hayashi, H. (2000). Family system adjustment and adaptive reconstruction of social reality among the 1995 earthquake survivors. *International Journal of Japanese Sociology*, 9, pp. 81-110.

Tatsuki, S. & Hayashi, H. (2002). Seven critical element model of life recovery: General linear model analysis of the 2001 Kobe Panel Survey data. Proceedings of the 2nd Workshop for Comparative Study on Urban Earthquake Disaster Mitigation, pp. 27-46.

立木茂雄 (1993)「凝集性と家族の問題——オルソンモデルによる——」日本家族心理学会第10回大会公開シンポジウム講演(東京女子大学人間社会学部).

立木茂雄 (1994)「登校ストレスと家族関係——共分散構造分析による因果モデルの検証——」『日本家族心理学会(編)家族心理学年報12：家族における愛と親密』, 金子書房, pp. 50-65.

立木茂雄 (1999)『家族システムの理論的実証的研究——オルソンの円環モデル妥当性の検討』川島書店.

立木茂雄 (2004a)「市民参加と協働が成立する社会的条件」『ボランティア学研究』5, pp. 5-27.

立木茂雄 (2004b)「神戸における「自律と連帯」の現在」『都市政策』(神戸都市問題研究所), 116, pp. 88-105.

立木茂雄, 栗本かおり (1994)「青少年における自我同一性の発達及びその拡散現象としてのアパシー傾向に対する家族システムの影響：共分散構造分析によるクローテイヴアントとオルソンのモデルの比較検討」,『青少年問題研究』, 43, pp. 1-30.

立木茂雄, 林春男, 矢守克也, 野田隆, 田村圭子, 木村玲欧 (2004)「阪神・淡路大震災被災者の長期的な生活復興過程のモデル化とその検証：2003年兵庫県復興調査への構造方程式モデリング(SEM)の適用」『地域安全学会論文集』, 6, pp. 251-260.

鉄島清毅 (1993)「大学生のアパシー傾向に関する研究——関連する諸要因の検討——」『教育心理学研究』41, pp. 200-208.

Thibault, J., & Kelley, H. (1967). *The Social Psychology of Groups*. New York: John Wiley.

Thomas, V., & Olson, D. H. (1993). Problem families and the Circumplex model: Observational Assessment using the clinical rating scale (CRS). *Journal of Marital and Family Therapy*, 19, pp. 159-175.

Thomson, E., & Williams, R. (1982). Beyond wives' family sociology: A method for analyzing couple data. *Journal of Marriage and the Family*, 44, pp. 999-1008.

徳田完二 (1987)「青年期における自己評価と両親の養育態度」,『心理学研究』58, pp. 8-13.

東京都立教育研究所 (1986)「思春期における無気力状態の解明に関する研究」(調査報告書).

Torgerson, W. S. (1958). *Theory and Methods of Scaling*. NY: John Wiley and Sons.

鳥越皓之 (1994)『地域自治会の研究——部落会・町内会・自治会の展開過程』ミネルヴァ書房.

Toulmin, S. E. (1961). *The Foresight and Understanding: An Enquiry into the Aims of Science*. NY: Harper and Row.

豊田秀樹 (1992)『SASによる共分散構造分析』東京大学出版会.

豊田秀樹, 前田忠彦, 柳井晴夫 (1992)『原因をさぐる統計学』講談社ブルーバックス.

土川隆史編 (1990)『スチューデント・アパシー』同朋舎出版.

Tutty, L. M. (1995). Theoretical and practical issues in selecting a measure of family functioning. *Research on Social Work Practice*, 5 (1), pp. 80-106.

上野正子，亀口憲治 (1987)「家族療法におけるシステム図の役割」,『家族心理学年報』, 5, pp. 175-191.

Vadvik, I. H., & Eckblad, G. F. (1993). FACESIII and the Kvebeak Family Sculpture Technique as measures of cohesion and closeness. *Family Process*, 32, pp. 221-223.

Van der Veen, F. (1965). The parent's concept of the family unit and child adjustment. *Journal of Counseling Psychiatry*, 12, pp. 196-200.

Van der Veen, F. (1976). Content dimensions of the family concept test and their relation to childhood disturbance. Unpublished Manuscript, Institute for Juvenile Research, Chicago.

Vincent, C. (1966). Familia spongia: The adaptive function. *Journal of Marriage and the Family*, 28, pp. 29-36.

Walker, L. S., McLaughlin, F. J., & Greene, J. W. (1988). Functional illness and family functioning: A comparison of healthy and somaticizing adolescents. *Family Process*, 27, pp. 317-325.

Walters, P. A. (1961). Student Apathy. In G. B. Vlaine & C. C. Marthur (Eds.) *Emotional Problems of the Student*, NY: Appleton-Century-Crofts.（石井完一郎ら監訳『学生の情緒的問題』文光堂, pp. 106-120.）

渡辺さちや (1989)「家族機能と自我同一性地位のかかわり：青年期の自立をめぐって」,『家族心理学研究』, 3, pp. 85-95.

Wellman, B. (1979). The community question: The intimate networks of East Yorkers. *American Journal of Sociology*, 84 (5), pp. 1201-1231.

Wertheim, E. (1973). Family unit therapy and the science and typology of family systems. *Family Process*, 12, pp. 361-376.

Wertheim, E. (1975). The science and typology of family systems Ⅱ: Further theoretical and practical considerations. *Family Process*, 14, pp. 285-308.

Werts, C. E., & Linn, R. L. (1970). Path analysis: Psychological examples. *Psychological Bulletin*, 74, pp. 193-212.

Westly, W. A., & Epstein, N. B. (1969). *Silent Minority: Families of Emotionally Healthy College Studies*. San Francisco: Jossey-Bass.

Widaman, K. F. (1985). Hierarchically nested covariance structure models for multitrait-multimethod data. *Applied Psychological Measurement*, 9, pp. 1-26.

Wiggins, J. S. (1973). *Personality and Prediction: Principles of Personality Assessment*. Reading Mass.: Addison-Wesley.

Wiggins, J. S. (1979). A psychological taxonomy of trait-descriptive terms: The interpersonal domain. *Journal of Personality and Social Psychology*, 37, pp. 395-412.

Williams, A. Behavioral interaction in married couples. (1977). Unpublished doctoral dissertation, University of Florida, Gainesville.

Wills, T. A., Weiss, R. L., & Patterson, G. R. (1974). A behavioral analysis of the determinants of marital satisfaction. *Journal of Consulting and Clinical Psychology*, 42, pp. 802-811.
ウォルフレン，K. V.／篠原勝訳（1990/1989）『日本　権力構造の謎（上）（下）』早川書房．
Wynne, L., Ryckoff, I. M., Day, J., & Hirsch, S. I. (1958). Pseudo-Mutuality in the Family Relations of Schizophrenics. *Psychiatry*, 21, pp. 205-222.
Yalom, K. (1970). *Family Life in Our Society: The Social Welfare Forum*. New York: Basic Books.
山岸俊男（1998）『信頼の構造――こころと社会の進化ゲーム』東京大学出版会
山根常男・野々山久也（1967）「日本における核家族の孤立化と親族組織――家族と社会に関する仮説的考察――」『社会学評論』，69，pp.64-84．
横山登志子，橋本直子，栗本かおり，立木茂雄（1997）「オルソン円環モデルに基づく家族機能評価尺度の作成：FACESKG Ⅳ・実年版の開発」，『関西学院大学社会学部紀要』，77，pp. 63-84．
遊佐安一郎（1984）『家族療法入門――システムズアプローチの理論と実際』星和書店．

あ と が き

　私が家族システム論と出会ったのは，関西学院大学社会学部の卒業論文でアルコール依存症者の夫婦相互作用をテーマとした1977年に遡る。当時，恩師の武田建教授の研究室でジェイ・ヘイリー著，高石昇訳の『心理療法の秘訣』(Strategies of Psychotherapy) を見つけ，読み始めたときの興奮は今でも覚えている。神経症やアルコール依存症者の行動を家族コミュニケーションの視点からシステム的に捉えるという視点は，母親のアルコール依存症とどのような距離を保ちながら大人になるか，が思春期の最大の課題であった私には，直感的に理解できたからである。

　翌1978年に大学院に進学した私は，武田建教授や当時兵庫医大におられた久野能久教授から行動論的心理療法の洗礼を受けた。臨床的問題に対して行動科学の手法を武器に接近するという姿勢はこのときに培われた。

　1980年に，カナダ政府給費留学生としてカナダ・トロント大学ソーシャルワーク大学院に留学した。この年，修士課程の1年目で家族システム論の講義を初めて体系立って受講し，円環モデルと出会った。これが本書の直接の出発点となった。その後1982年に，トロント大学の博士課程に進学してからは，西里静彦教授とハービー・スキナー (Skinner, H. A.) 教授という2人の計量心理学者から，心理尺度構成の方法論の教えを受けた。パーソナリティ測定尺度開発のために編み出された構成概念妥当化パラダイムを，家族システム円環モデルの計量尺度開発に応用するという本書の方法論上の基礎は両教授から授かったといっても過言ではない。

　そして，本書に記したように，円環モデルに関する私の研究前半の15年は，関西学院大学社会学部における，武田丈氏（関西学院大学人間福祉学部教授）をはじめとする大学院生や学部ゼミ生との共同研究を通じて，また同志社大学文学部社会学科・同社会学部社会学科に転じた後の15年間は，より広い外部の研究者諸兄，とりわけ本書第12章で紹介した兵庫県復興調査における林春男京都大学教授や，本書第13章で紹介した阪神間6都市調査における岩崎信彦神戸大学教授（当時）との共同研究の一環として進められたものである。また，本書では紹介がまったく行なえなかった英語版FACESKG Ⅳ (1998年度関西学院大

学社会学部立木茂雄ゼミ生の澤内望と進めた共同研究の成果を基にしている）は，2005年8月末に米国ルイジアナ州ニューオリンズ市を中心に2,500名以上の死者・行方不明者を生んだハリケーン・カトリーナ災害や，2012年10月にニューヨーク市を襲ったハリケーン・サンディ災害からの長期的な生活復興パネル調査で繰り返し利用されている（Abramson et al., 2010）。同調査プロジェクトリーダーのニューヨーク大学グローバル公衆衛生学部のデイビッド・アブラムソン臨床准教授とは，阪神・淡路大震災（1995年），ハリケーン・カトリーナ災害（2005年），東日本大震災（2011年），ハリケーン・サンディ災害（2012年）の生活復興調査データのメタ分析の共同研究を今後進めていく予定にしている。このような素晴らしいゼミ生や院生諸君，そして優れた学兄諸氏と出会えた幸運を誇りに思っている。

なお，本書で取り上げた家族システム評価尺度は，その後も微妙な文言の修正を続けてきている。おかげさまで，立木研究室のホームページを通じて，卒業論文や修士論文，あるいは博士論文などのための研究でFACESKG Ⅳは現在でも利用され続けている。FACESKG Ⅳは，学術的・公共的な目的で使用する場合には無償で提供している。

　　http://www.tatsuki.org/

上記が，私の研究室のホームページのアドレスである。また，本書に関する質問や疑問なども，このページから送信できる。関心をお持ちの方は，一度立ち寄っていただければ幸甚である。

最後に，本書増補改訂版の出版をお引き受け頂いた萌書房の白石徳浩氏と編集をお引き受け頂いた小林薫氏に深くお礼を申し上げる。

本書は，30年以上にわたり，変わらぬ愛で私を支え続けてくれている妻のドナに捧げたい。

　2015年9月

　　　　　　　　　　　　　　　　　　　　　　立 木 茂 雄

索　引

数字・アルファベット

2次変化(second-order change)　52
FACES(Family Adaptability and Cohesion Evaluation Scale)　5, 53-56, 60-64, 194
FACES Ⅱ　5, 53-56, 194-195
FACES Ⅲ　5, 56-59, 92-93, 195-198
FACESKG(Family Adaptability and Cohesion Evaluation Scale at Kwansei Gakuin)　65-85
FACESKG Ⅱ
　FACESKG Ⅱの開発　86-92
　FACESKG Ⅱの構成概念妥当性　92-98
　FACESKG Ⅱの確認的因子分析　99-123
　FACESKG Ⅱを用いた実証家族研究　124-152
FACESKG Ⅲ
　FACESKG Ⅲの開発　155-160
　FACESKG Ⅲの確認的因子分析　160-165
　FACESKG Ⅲの構成概念妥当性　160-165
　FACESKG Ⅲの信頼性　166
　FACESKG Ⅲを用いた実証家族研究　167-189
FACESKG Ⅳ
　FACESKG Ⅳ-8　228, 235-237
　FACESKG Ⅳ-16　228, 231-234, 247
　FACESKG Ⅳ-32　228
　FACESKG Ⅳの開発　190-213
　FACESKG Ⅳの確認的因子分析　204-208
　FACESKG Ⅳの構成概念妥当性　198-207
PTSD　176-189

Impact of Event Scale　176
SIMFAM(Simulated Family Activity Measurement)　80
SIMFAMKG(Simulated Family Activity Measurement at Kwansei Gakuin)　80-85, 94-98

ア　行

有賀　240-241
アルコール依存症　168-174
家連合とオオヤケ　240-242
円環モデル(Circumplex Model)　5, 32, 223
　円環(Circumplex)　32-34
　円環モデルの諸仮説　30-36, 222-224
　ガットマン　32
　Simplex(Simple Order of Complexity)　32
オルソン　5

カ　行

カーブリニア仮説　45, 47, 51-52, 171-172, 208-210, 226-234, 253-256
かじとり(adaptability)　5, 15, 52
家族概念テスト(Family Concepts Test)　22-23
　ヴァン・ダ・ヴィーン　22
家族カテゴリー・スキーム
　ウェストリーとエプステイン　23
　プロセス・モデル　23, 196-198
　マクマスター・モデル　23, 51
家族環境尺度　25-26, 196-197
　ムース　25
家族システムの評価と計量　39
　観察者評定法　40
　行動チェックリスト法　40
　自己報告・質問紙　39-40

社会的望ましさ反応バイアス　40
「妻たちの家族社会学」問題　40,
　224-225
家族ストレス　20-22
　エンジェル　20
　ヒル　21
　マッカバン　21
基準関連妥当性(criterion-related validity)
　12
きずな(cohesion)　5, 15
級内相関係数　74-75
共依存　168-169
　ASTWA(Addiction Screening Test for
　　Wives of Alcoholics)　168-169,
　　208-210
共分散構造分析　→　構造方程式モデルを参
　照
近代家族モデル　244
形態維持(morphostasis)　18, 52
形態変容(morphogenesis)　18, 52
合意制家族　244-246, 252
公共性　240, 252-256
構成概念(construct)　7
構成概念妥当化パラダイム(construct valida-
　tion paradigm)　5, 14
　外的考察段階　12
　構造的・内的考察段階　11
　理論的考察段階　10
構成概念妥当性(construct validity)　13
　確認的因子分析による収束的妥当性と弁別
　　的妥当性の検証　100-106
　キャンベルとフィスク　13
　多特性・多方法行列(multitrait-multi-
　　method matrix)　13, 76, 92-94
構造方程式モデル　128-132, 134-138, 183

サ　行

ジェンダーフリー　236
システムのフィードバック　18
　正のフィードバック　18
　負のフィードバック　18
市民社会　234-237

市民社会としての家族　256-259
市民性　249
社会契約説　256-257
社会圏　245, 246, 248-250, 255-257, 259
社会的関係資本　238
社会的信頼　235
震災ストレス　174-189
ジンメル　245, 246, 259
信頼の解き放ち理論　229

タ　行

ティンバーローン・グループ　24-25
　ビーバーズ　24
　ルイスやビーバーズら　24-25, 50
登校ストレス　142-152
　登校ストレスのタイプ　149-152
トーガソン　8
取引費用と機会費用　229-234

ナ・ハ　行

野々山　240, 244
パーソナル・ネットワーク　250
兵庫県生活復興調査(1999年度)　228
フィッシャーとスプレンクル　26-27
ヘンペル　6

マ　行

ミニューチン　27-28, 50
無気力(アパシー)傾向　124-142

ヤ・ラ　行

山岸　229
臨床的妥当性(clinical validation)　12
臨床評価尺度CRS(Clinical Rating Scale)
　5, 39-52
ルソー　256
レビンガー　9

■著者略歴

立木茂雄（たつき　しげお）

- 1955年　兵庫県で生まれる
- 1978年　関西学院大学社会学部卒業
- 1980年　関西学院大学大学院社会学研究科修士課程修了
- 1982年　トロント大学ソーシャルワーク大学院修士（MSW）課程修了
- 1985年　トロント大学ソーシャルワーク大学院博士後期課程単位修得，1994年同課程修了（Ph.D.）
- 1986年　関西学院大学社会学部専任講師，その後，同助教授，教授
- 2001年　同志社大学文学部社会学科教授
- 現　在　同志社大学社会学部社会学科教授
- 専　門　福祉防災学，家族研究，市民社会論

主要著書・論文

『親と子の行動ケースワーク』ミネルヴァ書房，1982年（共著）／『カウンセリングの成功と失敗』創元社，1991年（共編著）／『ボランティアと市民社会——公共性は市民が紡ぎ出す——〔増補版〕』晃洋書房，2001年（編著）／『民主主義の文法——市民社会組織のためのロバート議事規則入門——〔新装版〕』萌書房，2014年（監訳）／Family system adjustment and adaptive reconstruction of social reality among the 1995 earthquake survivors. *International Journal of Japanese Sociology*, 9, 2000, pp. 81-110.（共著）／Long-term life recovery processes among survivors of the 1995 Kobe earthquake: 1999, 2001, 2003, and 2005 life recovery social survey results, *Journal of Disaster Research*, 2, 6, 2007, pp. 484-501.／Challenges in counter-disaster measures for people with functional needs in times of disaster following the great East Japan Earthquake, *International Journal of Japanese Sociology*, 21 (Special Issue on the East Japan Earthquake), 2012, pp. 12-20.／Old Age, Disability, and the Tohoku-Oki Earthquake, *Earthquake Spectra*, 29(S1), 2013, pp. S403-S432.／Optimal Life Recovery Assistance for Those Who Are Residing in Designated Temporary Housing in Widely Dispersed Locations: Interim Findings on Different Household Groups and on Life Recovery Promotion Parameters, *Journal of Disaster Research*, in press.　他多数

家族システムの理論的・実証的研究〔増補改訂版〕
——オルソンの円環モデル妥当性の検討

1999年3月31日　初版第1刷発行
2015年10月31日　改訂増補版第1刷発行

著　者　立木茂雄
発行者　白石德浩
発行所　萌書房（きざす）

〒630-1242　奈良市大柳生町3619-1
TEL (0742) 93-2234／FAX 93-2235
[URL] http://www3.kcn.ne.jp/ kizasu-s
振替　00940-7-53629

印刷・製本　共同印刷工業・藤沢製本

©Shigeo TATSUKI, 2015　　　　　Printed in Japan

ISBN978-4-86065-097-1